抗日战争档案汇编

吉林省档案馆藏日伪奴役与镇压劳工档案汇编

4

吉林省档案馆　编

中華書局

本册目录

三、劳工反抗与日伪镇压

二、日伪在东北劳工统制的实施（续）

孙吴宪兵队长关于特殊工人移管情况致日本关东宪兵队司令部的报告（一九四三年十一月九日）

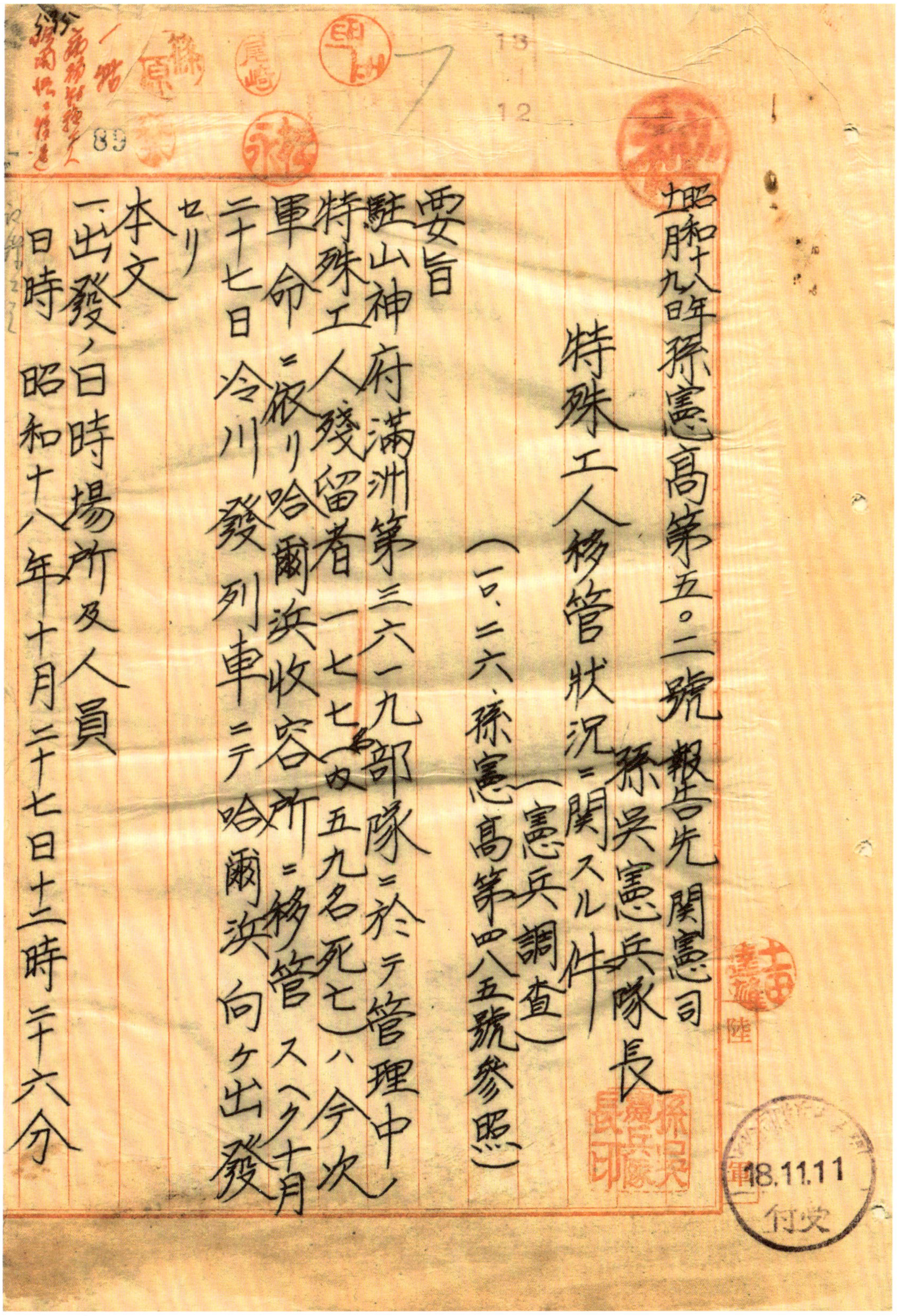

昭和十八年十一月九日 孫憲高第五〇二號 報告先 関憲司

孫吳憲兵隊長

特殊工人移管状況ニ関スル件

（憲兵調査）

（一〇、二六、孫憲高第四八五號参照）

要旨

駐山神府満洲第三六一九部隊ニ於テ管理中ノ特殊工人殘留者一七七名（内五九名死亡）ハ今次軍命ニ依リ哈爾浜収容所ニ移管スヘク十月二十七日冷川發列車ニテ哈爾浜向ケ出發セリ

本文

一、出發ノ日時場所及人員

日時 昭和十八年十月二十七日十二時二十六分

場所　黒河省璦琿縣冷川驛

特殊工人　一一八名

二、移管出發狀況

駐山神府滿洲第三六一九部隊ニ於テ管理中ノ特殊工人七七七名中六〇〇名ハ曩ニ鞍山昭和製鋼所ニ移管セラレ病弱疾病者等一七七名ハ殘留中ノ處殘留者中急性肺炎、榮養不良等ニ依因リ死亡者五九名ヲ出シ殘存卅者一一八名ハ十月二十日更ニ哈爾濱收容所ニ移管ヲ命セラレ同月二十七日十二時二十六分冷川發列車ニテ哈爾濱ニ向ケ出發セリ

三、移管工人ノ動向

移管出發ニ際シ不平不滿等洩スモノナク特

（昭和十一、十、奥谷納）

異動向ナシ

四、部隊側ノ處置

部隊側ニ於テハ出發前携行物件ノ檢查ヲ實施スルト共ニ輸送間ノ警戒並監督ノ爲將校以下八名ヲ附シ哈爾浜迄派遣セリ

五、憲兵ノ處置

憲兵ハ部隊側及配屬憲兵ト協力輸送取締ノ完璧ヲ期シタリ

六、所見

殘留中ニ於テ死亡者ノ多發ハ工人ニ及ホス影響大ナルモノアルヲ予想セラレ更ニ施策ノ適正ヲ期スルノ要アリト認ム

「了」

陸軍

伪奉天地方检察厅长王镇关于以妨碍物资征缴罪起诉日军所属伪满苦力致伪满司法部大臣阎傅绂、最高检察厅徐维新等的报告（一九四三年十一月二十日）

滿洲帝國政府

奉天地檢經發第二五七號

康德十年十一月二十日

奉天地方檢察廳長 王 鎭

司法部大臣 閻傳紱
最高檢察廳 徐維新
奉天高等檢察廳長 王肇勛 殿

日軍所屬滿系苦力ノ蒐荷阻害犯罪起訴ノ件報告

（對號奉天地檢經發第九七四號）

首題ノ件ニ對號報告ニ係ルトコロ本年十一月十九日左記ノ如ク訴追シタリ

本件ハ紛爭ノ原因ヲ作リタル者ト公務妨害ノ首魁タル者トノ二人ヲ訴追スルニ止メタリ實ハ外ニ約三十名ノ氏名分明セル共犯者アリ之等モ當然被疑者トシテ處置スヘキトコロナルモ所屬滿洲第七二〇部

印一6 B列5

548

102

隊長陸軍主計大佐生地竹之助ヨリ當職ニ對シ鄭重ナル挨拶ヲ以テ遺憾ノ意ヲ表セラレ苦力ニ對シテハ將來十分ナル監督ヲ爲ス旨申越アリ且現地日憲對滿警官連絡上ノ諸狀況ノ現實相ヲ考慮シ之ヲ不問ニ付シタリ

記

一、被告人本籍、住居、職業、氏名、年齡

本籍　奉天省興京縣白旗村

住居　奉天市皇姑區大成街二段三二號ノ五

滿洲第七二〇部隊常用人夫

王子峰

當三十八年　男

本籍　河北省獻縣梁家莊

住居　奉天市皇姑區大賣街三段一二九號

滿洲第七二〇部隊常用人夫

549

103

滿洲帝國政府

李仲賢

當二十二年 男

二、公訴事實

被告人王子峰係滿洲第七二〇部隊之常傭班長被告人李仲賢係同部隊之常傭工人康德十年十月十三日午前七時許當鐵西警察署勤務警尉補尤配宇外警長警士等六名在奉天市鐵西區勵工街四段滿洲日立株式會社北側鐵道口附近檢問所內實施取締農產物蒐荷阻害事犯之職務之際同李仲賢路遇其旁向同警察等罵以惡言因被同警察等逮捕毆擊之情事致被同王子峰知悉遂率同同部隊之工約四、五十名至右檢問所雖明知同警察等執行右職務中爲強擄同李仲賢竟指揮率同之工人等群向同警察等投石擲擊並以拳脚加以毆打同李仲賢乘隙亦投石相擊以致警長高尚儉負有右後頭部挫創右前膊上膊背部打撲血腫左腕關節部挫創約需十五日可癒之傷並使取締之被疑人八名逃亡而共爲公務之妨害

印—06 B列5

5140

104

二、公訴事實（日譯）

被告人王子峰ハ滿洲第七二〇部隊ノ常傭班長ニシテ被告人李仲賢ハ同部隊ノ常傭苦力ナルトコロ右李仲賢ハ康德十年十月十三日午前七時頃奉天市鐵西區勵工街四段滿洲日立株式會社ノ北側鐵道踏切リ附近ノ檢問所前ニ差蒐リタル際同檢問所ニ於テ折柄鐵西警察署勤務警尉補尤配宇外警長警士等六名ガ農產物蒐荷阻害事犯取締ノ職務執行ニ當リ違反者八名ヲ逮捕取調中ナルヲ認ムルヤ其ノ旁ヲ通リ同警察官等ニ對シ惡言ヲ以テ罵リタルガ之ガ爲同人ガ右警察官ニ逮捕毆打セラレタル事實ヲ知リタル被告人王子峰ハ玆ニ暴力ヲ以テ李仲賢ヲ奪回センコトヲ企テ直チニ右部隊ノ苦力約四、五十名ヲ率イテ同檢問所ニ至リ警察官ノ右職務ヲ執行中ナルコトヲ知リナガラ同苦力等ニ命ジテ同警察官ニ對シ石ヲ投付ケ又ハ手足ヲ以テ毆打セシメ被告人李仲賢亦之ニ加リテ石ヲ投付ケ因ッテ警長高尚勤ノ右後頭部ニ挫創傷、右前膊上膊背部ニ打撲傷、左腕關節部ニ挫創傷治療約十五日間ヲ要スル傷害ヲ負ハシムルト共ニ

554

105

満洲帝國政府

同警察官等ノ逮捕取調中ニ係ル前記犯人八名ヲ逃亡セシメ以テ其ノ公務ノ執行ヲ妨害シタルモノナリ

印—6 B列5

伪满警务总局长山田俊介关于抚顺煤矿中军队移管辅导工人劳动状况致日本关东宪兵队司令官的特务情报（第八一五报）（一九四三年十一月二十六日）

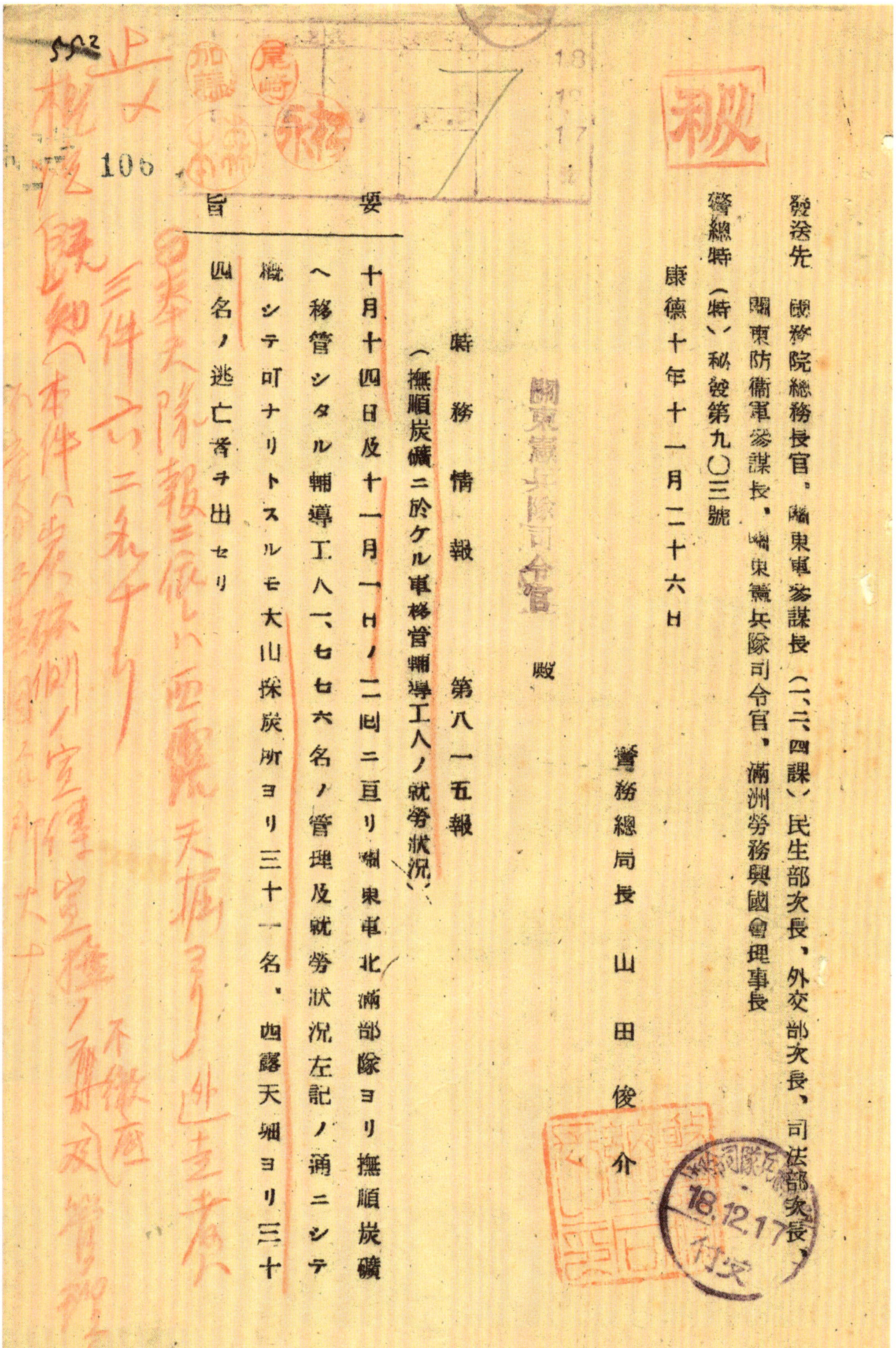
秘

發送先 國務院総務長官、關東軍參謀長（一、二、四課）民生部次長、外交部次長、司法部次長、關東防衛軍參謀長、關東憲兵隊司令官、滿洲勞務興國會理事長

警總特（特）秘發第九〇三號

康德十年十一月二十六日

警務總局長 山田俊介

關東憲兵隊司令官 殿

特務情報 第八一五報

（撫順炭礦ニ於ケル軍移管輔導工人ノ就勞状況）

要旨

十月十四日及十一月一日ノ二回ニ亘リ關東軍北滿部隊ヨリ撫順炭礦へ移管シタル輔導工八一、七七六名ノ管理及就勞状況左記ノ通ニシテ概シテ可ナリトスルモ大山採炭所ヨリ三十一名、西露天堀ヨリ三十四名ノ逃亡者ヲ出セリ

553

107

一、十月十四日來撫輔導工人ノ就勞情況

(一)一般狀況

過去ニ於ケル輔導工人ノ逃亡率並ニ生產能率等ニ鑑ミ現在採リツヽアルカ如キ把頭制度並ニ別待遇取扱ヲ廢止シ軍ニ於ケル部隊組織ヲ其ノ儘ノ組織トシ中隊長及小隊長ヲ以テ部隊把握ノ責任者トナシ作業ハ勿論起居、寢食ニ至ル迄部隊訓練ヲ根基トナシ日系專屬指導員一名乃至二名ヲ付シ輔導シアリテ現在迄ノ處極メテ良好ナリ

二、就勞現場各所ノ狀況

(1)老虎台採炭所

老虎台採炭所就勞工人ハ一九六名ニシテ一個中隊編成トナシ三個小隊ニ區分セルモ著礦後日系專屬指導ノ下ニ十日間地上訓練ニヨル中隊長ノ部下掌握ノ基礎ヲ十二分ニナシタル上就勞セシメタルヲ以テ中隊長ノ部下把握十分ニシテ現在ノ處工

人ハ不安動揺ハ完全ニ防止シアリ就労生産率ニ於テモ極メテ良好ナル成績ヲ収メツヽアリ

(2) 萬達屋採炭所

萬達屋採炭所ニ於テモ一六四名ヲ以テ一個中隊三小隊編成トナシ部隊把握ノ責任ヲ中隊長ニ負ハシメ中隊員逃走及重大過失ハ分隊或ハ小隊ノ連座制度ヲ設ケ日系専属指導員指導ノ下ニ中隊長並小隊長ノ完全把握ト共ニ隊長ノ部下把握ニ全力ヲ傾注シアリ何等不安動揺ノ兆見受ケラレス殊ニ工人ノ過半数以上カ北票炭坑ニ就労シタル経験上良好ナル成果ヲ見ツヽアリ

(3) 大山採炭所

今回著炭礦全輔導工人ノ半数以上四五九名ヲ大山採炭所ニ割当タルモ四五九名ヲ以テ三個中隊組織ニシテ各々三個小隊ニ編成シ一郷宿舎ニ収容セルモ仝採炭所ニ於テモ老虎台、萬達屋採炭所ト全ク取扱及管理ヲナシ来リタルカ仝所ニ於ケル工人ハ著礦ト今時ニ不安逃走的傾向見受ケラレ通用門ハ勿論宿舎ノ四圍並ニ就勞地往復途中ニ於ケル警戒ヲ嚴重ニシ逃亡防止ニ努メタルモ二名乃至三名宛十月廿七日以後二十八日ニ至ル間三十一名ノ逃亡者ヲ出シ居ル現狀ニシテ炭礦側勞務課ハ勿論現地警察ニ於テモ防止對策並ニ速捕ニ全力ヲ傾中シアルモ現在ノ處一名ノ逮捕ヲ見タル狀況ナリ　之カ未然防止セサルニ於テハ全所第三中隊ノ如キ一名ノ事故者並ニ逃亡ナキ中隊ニ波及セル場合收拾シ難キ情態ニ立至ラストモ計リ難ク特務視察係ヲ現場ニ暫時的ニ派遣シ部外トノ連絡及内部ニ於ケル情況査察以テ早期防止ニ努メツヽアリ

三、作業

作業開始ヨリ二十日ヲ見習期間トシ一日二部制或ハ三部制トナシ十二時間勤務ヲ見習期間中八時乃至九時間勤務ノ請負作業ナリ

556

110

四　待　遇

1.給　與

給與ハ各所仝一ニシテ中小隊長級ハ看房子（室監視）並ニ休養工人ノ監督ニ當リ地上勤務トナシ月收二百圓程度トシ分隊長以下隊員ハ見習期間中平均一圓二十錢ニシテ以後最高四圓最低一圓ノ作業高トナル見込ナリ

2.食　糧

主食糧穀ハ全般ニ炭礦側ニ於テ支給シ副食物其ノ他ハ工人ノ所要ニ應シ工人直接負擔トシテ炭礦側ヨリ斡旋シ給與シアリ

糧穀割當一日一人一瓩強

3.其ノ他

工人ノ日用品其ノ他ノ購入ニ付テハ各所ニ賣店ヲ設ケ之ヲ利用セシメアルモ需要ニ滿タサルモノハ外出ヲ許可シアルモ外出ハ全面的ニ之ヲ認メス爲已ムヲ得サル事情アル者ハ中隊長ニ於テ之ヲ確

メ後日系指導員ノ許可ニヨリ外出セシメアリ尚賃金ノ處理ニ付テハ小使錢程度ヲ支拂ヒ殘餘ハ貯金トシテ之ヲ炭礦側ニ於テ保管シ逃亡惰怠防止ニ努ム

五、大山採炭所ノ收容狀況

本月十四日著礦ト仝時ニ防疫目体檢査ヲ完了ノ上採炭所東側工人宿舍ニ收容セルモ仝所ハ南側ニ露天北側ニ「オイル工場」ヲ控ヘ宿舍柵内ニハ獨身、妻帶者混居シ居ル情況ニシテ地形並ニ場所的ニ警備ノ完璧ヲ期シ難ク仝一柵内七百名近クノ工人カ仝一通用門ヲ利用シアリ早朝ノ勤務交代及他工人起床混雜ニ取紛レ點呼或ハ朝食後ニ於テ二名乃至三名カ示シ合ノ上逃亡スルヤニ思料セラレ之等逃走工人ハ一、二中隊ノミニシテ其ノ大多數カ山東出身ナルコトハ今日迄ニ於ケル各種事象ニ鑑ミ外部或ハ内部的ニ何等カ誘ヒ出シ等ノ策謀アルニアラスヤト極力内偵中

5758

112

六、隊員言動

1 大山採炭所第二中隊長　王誠齊　三六年

吾等ハ康德八年十月來滿シ阜新炭礦ニ就勞シマシタカ阜新炭礦ニ到著シマシタ時ニ官憲ヨリ二年後ニハ故鄉ニ歸スト云フコトヲ申渡サレ乍ラ北滿ノ虎林ニ送ラレ軍ノ道路修理ニ當リ故鄉ニ歸還セラルヽ樣子モナク當地ニ來マシタ私ハ大原國立大學豫科ヲ卒業シ中央軍ノ第九八軍書記ヲ勤メ勞働ニハ全ク經驗カ有リマセン

2 仝第二中隊員　揚立三　中央軍少佐　四三年

私ハ滿洲ニ來テ二年餘リニナリマス

此ノ間勞働ニハ十分經驗ヲ得マシタ殊ニ北滿虎林ニ於テ軍部ノ土工ヲヤツテ居ル時ハ嚴格ノ點ニ於テ人ニ負ケス十二分働イタノテ軍部ノ方カラモ賞メテ貰ヒマシタ

撫順ニ來テカラ心配シテ居ルコトハ食料カ軍ニ居ル時ヨリ少シ不足スルコト、自分ノ小隊員カ逃亡スルコトヽテス

113

勿論逃亡スルモノヽ多クカ農商人テアリ二ケ年モ故郷ニ歸ラス毎日故郷ノ事チ案シテ来タノテスカ一番ノ原因ハ思郷心カ切ナル故ト思ヒマス

私ハ腹一杯食ヘサヘスレハ仕事ノ點ニ於テハ自信カアリマスカラ十分ナ働チシタイト思ッテ居リマス

(2)十一月一日來撫輔導工人ノ逃亡狀況

一、逃亡日時　自十一月三日午後十一時頃
　　　　　　　至〃四日午前六時頃

二、逃亡人員　中隊長以下十九名
　　　　　　　別名簿ノ通リ

三、逃亡ニ至ル迄ノ情況

右工人ハ北滿部隊ヨリ十一月一日輸送セラレタル九九七名中西露天堀ニ配置セラレタル四一六名ノ一部ニシテ目下舍内ノ整理及指紋採取中ニテ就勞シアラス逃亡當日モ何等動搖ノ兆チ見受

ケラレサルモ日夕點呼時邊鴻當二十五年ナル者不在ナリシモ外出ヲ許可シアラサル現在附近他工人宿舍ニ居ルモノト留意シアリタルカ午後十一時ニ至ルモ歸隊セサルヲ以テ更ニ呼名點檢ヲ實施シタル處更ニ十五名ノ不在者アリテ中隊長ハ非常ニ責任ヲ感シ自カラ部下數名ト共ニ捜査ニ出タルモ發見ニ至ラス止ナク歸隊自カラ不寢番ニ立チ部下ヲ就寢セシメタルカ起床點呼時ニ於テ中隊長外更ニ數名カ逃亡セルコト判明セリ

四、收容所附近ノ狀況

收容所ハ西露天堀西部ニ位置シ四圍ニ高六尺ノ鐵條網ヲ廻ラシ柵內ニハ工人宿舍一〇〇棟アリテ妻帶者獨身者約六八七三名中工人數ハ三三七三名居住シアリ

通用門ハ南北ニ個所アリテ滿系晝夜各二名ヲ配置檢問所トナシアリ

五、逃亡原因

著礦後三日ニシテ逃亡セルヲ以テ根本的原因トナルヘキ事象明カナラサルモ殘餘工人ノ言動並ニ當時ノ情況ヲ綜合セルニ

1 採炭作業ニ全ク無經驗ニシテ北滿部隊離隊直前ニ於テ兵士ヨリ洩レタル

「諸君ハ今度炭礦ニ行タノタカ炭礦ハ穴ノ中ニ這入ツテ作業スルノテ生埋ニナル」トノ言動ヲ非常ニ不安トシテ著礦シ著礦後從前他工人ヨリ坑内作業ノ危險ナルヲ聽込ミ一層不安ノ念ヲ抱キツツアリタル點

2 著礦後今尚炊事其ノ他ニ不馴ニシテ食事時限ニ食事出來得ス當日モ午後七時頃ニ至ルモ食事ノ配給了ラサル處ニ偶々當日小隊長以上ヲ勞務班ニ集メ宣撫ヲ實施シ其ノ後日系勞務擔當者及隊長トノ會見ヲ行ヒ食事遲刻シタル爲彼等ハ今尚食事スル能ハスト不滿ノ言動ヲ洩ラシタル事實

562

116

3、部隊當時ノ糧穀配給數ト現在數量ニ不滿ヲ抱キ居ル點

4、從事期限ノ明示ナキ爲不安ヲ抱キアル點

敍上ノ諸點カ最モ逃亡ノ因ヲナシタルニアラスヤト思料ス

六、措置並對策

1、措置

報告ニ接スルト共ニ直ニ特務科長外特高股員ノ非常召集ヲ行ヒ現場ニ急行スルト共ニ各派出所並ニ要所檢門所ニ通報シ通行人ノ檢門ヲ實施シ隣接警察署ニ對シ撫順縣警務科ヲ通シ逮捕手配ヲ行ヒタルカ未タ發見ニ至ラス逃走經路ハ大体南方遼陽街道若クハ瀋陽縣ニ侵入奉天地區ニ逃走シアルモノト思推セラル目下引續キ炭礦勞務係ハ協力捜査中

2、對策

(イ)殘餘工人ヲ集メ宣撫ヲ實施スルト共ニ小隊長以上ヲ勞務班ニ召集希望事項並ニ隊員ノ動靜ニ付聽取シ隊長ヲシテ絶体部下把握ニ當ラシム

(ロ)勞務班長外日系勞務從事員ヲ集メ緊急對策懇談會ヲ實施前記逃亡原因ニ基キ對策ヲ檢討シタル結果

一、從業期限ニ付テハ部隊ノ六ケ月後ハ一般工人トシテ取扱フコトヲ斟酌シ一ケ年從事セハ一般工人同樣ニ取扱フコトヲ明示スル

二、食糧問題ニ付テハ軍同一給與ハ絶對不可能ナルモ炭礦側最大給與ノ一人三十瓩ヲ直ニ支給スル

三、炊事場ヲ開放シ期限内給與ヲ計ル

四、日用品及煙草ニ付テハ炭礦勞務課ヲ通シ最大數ヲ確保配給シ不安ヲ除去スル

五、家族呼寄セニ付テハ希望ヲ募リ河北滿鐵募集係ニ連絡シ無料呼寄ヲ斡旋スル

六、日系責任者及取締滿系ヲ晝夜交替ニテ監視ニ當ツル等ヲ決議之等ハ小隊長中隊長ヲ通シテ明示シタル處漸次平穩ニ返リツヽアリ不安動搖ノ兆見受ケラレス

兴安宪兵队长关于军事工程「劳动报国」队员返乡状况致日本关东宪兵队司令部的报告（通牒）

（一九四四年一月一日）

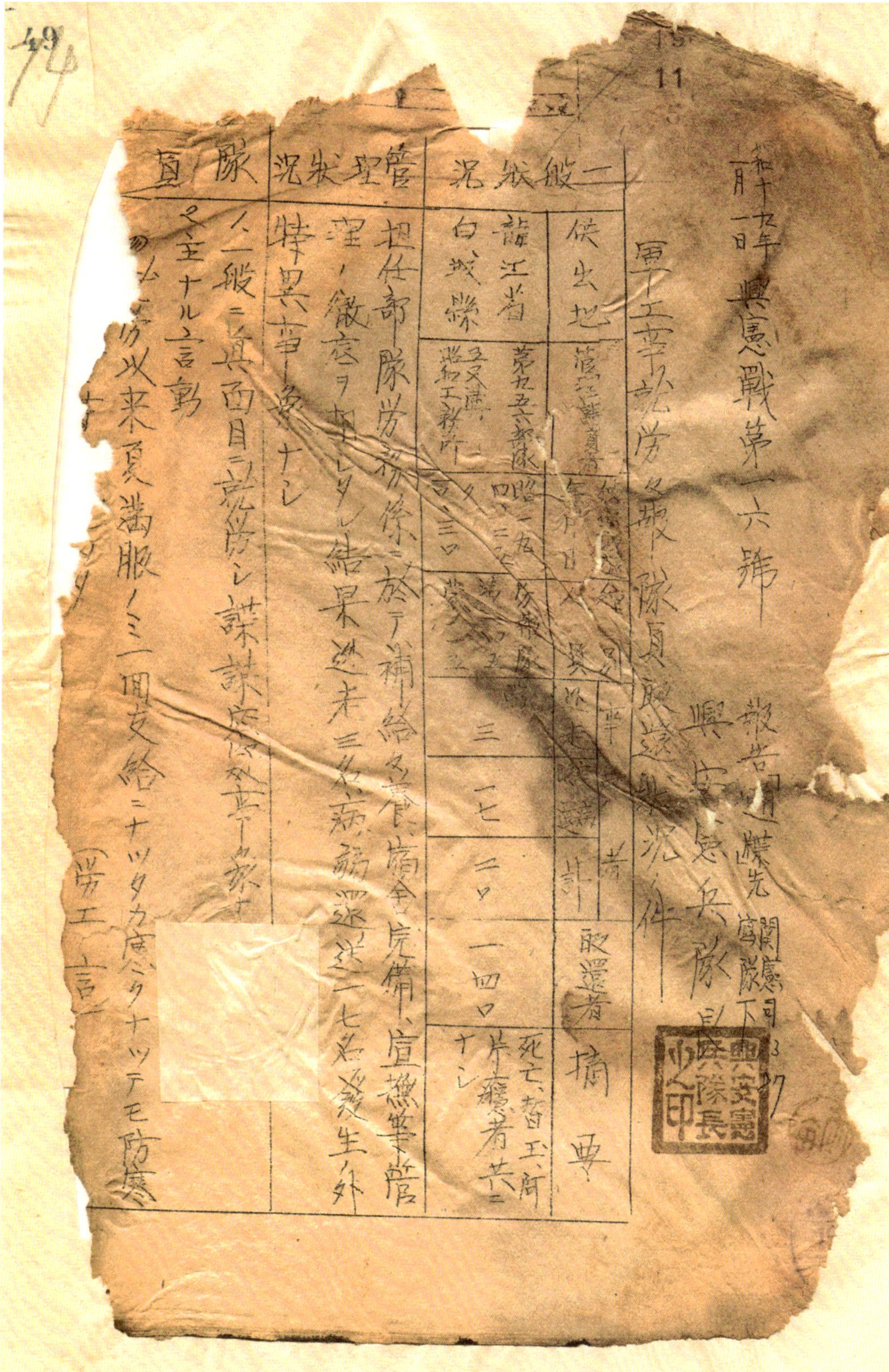
昭和十九年一月一日 興憲戰第一六號

報告通牒先 関東憲兵隊司令官

興安憲兵隊長

軍工事就労々報隊員ノ歸還狀況ノ件

一般狀況

供出地 龍江省 白城縣

管理狀況

担任部隊労務係ニ於テハ補給、食、宿舍、居備、宣撫等管理ノ徹底ヲ期セラレタル結果逃走三名病弱還送一七名発生ノ外特異事象ナシ

隊員

一般ニ真面目ニ就労シ諜諜容疑事象ナク又…至ナル言動

死亡、皆無

（労工ノ言）

……動向	……時ハ衣服モヤルトノ話ダッタカ地下足袋モ貰ヘナカッタ（小隊長ノ言） ……ノ食料ガ充分ダッタカ煙草ト衣類ヲ[illegible]ヘナカッタ（中隊長ノ言）
憲兵ノ態度	憲兵ハ管理部ト隊側ト警察就労間ノ視察偵諜ニ努ムルト共ニ送還時下士官以下六名ヲ以テ身體並携行物件ノ検査ヲ實施シタルモ特異事象ヲ見ザリシ

间岛宪兵队〔长〕关于在军队劳动的「勤劳报国」队轮岗状况致日本关东宪兵队司令部等的报告（通报）（一九四四年二月二十五日）

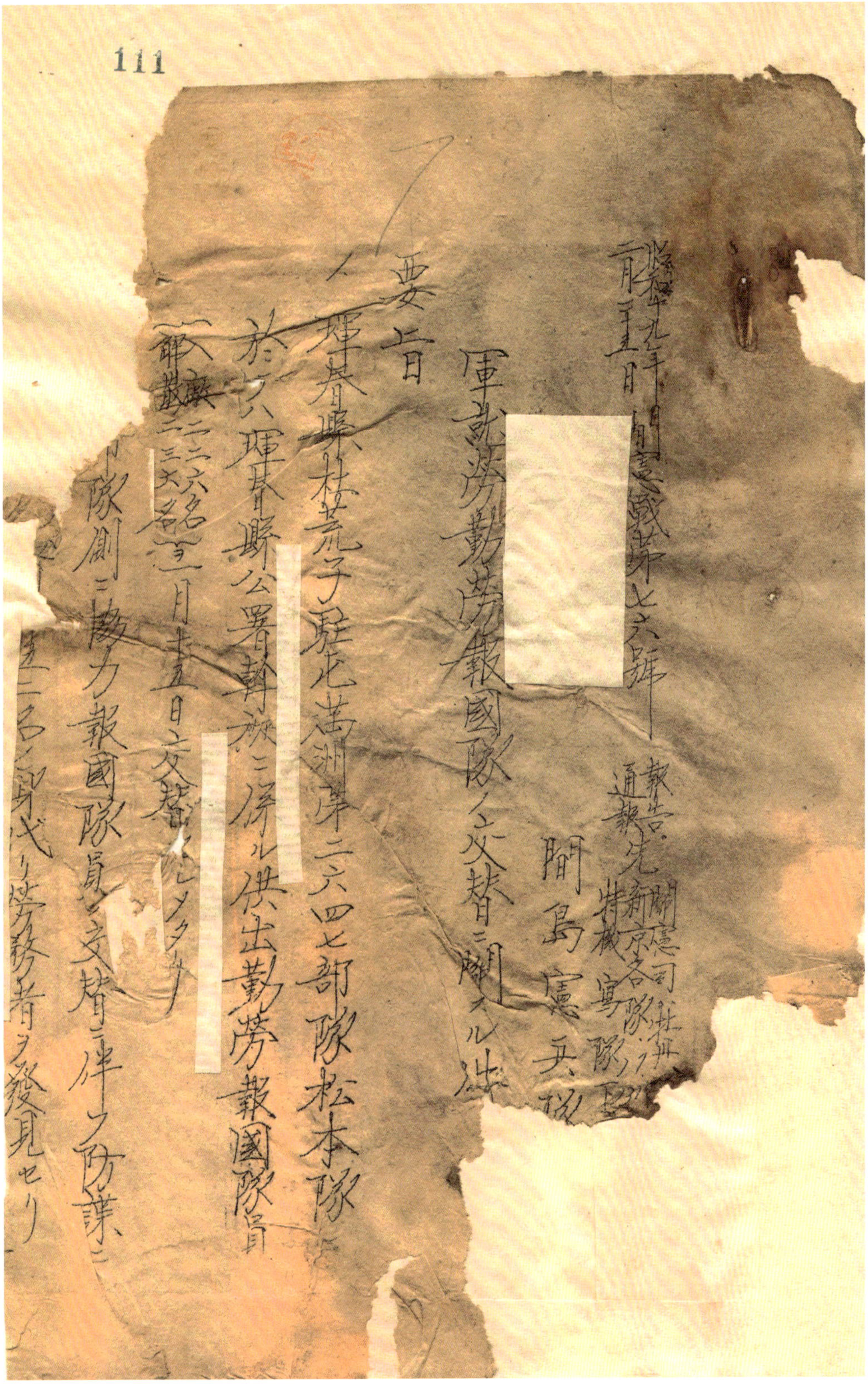
昭和十九年二月二十五日 間憲高第七六號

報告 通報先 關憲司 牡丹江 新京各隊 特機 寫 隊ノ下

間島憲兵隊長

軍隊勞動勤勞報國隊ノ交替ニ關スル件

要旨

一、琿春縣杜荒子駐屯満洲第二六四七部隊松本隊ニ於テハ琿春縣公署斡旋ニ係ル供出勤勞報國隊員一部（延一二六名）ノ一部一三六名ヲ一月十五日交替セシメタルカ部隊側ニ協力報國隊員ノ交替ニ伴ヒ防諜ニ……二名ノ身代リ勞務者ヲ發見セリ

一、六月廿日以降勞部隊人員、供出地期間

区分	解散	入廠
月日	六、一五	六、一五
部隊名	杜荒子 滿洲第二六四七部隊松本隊	右[illegible]
人員	鮮一四三名 滿九三名 計二三六名	鮮一三二名 滿九四名 計二二六名
供出地	琿春縣春化村鎮安村	琿春縣春化村彥禮村
期間	自一八、一〇、一 至一九、二、一五	自一九、[illegible] 至一九、三、[illegible]
摘要		

二、交替狀況

二、解散狀況

琿春縣ノ杜荒子駐屯満洲第三六四七部[隊]
中ノ勤労報国隊員二三六名ハ昭一八、一〇、一五ノ[illegible]
定ヲ以テ今[illegible]協力中ノ處一月十五日期間満[了]
仝日豊饒満洲第七五七三部隊杜荒子分遣隊藤
隊輸送車ニテ部隊係員引率ノ下ニ供出地春化村
及頭安村ニ向ケ出發セリ、憲兵一、下士官以下十名部隊
同部隊側ニ協力報國隊解散ニ伴フ防諜検査
不穏人物ノ件ノ摘出[illegible]機漏洩防止ニ任セ
[illegible]

隊ニ於テハ前記解散ニ伴ヒ之ニ代替トシテ春化崇
並各村ヨリ供出セラレタル勤労報國隊員二二六名ヲ
長化村公所並崇礼村公所ニ集合セシメ公所ニ於テ
厳密ナル身体検査ヲ實施ノ上両村公所係員指揮
解散報國隊員ト取纏車ヲ以テ同日無事入厰セシメタリ
憲兵六下士官以下十名ヲ派遣シ部隊側ニ協
物々件ノ處注セシメタル結果入厰者中五名
代リ就労者ヲ發見之等ニ對シテハ供出ノ責ヲ

114

明セル處左ノ如キ言申判明シタルモ之
嚴密ナル基[illegible]ニ調査ヲ實施スルト共ニ大
視ニ努メアリ
一、父ノ病氣ニ依リ代理ナシテ就勞セルモノ　五名
一、村長ノ命ニ依リ他人ニ代リ就勞セルモノ　二名
一、賃金ヲ受領シ他人ニ代リ就勞セルモノ　一名
一、[illegible]出者不在ノ為村長ノ命ニ依リ就勞　三名
一、[illegible]庭關係ニ依リ代理トレ

3-

……ルセルモノ　一七名

供出者ニ疾病ニ依リ代理ト（シ）テ就労　二四名

……ルモノ……

計　五二名

解散及入廠報國隊員ノ動向

1. 解散報國隊員

解散報國隊員ハ部隊側ヨリ派遣憲兵ノ宣導ニ依リ軍府存心ニ扶植セラレアリテ憂慮事象等ナク所定期間ヲ満了セルガ解

今後ノ再供出ヲ杞憂シアルモノ一部
之ク主ナル[illegible]左ノ如シ
○吾々ハ今回ニテ[illegible]面モ供出サレ部隊ニ就
今後再供出セハ家族七名ノ生計全ク開拓ノ方
策ナシ
（満　系　一）
[illegible]労働規律正シキ[illegible]作業ニ依リ宿患胃病治
リ正ニ石二鳥ト言フ[illegible]
（鮮　系　一）

対[illegible]金モ十分感謝シ是ニ[illegible]ヒ[illegible]一解[illegible]算要合ノ言）

又、[illegible]労務者

公薦報國隊員ノ体位素質概ネ良好且勤労報

國義務心旺盛ニシテ不平不満言動等認メラレサル

モ一部ニ於テハ服従精神不足ノ者等アリテ注意ヲ要ス

之カ主ナル原因[illegible]ノ如シ

○部隊ニ就労セハ物資不足ノ折ニ不拘各[illegible]

給圓滑ナリト聞ク有難キコトナリ

○就勞時間ハ規則正シク夜間ユツタリ眠

自分達ノ強イ處ナリ

（解　釋合ノ一文）

○自分ハ今回二度目ノ應召ナルカモウスツカリ部隊

ノ生活ニ慣熟シ此ノ上ハ只精勵アルノミナリ

（解　原　一）

…報國隊モ國家ニ奉公スル點ハ同一ナリ吾

…兵ニ負ケテハナラス

（満系二）

九叙上ノ如ク解散ハ本廠西報國隊員共素質極
不良好ニシテ一般ニ勤勞奉公ノ義務ノ重要性ヲ認
識シアリテ特ニ憂慮スベキ事象認メラレサルモ
部ニ解散後ノ再洪出ヲ杞憂シ或ハ本廠ニ伴
替王等謀逃避セシ事象散見セ
隊員ノ留守家族援護防止策ト共ニ之等ノ
ナリト認ム

阿尔山宪兵队长关于转用劳工情况致日本关东宪兵队司令官等的报告（通牒）（一九四四年九月十六日）

164

阿憲戰第二二號

勞務者轉用ニ關スル件報告通牒

昭和十九年九月十六日

満洲第八七部隊宮野内隊監督下ニ道路工事ニ就労シアリタル直傭勞務者ハ時局ノ要請ニ應シ興山、斉々哈爾地區軍工事ニ轉用スルコトトナリ九月六日ヨリ出發セリ

右勞務者ハ淳朴ナル農民ヲ主体トシアリテ稼働間特異事象ナキモ供出地販還ヲ目前ニ控ヘアリタル為轉用ヲ聞知動揺ノ兆アリタルモ供出地派遣係員並部隊側ノ宣撫ニ依リ平静トナリ新稼働地ニ向ヘリ

右報告通牒ス

記

一、勞務者数

部隊	轉用地	供出販還	摘要
統制部隊		年月日	
使用部隊			

[illegible]安廣縣	二〇〇	満洲第八七部隊	満洲第七部隊宮野隊	鞍山 満洲第一三六部隊	満洲第四[illegible]部[illegible]	供出 昭一九、六、一	九月六日出發
右同	八三			斉々哈爾 満洲第二七部隊	満洲第五六部隊	昭一九、九、三〇	九月七日出發
計	二八三						

一、轉用ニ當リ鉄山ハ地販遷延ヲ目前ニ控ヘアリタル為轉用ヲ聞知動揺ノ兆アリタルモ轉用ニ際シ洪山各縣ヨリ派遣セラレタル係員竝ニ部隊側ノ宣撫ニ依リ平靜ニ皈シ出發セリ
憲兵ハ出發時下士官以下三名ヲ河角山駅ニ派シ部隊側係員ト連繫携行物件ノ検索竝ニ取締ニ任シタルモ特異事象ナシ
二、就労間ニ於ケル動向
今次轉用工人ハ農民ヲ主体トシアリテ終始真面目ニ稼動シ九六％ノ就労率ヲ示シアリシモ労務者中ニ暫玉工人八名阿片癮者九名混入シアリテ永曽前四回ニ亘リ十二名ノ逃走者(内二名阿片癮者)アリタル外特異事象ナシ

三、其他参考事項

イ、部隊側ニ於テハ七月末第一期工事終了時就労成績優良者四十名ニ對シ表彰状並賞品（煙草二十個）ヲ授與セリ

ロ、部隊側ニ於テハ疾病者ハ都度供出各地ニ皈還セシメアリテ今時轉用者中ニ輕度ノ風邪胃腸疾患若干混入シアル外何レモ健全勞務者ナリ

四、所見

今次轉用勞務者ハ淳朴ナル農民大部分ニシテ真面目ナルモ反面策動ニ乘セラルルノ虞ナシトセス監視ノ要アリト認ム

（了）

發送先

関憲司　鞍山　斉各角　13　37　憲隊　下乙

阿尔山宪兵队长关于五十八名军事工程「劳动报国」队员返乡致日本关东宪兵队司令官的报告（通牒）

（一九四四年九月二十日）

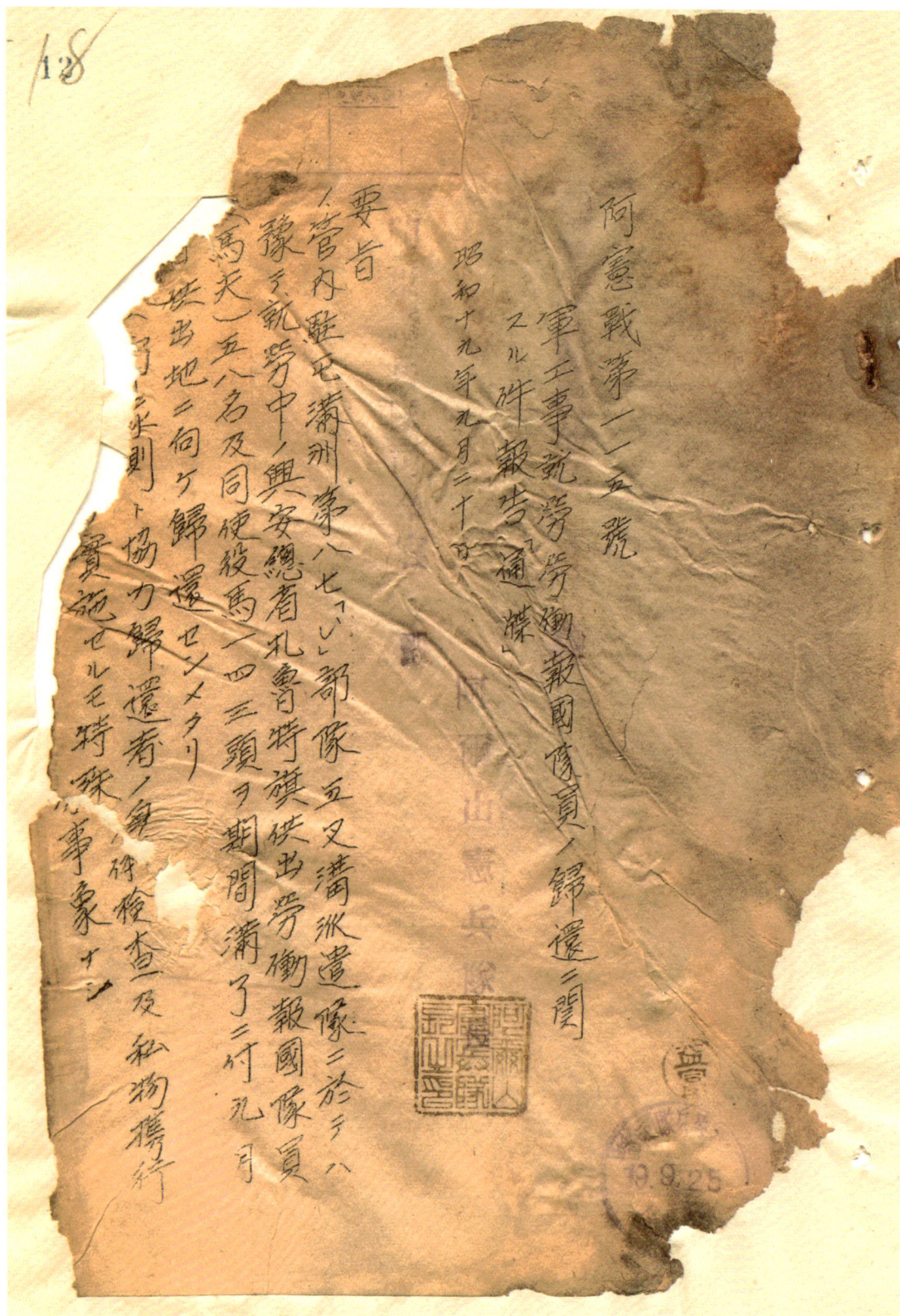

阿憲戰第一一五號

軍工事就勞勞働報國隊員ノ歸還ニ關スル件報告（通牒）

昭和十九年九月二十日

阿爾山憲兵隊

要旨

一、管内駐屯滿洲第八七□□部隊五叉溝派遣隊ニ於テハ豫テ就勞中ノ興安總省扎賚特旗供出勞働報國隊員（馬夫）五八名及同使役馬一四三頭ヲ期間滿了ニ付九月□供出地ニ向ケ歸還セシメタリ

一、（守）□□則ト協力歸還者ノ身ノ特検査ニ及私物携行實施セルモ特殊ノ事象ナシ

一、一般状況[illegible]記[illegible]通牒ス

供出地	供出年月日	帰還年月日	種別人員	疾病者	供出（帰還）馬 供出	斃死	放馬	帰還馬	馬車	摘要
興安総省札賚特旗	昭一九六、四	昭一九九、八	労働報国隊五八名	一	一五〇	五	二	一四三	五〇	就労部隊ヨリ下士官一ノ引率ヲ以テ帰還

二、就労間ノ管理並ニ人ノ動向

前記労働報国隊員五十八名中ニ、當王阿片癮者等ナク部隊側ノ労務管理ノ適切、指導ト取締ノ徹底

13

宣傳宣撫等ニヨリ就労間輕患一名斃死放馬七頭アリタル外逃走其他謀諜策動等有害事象ナク眞面目ニ就労九月八日期間満了就労部隊下士官一ノ引率ノ下ニ該当地ニ向ケ歸還セリ

三、憲兵ノ處置

憲兵ハ下士官以下四名ヲ以テ部隊側ノ行フ歸還報國隊員ノ身体檢査及攜行物件等檢索ニ協力セルカ有害穩匿物件等ヲ認メズ

發送先

関憲司 北興 警総 寫 隊下

（了）

日本关东宪兵队司令部关于各地劳工供出摊派情况致日本关东防卫军司令部等的情报（第二十一号）（节选）（一九四四年九月）

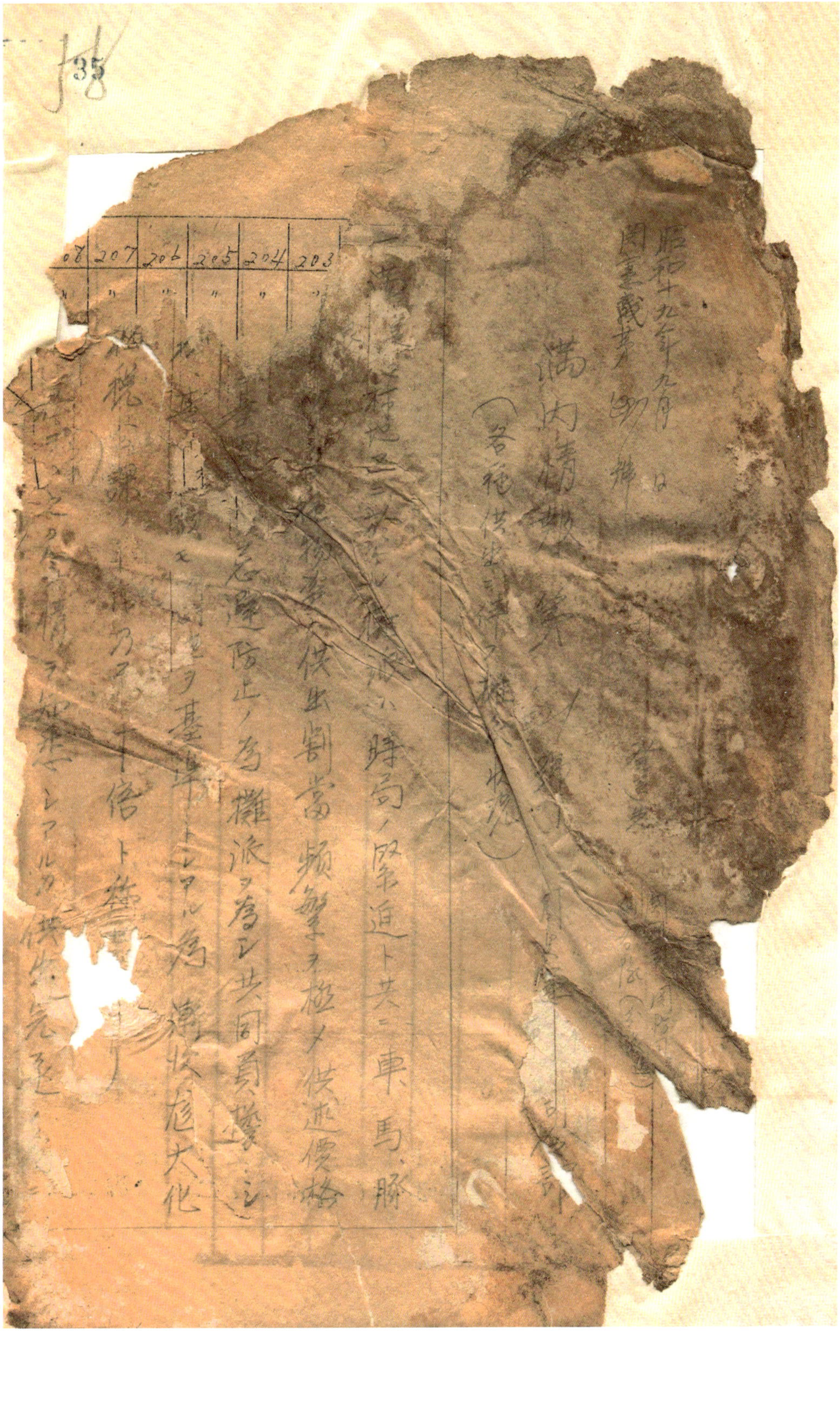

393

(四) 労働者供出

(1) 該当戸適格者相互間ニ於テ[illegible]選挙スルモノ

(2) 名簿ニヨル本人又ハ本戸ノ傭人ニ代行スルモノ

(3) 戸ヨリ何名ト割当アルト戸又ハ土地面積ニ依ルモノ

(八) 攤派回数

(1) 年一回又ハ数回ニ亘リ集金スルモノ

(2) 臨時集金ニ依ルモノ或ハ其他ニ依ルモノ

参考事項

事変ノ中(昭十二)郷村制実施

附：伪满各地的摊派状况

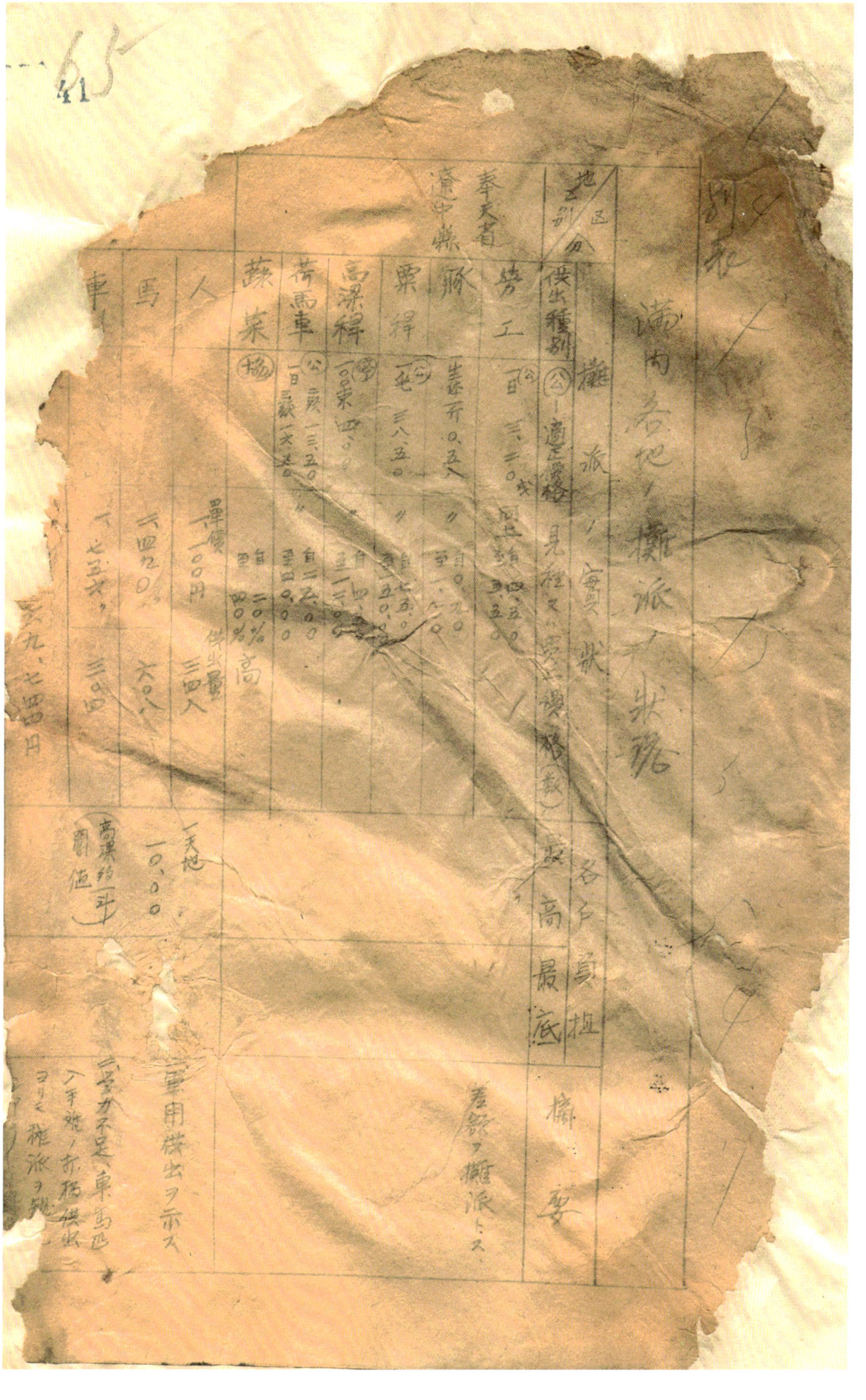
別紙
満内各地ノ攤派ノ状况
地区別
奉天省
遼中縣
供出種別
攤派ノ實状
各戸負担
摘要
勞工
豚
粟稈
高粱稈
荷馬車
蔬菜
人
馬
車
最高
最底
差額ヲ攤派トス
軍用供出ヲ示ス

	[illegible]役俸	一六〇頭ヲ軍納供出 時價トノ差額 八三、六〇〇円	一戸當 六、三四五 一天地當 三、〇〇〇	[illegible]〇〇〇	昭一八、一一二 軍納供出
西豐縣 海生縣	一斤〇、五二	割當量 三五三、七四七斤 配價格差額 千九、九四〇円	一戸 五〇、〇〇〇 毎戸 五、〇〇〇	〇〇〇	軍納供出
奉天省 遼陽縣	人 自二四才 至四五才				六ヶ月臨時徵工 並鞍山如巳夫役
	大車	攤派數 四二〇、〇〇〇円程度			徵用忌避 北滿躯往 或ハ奉天、鞍山、遼陽方面ノ重工業方面ニ就職セントシアリ
奉天市	女工	奉天市紡織株式会社供出 滿年婦女子 一五〇名 支給額 最高六五〇円 最低二〇〇円	一戸 一〇、〇〇〇人	一、〇〇〇、〇〇〇	[illegible]勤労精神ナク 徳メラレス

42 66

吉林省
榆樹県

県下全般約七〇〇万円（推定）

	青山村	恤河村	
賦	四八、一〇〇円	七六、〇〇〇円	一晌当 三、〇〇〇
勞工	五八、五九〇	七五、九五七	農民一戸 五〇〇
生產力調查	七、八〇〇	八、〇〇〇	
協結費	七、六〇〇	八、五〇〇	
協和會費（含青年隊）	一一、七一七	八、一九八	一晌当
屯事務所費	一三、〇〇〇	一〇、四四五	
軍人援護金費	三、一八〇	三、六六〇	一五、〇〇
赤十字社費	一、二〇六	一一、一八五	農民一戸 五、〇〇
其他	二〇、九五〇	三五、〇〇〇	
計	一七二、一三三	二一六、九四五	
緊急農地造成報	六五名供出 一人支給五〇円		
前郭旗國兵	四月一日琿春炭礦供出一〇〇名中 新横出一〇名ニ対シ 般高 一〇〇〇円 紙 一〇〇円		

賈拉楠 青山村
〃 恤河村

同右

〃

〃

美化街

軍用 豚

一斤 五三銭

供出者一〇三三名

攤派額月約一〇万円（非足）

支給額

区分	金 最高	金 最低
満洲鉱山	一二〇円	一〇〇円
軍	一四〇〃	一〇〇〃
電業	〃	九〇〃

満洲鉱山供出労工四〇〇〇名中

五〇名攤派附

商工業者八〇%

農業者二〇%

三五頭（四〇七一斤）供出

供出不可能ナリトシ他ヨリ生豚

一斤二五〇円乃至三〇〇円ニテ

購入差額攤派

攤出方法

区分	一ヶ月攤派額
一等級	五円
二等級	[illegible]
三等級	四
四等級	六〃

下層階級不満ナル

攤派労務者ノ家族ハ常用労働者ニ刺戟ヲ与ヘ会社ノ労務ニ不満ヲ持ツ一部労務者ノ退職誘致トナリ街村ヨリ再度攤派労務者トナリ会社ニ就労スル等攤派職業化ノ傾向アリ

相当不満アリ

当局労出ツ危惧

シアリ

(63)

吉林省 通陽県	労工		昭和十八年中 供出労工 七、〇六五名 攤派金款 三、〇九一、九八八円 支給一名月 最高 一二〇円 最低 五〇円	一戸 六八〇〇円	一、〇〇〇家	大在家族ニ於テ納税額又ハ土地所有ノ多寡ニヨリ按分
四平省 下	豚	一斤 一、二八元	関価格 三、六〇元 差款 一、三三〇元ヲ攤派 総数 八三九、三四〇円 約二七六、〇〇〇頭		平均 一四、〇〇〇戸	一、軍納供出 自十二月 至二月 一、不合格(裏出)豆豚数十頭及内臓、頭、脂肪等ニ二九、六三〇斤ヲ満畜 畜肉組合長等闇売 一三八、〇七二円ヲ不法取得ス
四平省 梨樹	生豚	一斤 〇、五二	割当量 三五三、七四七斤 関価格ノ差款 三九一、九四〇円	一戸 五〇〇〇、 毎戸 五、〇〇		軍納供出

通化省

辉南县 劳工

至昭和十八年五月 [illegible]

十次 二、二五五人供出

现在

一个月人补助 五〇、〇〇〇日

经计金款 四九九、四三一圆

负担户数 二〇、三七五

一户 平均

五〇、六六

（昭一九）

一石 [illegible]

（昭[illegible]）

勤奉队二次

一、二八八人 [illegible] 摊派

68
浜綏 大工
五常縣
肇州労工
總 七、四七五円
一人当月一五〇円
最高一、二〇〇円 最低八〇〇円
平均 一〇〇円
平均四〇円
一戸
六〇、〇〇〇
三〇、〇〇〇
一胸
一五、〇〇〇
部民ノ負担過
多シ

軍供出
陽ハ[illegible]
其他ハ[illegible]

哈市

豚　軍納

一頭　收買價格

一、六〇〇乃至一、二〇〇

昭和十九年度供出實績

三、〇〇〇頭

一部地區ニ於テハ双城堡アリ

闇價

一頭　七〇〇円乃至二、三〇〇円

一万

四〇〇、〇〇〇

五〇〇、〇〇〇

第一次自一、一三至一、三一

供出數　一、六七四頭

供出不良原因

(一)飼料不足ニ伴フ密殺及轉業旺盛

(二)昨年ハ豚コレラ發生(流行)

(三)每年ノ供出ニヨリ消極的トナレリ

(四)飼料不足ニヨリ規格(肥膘)不足

苦力

勞工

勞工供出ニ當リ

一名二十円

二〇〇円以上ニテ

雇傭シアリ

70
46

リ
安蕃特 軍用
豚

同右
車馬 人

收買價格
一斤 五〇錢

昭和十九年六月第一回供出
五〇五頭
地場價格一斤一円八十錢乃至
二円ニ依リ差額(一斤約三十錢
乃至一円五十錢)ヲ攤派

地主富農ノ負擔リ攤派
五〇〇円乃至一、二〇〇円
車ハ(損失保証)
馬ハ賠償
車ハ三等級ニ分チ
六〇〇円乃至八〇〇円程度

供出ハ成績良好ナリ
收買價格ノ差額
不當ナリ

47

…市 労工
〃
三月以降 隣鮮供出
一人当り支給 最高 三〇〇円 最低 一五〇円
平均 二〇〇円
一戸 六〇.〇〇
四〇.〇〇

〃
供出 [illegible]
一人当り [illegible] 二〇〇円程度
二〇.〇〇
五〇.〇〇

南又原
帯嶺
〃
隣組 [illegible] 供出ニ之ヲ雇傭
最高 二[illegible]円
最低 一〇〇円
平均 一七〇円
一〇.〇〇
程度

〃
右同
最高 五〇〇円
最低 一〇〇円
平均 二五〇円
三五.〇〇

[illegible]
主
〃
[illegible] 供出 [illegible] 外 [illegible] 徴收
一人負担額 二〇〇円乃至四〇〇円
三〇.〇〇
[illegible]

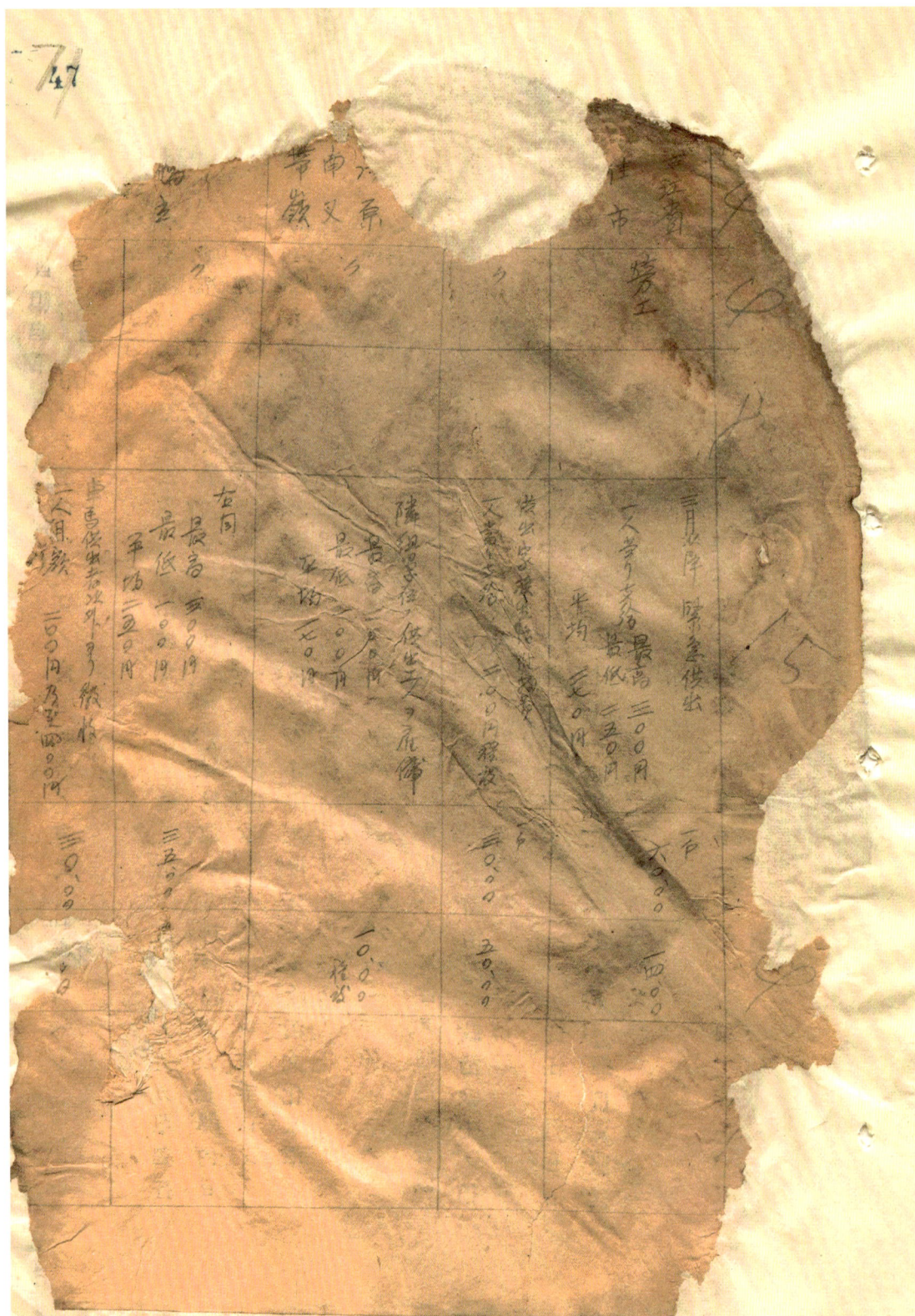

[illegible]約工作[illegible]致[illegible]

[illegible]豚[illegible]大[illegible]市價出[illegible]大小[illegible]

[illegible]五〇〇元一斤一〇〇〇一二〇〇[illegible]

[illegible]工作[illegible]補佐[illegible]一斤[illegible]二〇〇[illegible]

[illegible]一斤ニ付五〇〇元乃至七〇〇[illegible]

宅ヲ[illegible]派員擔

[illegible]

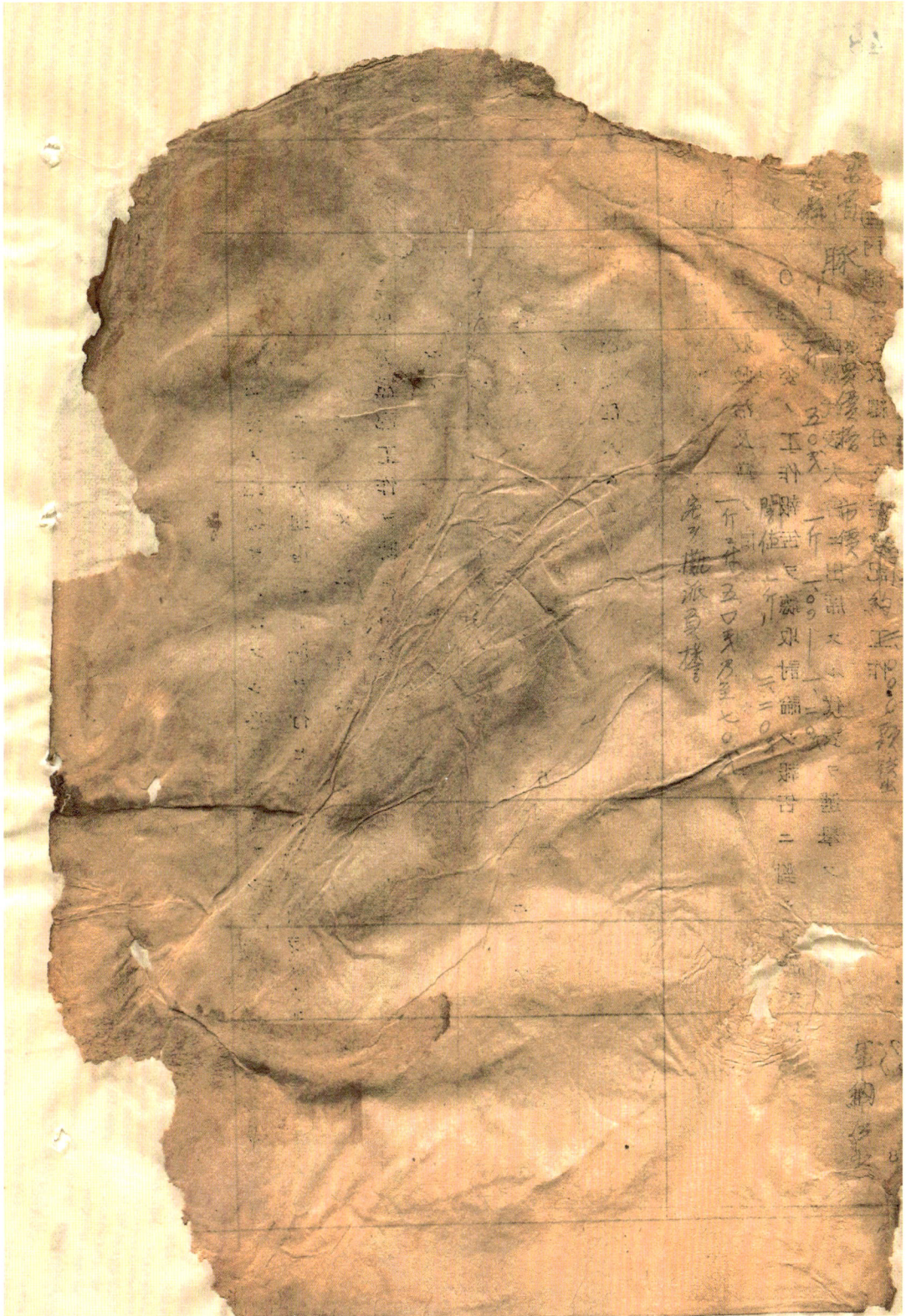

阿尔山宪兵队长关于军用道路工程「劳动报国」队员的返乡情况致日本关东宪兵队司令官的报告（通牒）（一九四四年十月二日）

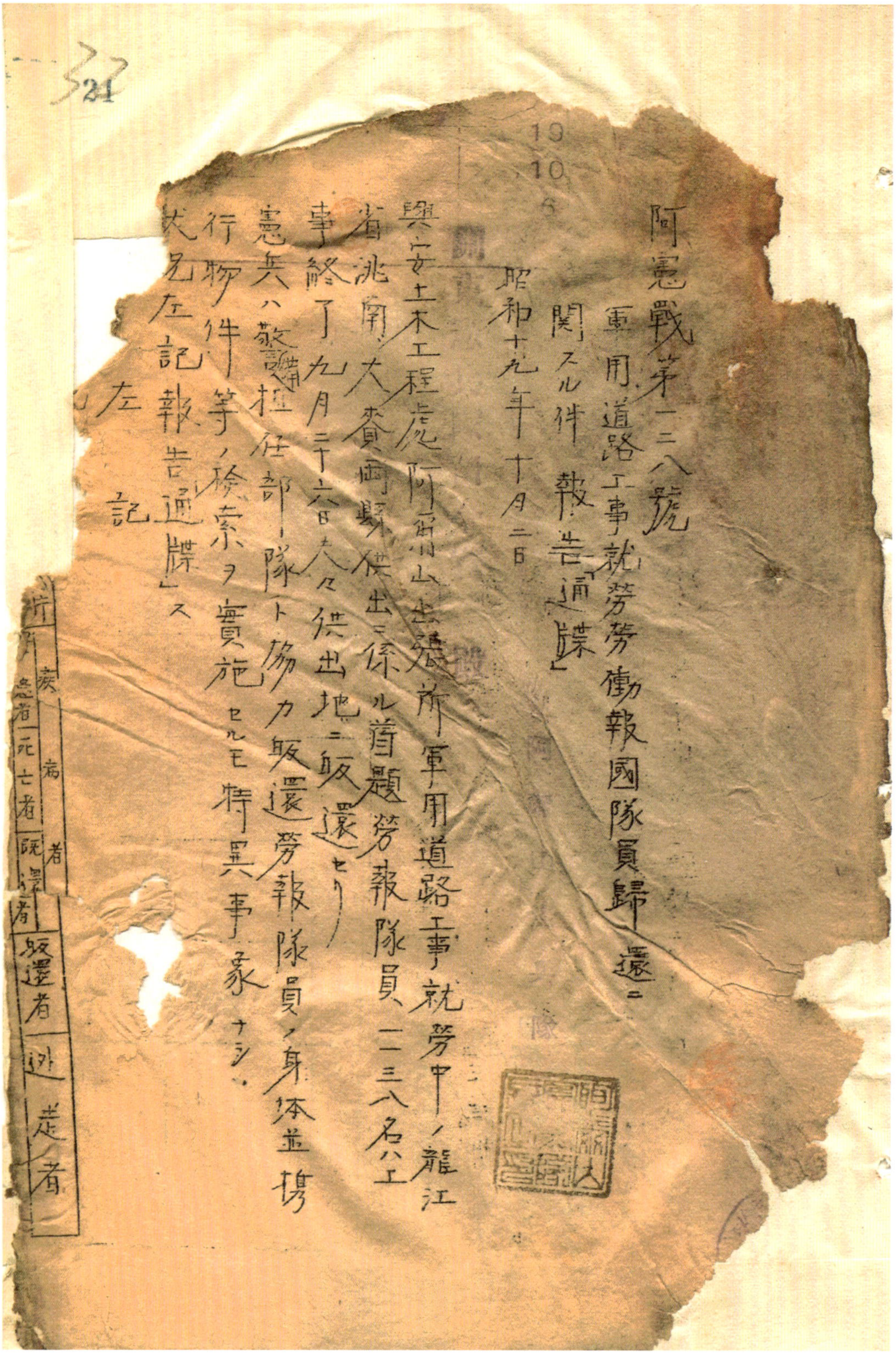

阿憲戰第二二八號

軍用道路工事就勞勞働報國隊員歸還ニ關スル件報告通牒

昭和十九年十月二日

興安土木工程處阿爾山出張所軍用道路工事就勞中ノ龍江省洮南大賚兩縣供出ニ係ル首題勞報隊員一二三八名ハ工事終了九月二十六日夫々供出地ニ歸還セリ

憲兵ハ警護担任部隊ト協力歸還勞報隊員ノ身体並携行物件等ノ檢索ヲ實施セルモ特異事象ナシ

狀況左記報告通牒ス

左記

[illegible]	右同	大賚縣	計
六〇〇ヵ	右同	五六〇	三〇〇
六二	右同	六二	
六三六	右同		
三三四	二		三二六
三ツ	ナシ		三ツ
五五	四五		一ツ
三	一		四
三四	四		五八
五八三	五五五		一二三八
ナシ	ナシ		

二、勞報隊員管理狀況

興安土木工程處阿南山出張所ニ於テハ軍用道路構築ノタメ前記供出勞報隊員就勞後工事ノ特性ニ鑑ミ滿洲第八七部隊ヨリ警備小隊ノ配備ヲ受ケ監督警戒ヲ嚴ニスルト共ニ宣傳宣撫ニ虚弱者ノ還送補給給與等勞務監理ノ万全ヲ期シタル結果就勞間逃走者ナク病死四名アリタル外特異事象ナク作業概ネ順調ニ進捗完了セリ

34　22

「註」ノ、管理者ニ於テハ労報隊員帰還時皆勤成績優秀者一一五名ニ對シ表彰並感謝状ヲ交付セリ

尚本年十八月中ニ洮南大賚両縣長一行来阿労報隊員ノ慰問激励ヲナス

三、帰還労報隊員ノ動向

一般ニ真面目ニ就労シ左記言動ノ外諜謀策動者等ノ悪思想抱持者不逞思想者並浮浪隊員ヲ認メス

主ナル言動左ノ如シ

(1) 六月以後満四ケ月ノ僻地報国デ百円内外トハ馬鹿ラシイ（洮南供出労報隊員数名ノ言）

(2) 斯ウシテ我々ハ供出サレ又家族ハ慈荷工作デ勝ヲ出ス嫌ナ時代ニ生レタモノダ（大賚供出労報隊員ノ言）

(3) 一ケ月僅ニ百円内外デハ二十円出シテモ替ヲ立テ家デ自由ニ働キタイ（洮南供出労報隊員二ノ言）

22

費ヲ受ケタル[illegible]金ハ多寡ハ問題外ナリ給養ヲ受ケハ満足ニシテ

（洮南徒出労報隊員五ノ言）

憲兵ノ處置

憲兵ハ就労間警備担任部隊及土木工程處ト緊密ニ連繋視察偵諜ニ努ムルト共ニ帰還時下士官以下四名ヲシテ警備担任部隊ト協力労報隊員ノ身体並携行物件等ノ検索ヲ實施セルカ有害事ノ象ナシ

（了）

、發送先

関憲司、齊々哈爾隊1387寫隊下

阿尔山宪兵队长关于六十四名军事工程「劳动报国」队员返乡致日本关东宪兵队司令官的报告（通牒）（一九四四年十月二日）

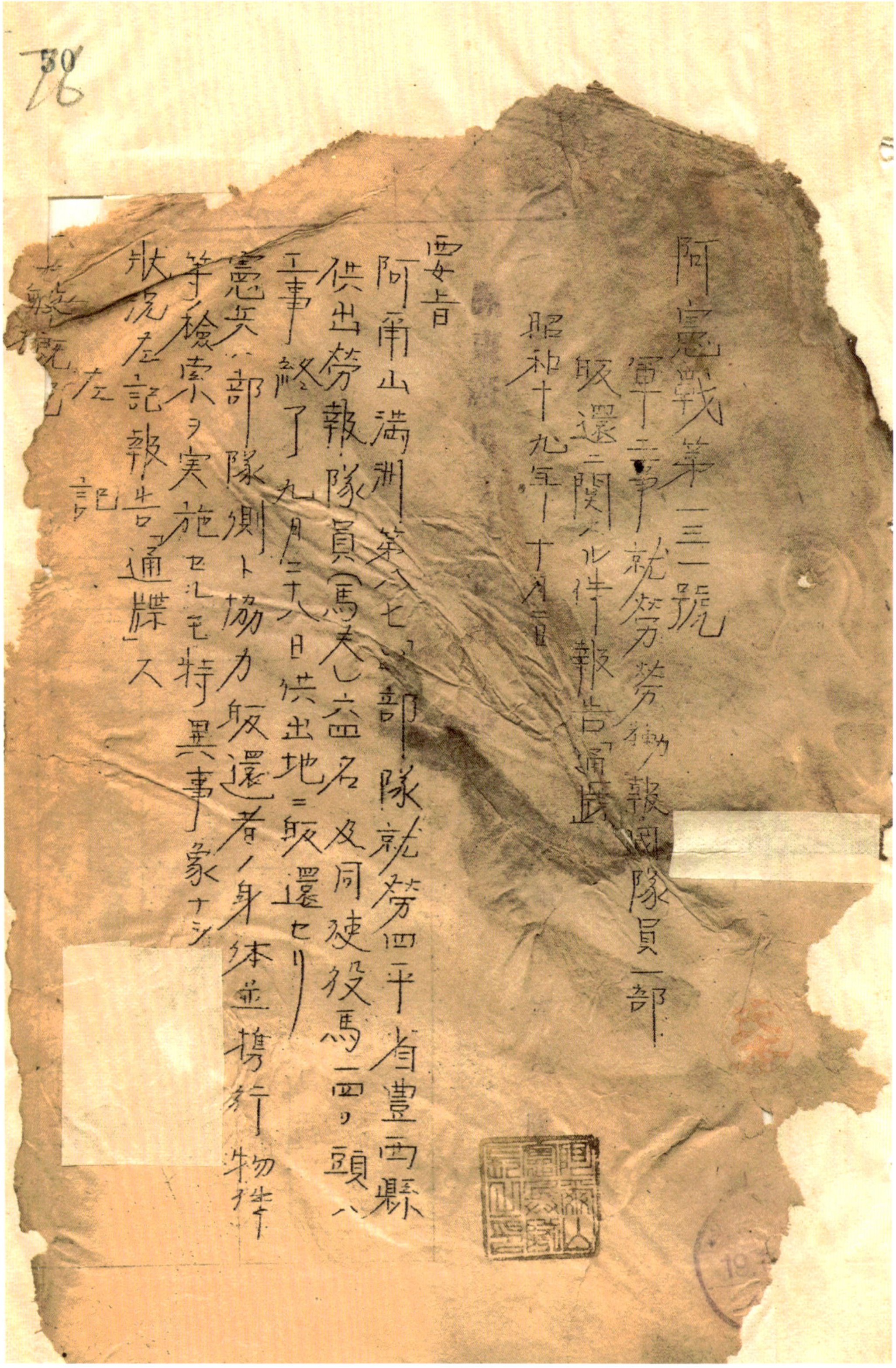

阿憲戦第一三一號
軍工事就労勞働報國隊員一部
帰還ニ関スル件報告(通牒)
昭和十九年十月二日

要旨
阿爾山満洲第八七〇部隊就労四平省豊西縣
供出勞報隊員(馬夫)六四名及同使役馬二四頭ハ
工事終了ノ九月二十九日供出地ニ帰還セリ
憲兵ハ部隊側ト協力帰還者ノ身体並携行物件
等ノ検索ヲ実施セルモ特異事象ナシ
状況左記報告(通牒)ス
左記

[illegible]縣		四平省[illegible]西縣
種別		勞働報國隊
人員		六四
供出年月日		昭一九 六 三
歸還年月日		昭一九 九 二八
逃亡者		ナシ
事故者	營工 工人	二三
	阿片癈者	ナシ
	罹患	三
	死亡	ナシ
供出馬ノ状況	供出	三五ワ
	斃死	一ワ
	歸還	四ワ
摘要		殘[illegible]隊下士官一ノ引率ヲ以テ歸還

二、部隊側ノ管理状況
満洲第八七〇〇部隊ニ於テハ前記供出勞報隊ノ受領後工事ノ特異性ニ鑑ミ防諜監督警戒ヲ嚴ニスルト共ニ宣傳宣撫各種施設ノ完備通信検閲等勞務管理ノ万全ヲ期シタル結果就勞間逃走者ナク供出馬十頭斃死ノ外特異事象ナク工事ハ一段落ニ了セリ

三、歸還勞報隊員ノ動向
一般ニ眞面目ニ就勞シ左記言動ノ外有害事象等認メス
言動

51

78

の家ニ居テ一日稼ケハ二十五円ニナル斯様ナ山奥デ馬ニ大変ナ無理ヲサセテ働イテモ二十円トハ馬鹿ラシイ命令ダカラ仕方ガナイガ普通ナラバ何如程金ヲ貰ッテモ嫌ダ（労報隊員ノ言）

の車ガ破損シテモ資材ガナクテ修理不能ナリ補修材料ノ斡旋位ハ軍デ見テ貰ヒタイ（労報隊員ノ言）

の馬ハ死ヌ車ハ破損スル賃銀ハ安イノデ全クヤリキレナイ此ンナ供出ハ懲リ〃〃タ（労報隊員ノ言）

發送先
関憲司 四平隊 1387 憲隊下

阿尔山宪兵队长关于军事工程「勤奉」队员返乡状况致日本关东宪兵队司令部等的报告（通牒）（一九四四年十月六日）

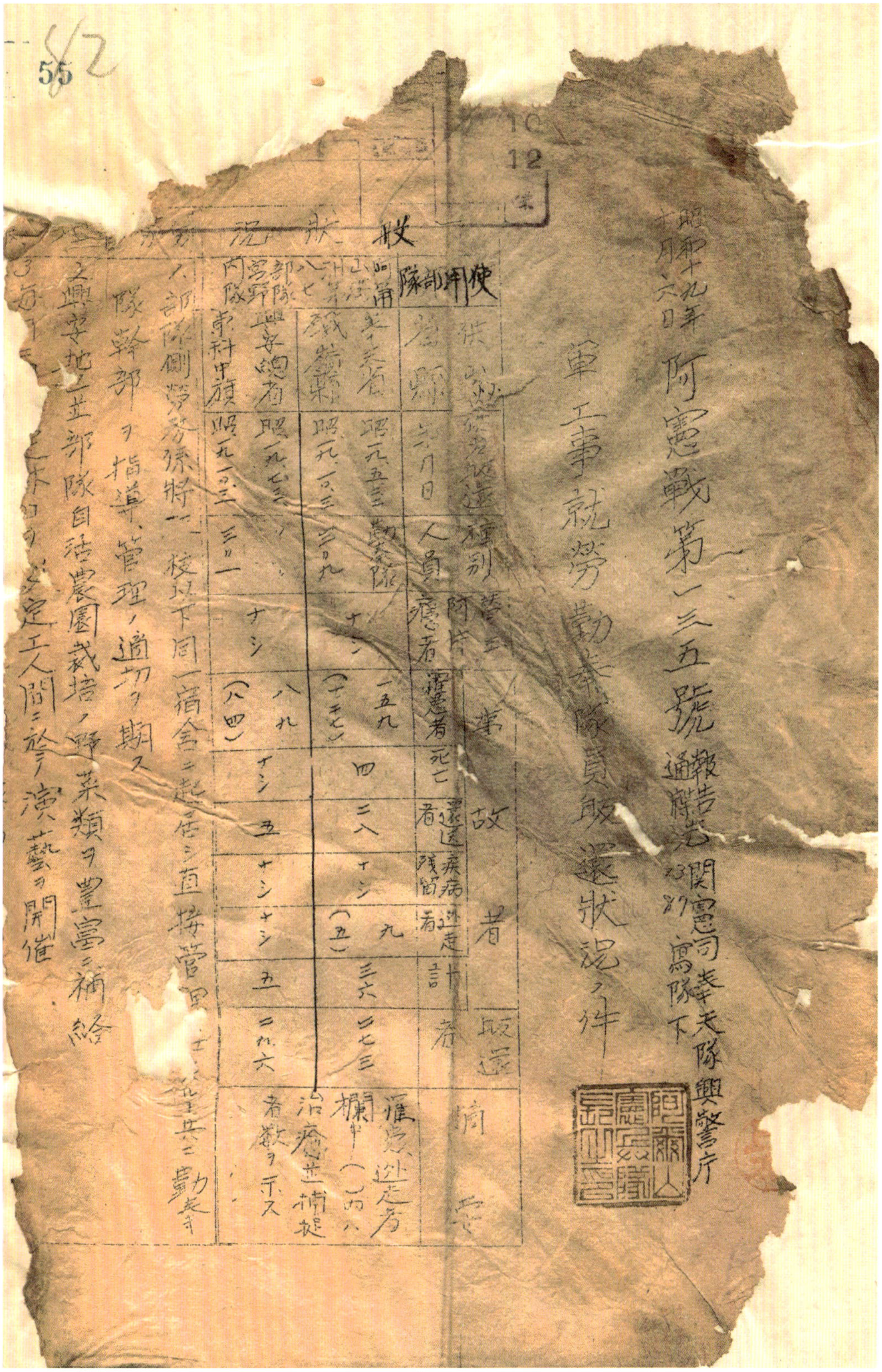
昭和十九年十月六日 阿憲戰第一三五號
軍工事就勞勤奉隊員歸還狀況ノ件

56

一、給[illegible]直傭ノ労務者取扱ニ准ナス

ハ、應募者ノ還送

ニ、宣傳宣撫ノ實施

労務者ノ動向	
	ハ、謀諜容疑事象ナシ ニ、何レモ熱心眞面目ニ就労シ左記ノ外有害動向ヲ認メズ ホ、事象 九月上旬醴泉縣供出労働隊員二十三名ハ腸疾患ヲ口實ニ一時的怠業氣運ヲ釀成シタルモ背後關係等ナク労務係ノ宣撫ニヨリ常態ニ復シ眞面目ニ就労ス ヘ、言動 當初規定糧食ノ不足ヲ云々シ増配要求的言辭ヲ弄シアリタルモ漸次訓練ト宣撫ニヨリ特異言動ヲ認メズ
其他参考事項	イ、工事終了販還時就労成績優秀者八十三名ニ對シ警備擔任部隊長ヨリ賞状等ヲ授與セリ ロ、就労間各供出縣ヨリ四回ニ亘リ慰問團ヲ派遣シ労務者ノ志氣昂揚労働督勵ヲ實施ス

阿尔山宪兵队长关于军事工程劳工返乡状况致日本关东宪兵队司令部等的报告（通牒）
（一九四四年十月十一日）

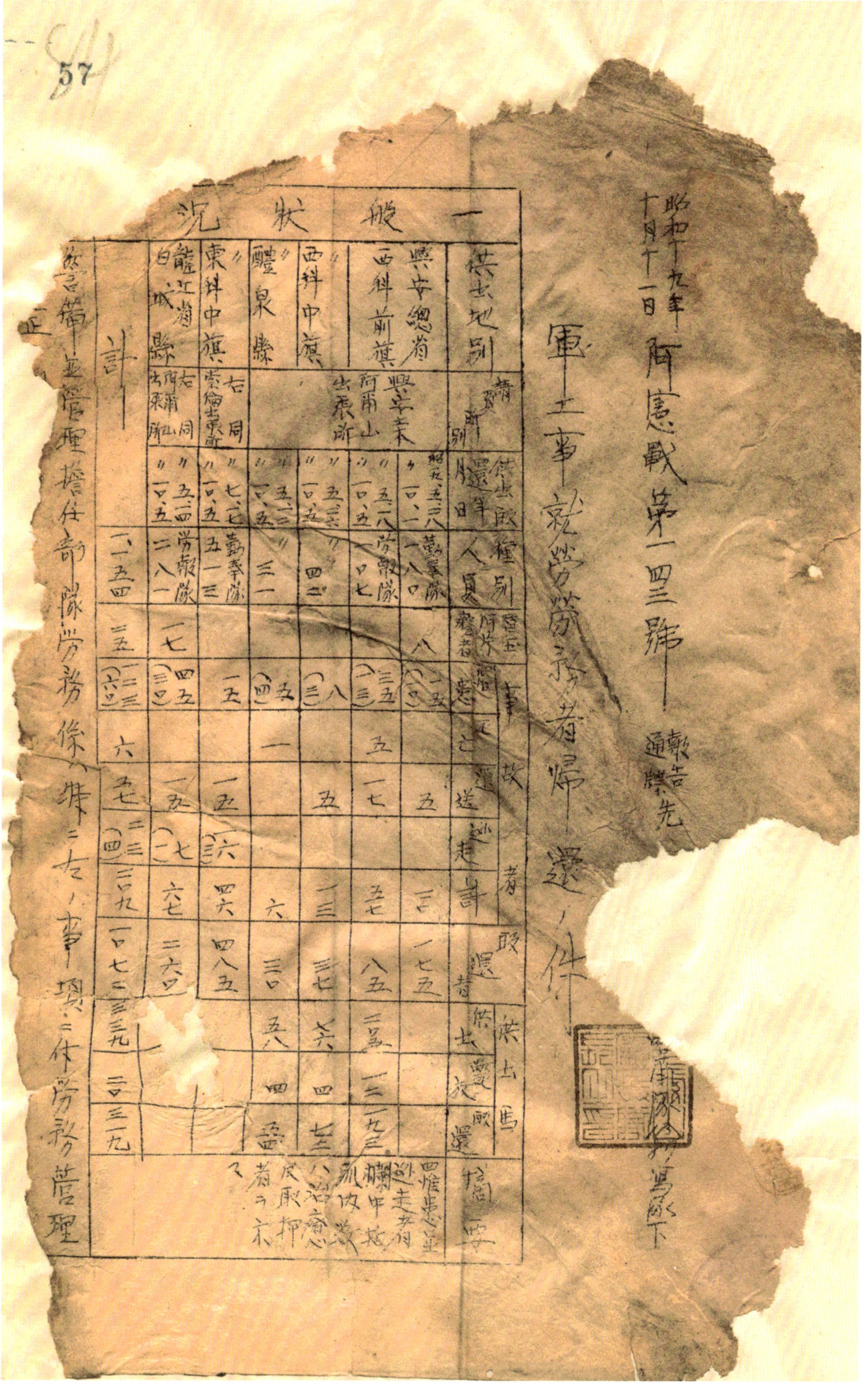

57

昭和十九年十月十一日 阿憲戰第一四三號

報告 通牒先

軍工事就勞勞務者歸還ノ件

一般状況

供出地別	興安總省西科前旗		〃西科中旗	〃醴泉縣	〃東科中旗	龍江省白城縣	計
請負所別	興安東阿爾山出張所				右同 索倫出張所	右同 阿爾山出張所	
供出歸還年月日	昭一九、五、二八 〃一〇、一	〃五、一八 〃一〇、五	〃五、二六 〃一〇、五	〃五、二三 〃一〇、五	〃七、一七 〃一〇、五	〃五、二四 〃一〇、五	
種別人員	勤奉隊 一八〇	勞報隊 一〇七	〃 四二	〃 三一	勤奉隊 五一三	勞報隊 二八一	一、一五四
事故者 所在不明者	八					一七	二五
事故者 患者	一五 (一〇)	三五 (一三)	八 (三)	五 (四)	一五	四五 (三〇)	一二三 (六〇)
事故者 死亡		五		一			六
事故者 遣送	五	一七	五		一五	一五	五七
事故者 逃走					(三)六	(一)七	二三 (四)
事故者 計	二〇	五七	一三	六	四六	六七	二〇九
歸還者	一七五	八五	三七	三〇	四八五	二六四	一〇七二
供出馬 依然		二五五	二六	五八			三三九
供出馬 斃		一二	四	四			二〇
供出馬 歸還		一九三	七二	五四			三一九
摘要	四、尚患者並逃走者ノ欄中括弧内数ハ治癒及取押者ヲ示ス						

故ニ警備並管理擔任部隊勞務係ハ特ニ右ノ事項ニ付勞務管理

58

労者ノ動向	…タルモノ二名 3 …動ニ現ハレタル動向 (ハ)…信（郷里宛ノモノ） 一、労務ノ苦痛ヲ訴ヘルモノ 六、交代着並面会着ヲ願望スルモノ 三、旱魃生計難ヲ臆測スルモノ (ロ)言動 一、冬服増配ヲ要求スルモノ 二、皈還ヲ哀願スルモノ 以上ノ外特異事象ナシ
其他参考事項	八月二十日管理担任部隊長ヨリ模範労工ニ対シ[illegible]表彰式ヲ挙行賞状並賞金ヲ授与セリ

阿尔山宪兵队长关于军事工程「劳动报国」队员返乡状况致日本关东宪兵队司令部等的报告（通牒）
（一九四四年十月十五日）

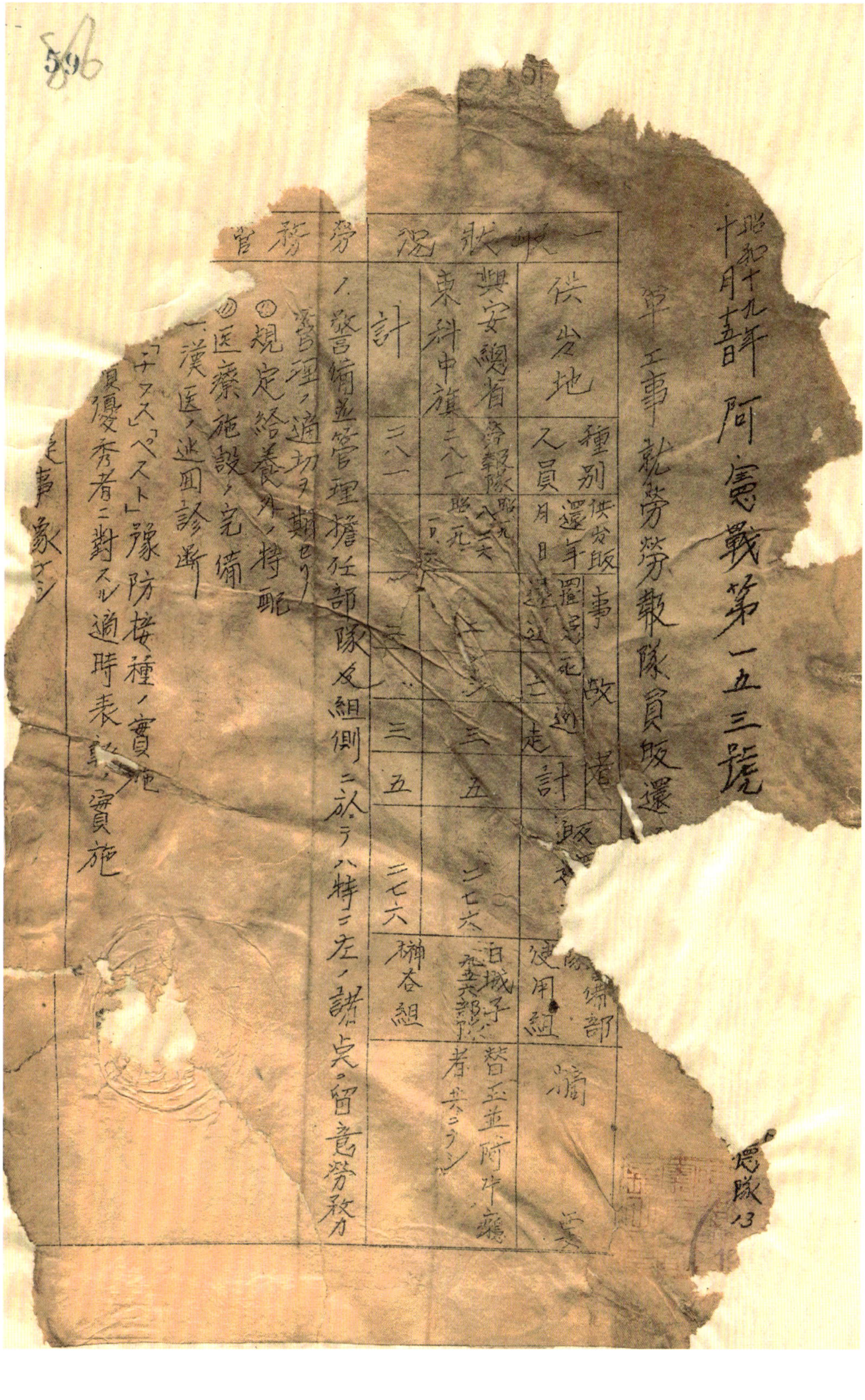
昭和十九年十月十五日
阿憲戰第一五三號
軍工事就勞勞報隊員返還……

一、狀況

二、勞務管理狀況
1.警備並管理擔任部隊及組側ニ於テハ特ニ左ノ諸点ニ留意勞務力
(イ)管理ノ適切ヲ期セリ
(ロ)規定給養外ノ特配
(ハ)醫療施設ノ完備
1.漢醫ノ巡回診斷
「チフス」「ペスト」豫防接種ノ實施
優秀者ニ對スル適時表彰ノ實施
……事故ナシ

阿尔山宪兵队长关于军事工程劳工返乡状况致日本关东宪兵队司令部等的报告（通牒）

（一九四四年十月二十三日）

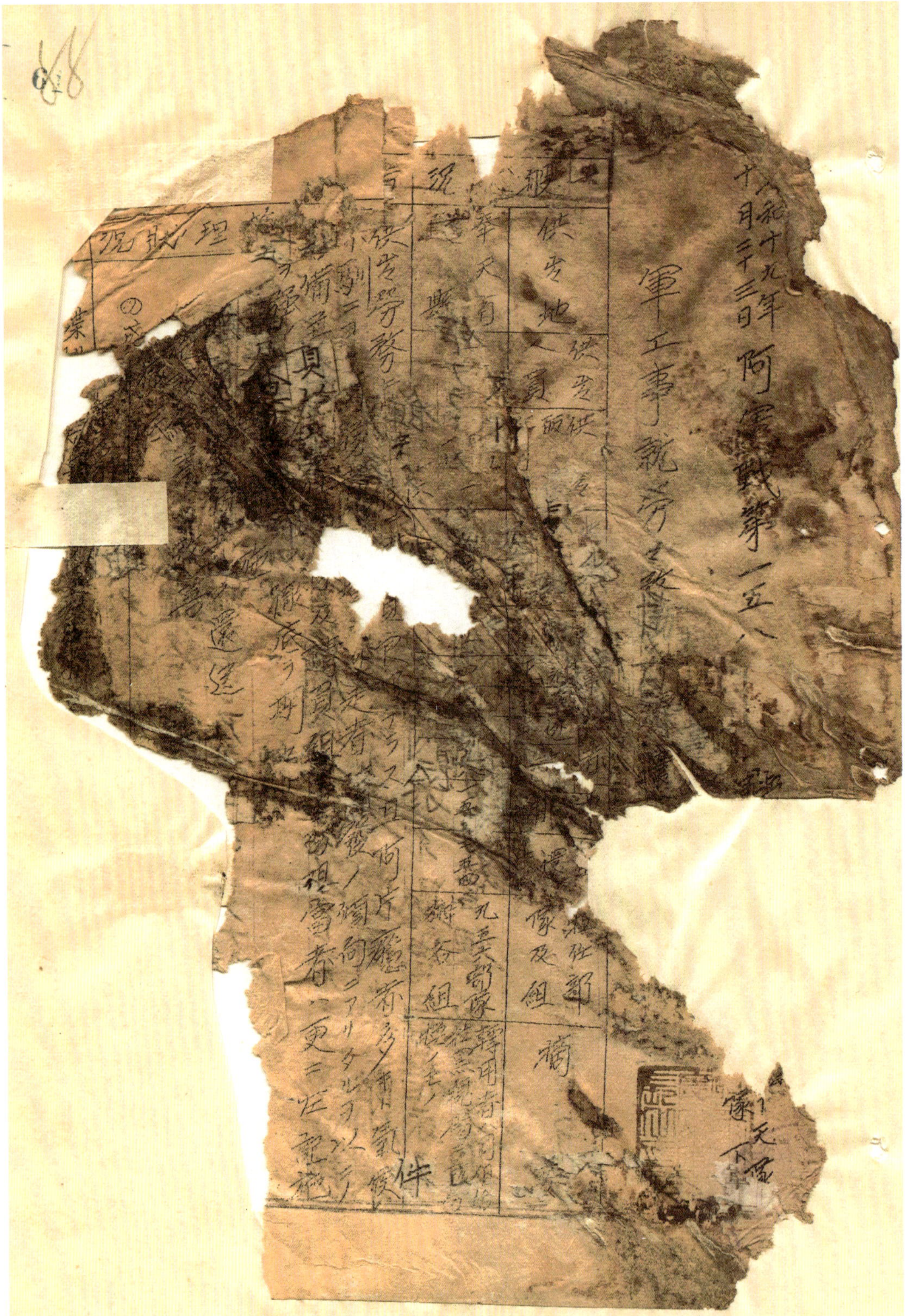

[illegible]	其他參考事項	意見	[illegible]
……賃金五、六十…… ……七年ヨリ陞メタ十圓 ……事モ愈々ヲ終ラクハ、コンナ ……軍ノ仕事故詮方ナク勤……	一、担任部隊ニ於テハ[illegible]選ニ依シ模範勞工中隊長以下八名ニ對シ 感謝狀ヲ授與セリ 二、本年七月陸[illegible]……手、靴下等ヲ慰問品トシテ送附勞 工ノ激勵ヲナス	憲兵ハ就勞間担任部[illegible]組側ト緊密ニ連繫視察諜…… 宣撫ニ努ムルト共ニ[illegible]下士官以下四名ヲシテ担任部隊…… ニ協力勞務者ノ身体並携行物件ノ檢查ヲ實施セルモ	特異事象ナシ

兴安宪兵队长关于军事工程「劳动报国」队员返乡状况致日本关东宪兵队司令部等的报告（通牒）

（一九四四年十一月一日）

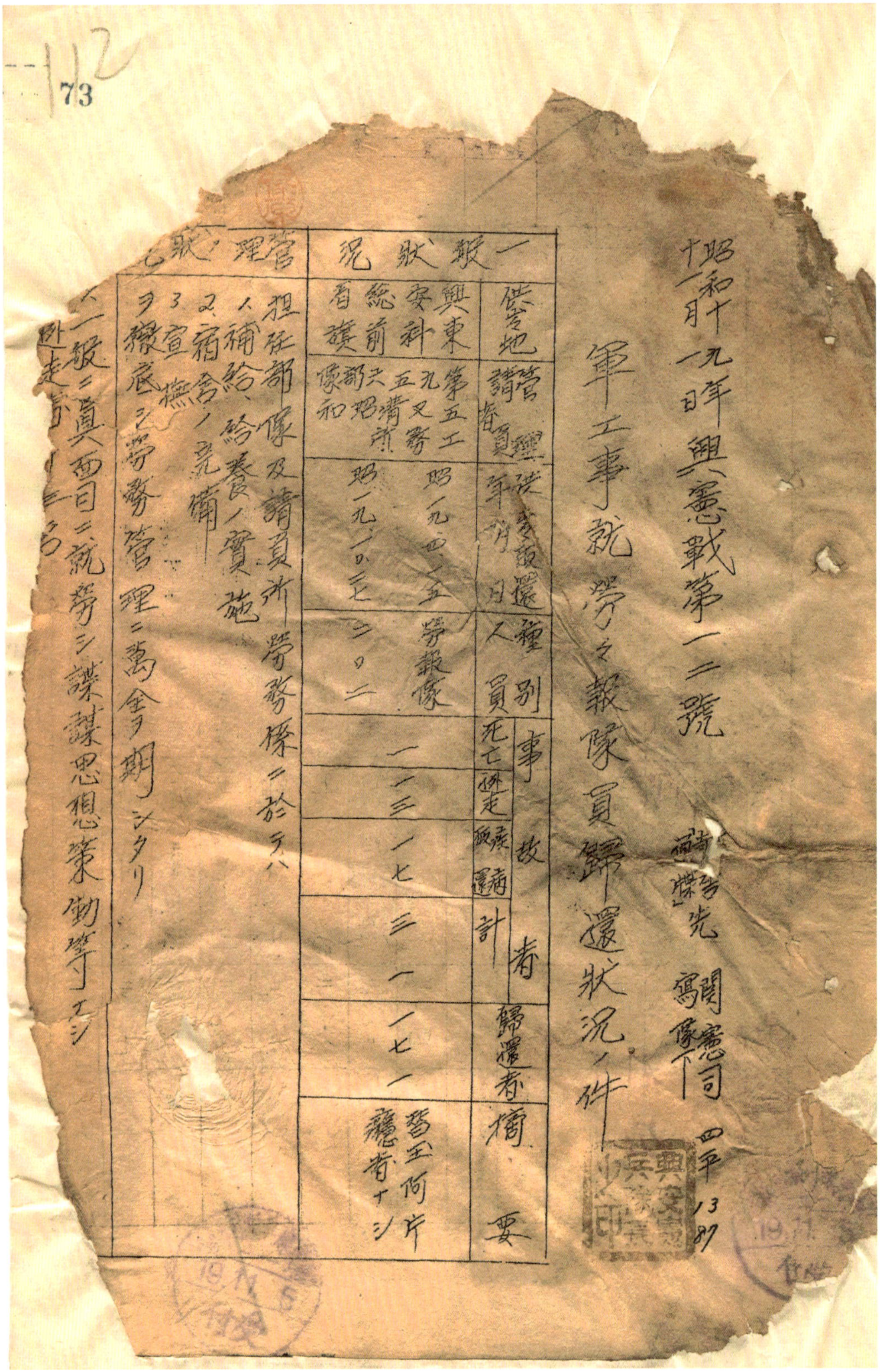

昭和十九年十一月一日 興憲戰第一二號

軍工事就勞報國隊員歸還狀況ノ件

一、一般狀況

供給地	管理從業請負	從業年月日	送還年月日	人員	事故者 死亡	事故者 逃走	事故者 疾病送還	事故者 計	歸還者	摘要
興安總省東科前旗	[illegible]	昭一九、四、一五	昭一九、一〇、二七	二〇二	一	一三	一七	三一	一七一	[illegible]阿片癮者ナシ

二、管理狀況

担任部隊及請負所勞務係ニ於テハ

1、補給、給養ノ實施

2、宿舎ノ完備

3、宣撫

ヲ徹底シ勞務管理ニ萬全ヲ期シタリ

三、一般ニ眞面目ニ就勞シ諜謀思想策動等ナシ

動向	憲兵ノ處置
◎冬トナリ冬服、防寒靴モナク心配シテ居ッタカ今テ貰ヘルノテ何ヨリタ（勞工ノ言） ◎金ハ前借後貰ウソウタカ金ヨリモ衣類、地下足袋等ヲ貰ヒ度イモノタ（勞工ノ言） ◎五叉溝迄来テ此ノ寒イ時期迄働カセラレルトハ思ハナカッタ（小隊長ノ言） ◎此ノ寒イ淋シイ山中ノ五叉溝方面ノ洪水ニ二度ト来サイ（隊員ノ言）	憲兵ハ管理部隊ト連繋、就勞間ノ視察偵諜ニ努ムルト共ニ歸還時下士官以下五名ヲ以テ身体並携行物件ノ檢査ヲ實施シタルモ特異事象ナシ

奉天宪兵队长关于向部队供出劳工时满人动向致日本关东宪兵队司令部等的报告（通牒）（一九四四年十一月四日）

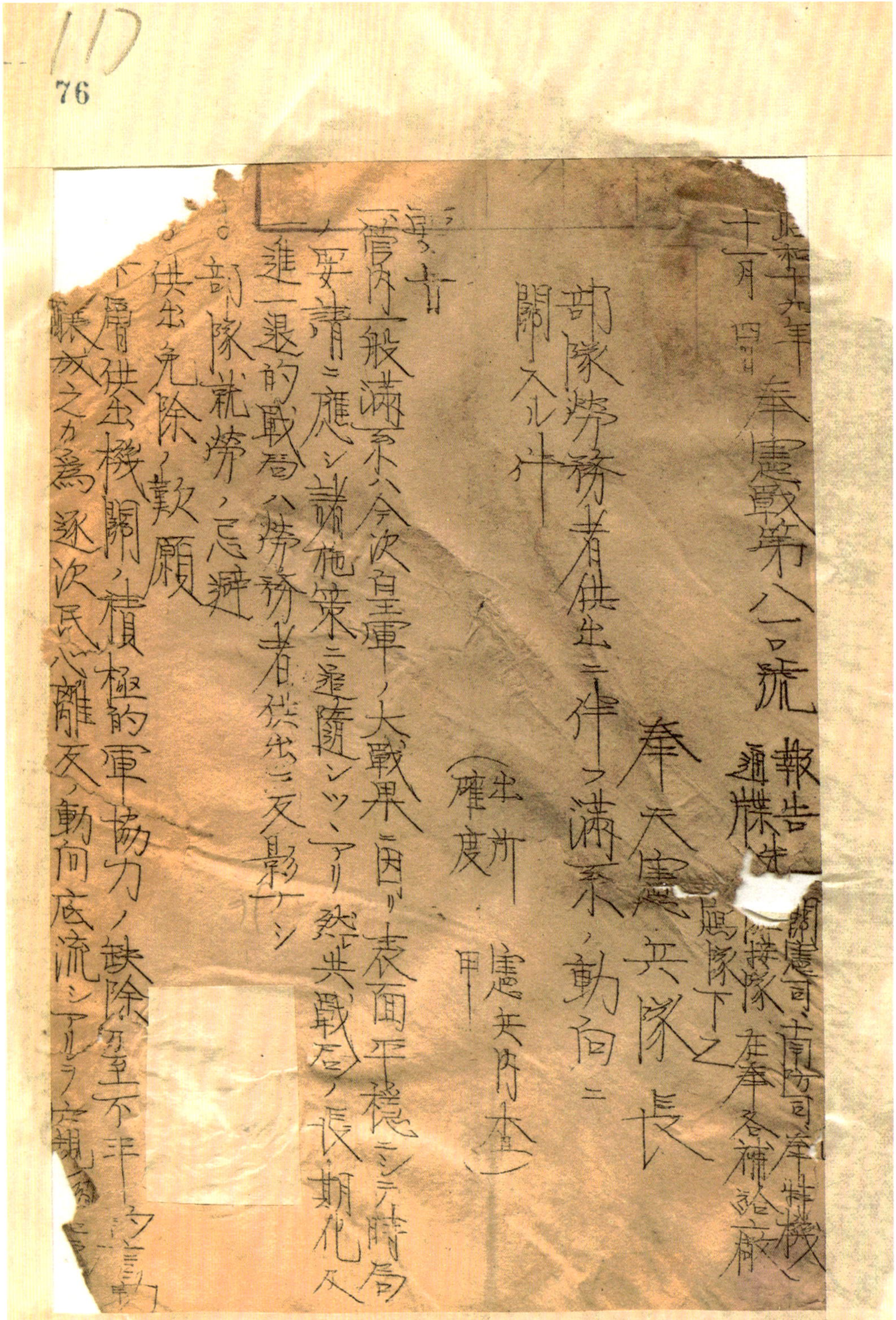

110
76

昭和十九年十一月四日 奉憲戦第八二〇號 報告
通牒先 関憲司、南防司、奉特機、関特機隊、在奉各補給廠、憲兵隊下之

奉天憲兵隊長

部隊労務者供出ニ伴フ満系ノ動向ニ関スル件

（出所 憲兵内査）
（確度 甲）

要旨

一、管内一般満系ハ今次皇軍ノ大戦果ニ因リ表面平穏ニシテ時局ノ要請ニ應シ諸施策ニ追随シツヽアリ然レ共戦局ノ長期化及一進一退的戦局ハ労務者供出ニ反影シ

二、部隊就労ノ忌避

三、供出免除ノ歎願

下層供出機関ノ積極的軍協力ノ缺除乃至不平不満言動醸成之カ為逐次民心離反ノ動向底流シアルヲ窺知シ

場合ハ部隊ニ於テハ供出関係機関ト密接ニ連絡シ
宣撫ノ徹底ト相俟チ慰安医療諸施設ノ強化等ノ
対策ヲ講シ供出労務者ノ確保ニ留意スルヲ要ス

本文

二、一般満系ノ動向

管内満系上中層ハ聖戦完遂ニ消極的ナルモ表面的ニ概ネ協力的態度ヲ示シアリ又下層満系ハ戦局推移ニ無関心ナリト雖モ戦局ノ長期化及糧穀出荷乃至労務者供出ノ強制並ニ糧食不足ノ生必物資ノ配給不円滑等ニ基因スル生活難ニヨリ漸次時局ノ重圧ニ対スル厭戦的気運ヲ醸成シ就中労務者供出ニ対シ時局認識ノ欠除乃至生活難ヨリ部隊就労ヲ忌避シ自己保身ノ策ノミニ奔走シアル状況ナリ

部隊就労忌避原因ノ主ナルモノ左ノ如シ

119

77

部隊ノ就労ヲ忌避逃走シ闇取引[illegible]巨利ヲ得ントス
部隊乃至会社工場就労偽装証明書ヲ購入シ又一時会社
工場ニ就労ヲ装ヒ証明書ノ発給ヲ受ケ無届缺勤[illegible]
引等為シ供出時証明書ヲ提出就労忌避ス
○部隊ノ給養及労賃僅少ニ因ル不平不満
○部隊ノ就労ニ因ル死亡ヲ苦慮ス
○部隊就労ノ期間長期ニ亘ルヲ忌避ス
○生活難ヨリ就労ニ因ル家族ノ生活不安
○労賃高価ナル会社工場ニ就労スルヲ得策トス
○就労部隊ノ要ハ更ニ憂慮ス
○関係機関ノ供出取扱不適切且強制的ナルニ不満ヲ抱ク
供出機関満系ノ動向
[illegible]機関満系ハ表面労務者供出ニ協力的態度
ナルモ裏面的ニハ何レモ消極的ニシテ且義務的ニ[illegible]

……理ニ在ル傾向窺知セラレ就中下層供出労働……
、生必物資ノ入手難及不円滑
〇差別的配給
等ノ生活逼迫ニ起因シ之ト共ニ時局ノ批判乃至労務者供出ニ対ス
ル軍側ノ協力消極方ト相俟テ不平不満的言動ヲ漸次シアリ
供出機関ノ軍ニ対スル協力ノ消極原因左ノ如シ
〇軍ノ供出時ニ於ケル協力絶ンド皆無ナリ
〇供出労働者ニ対スル軍ノ施設不充分ナリ
〇極力軍ニ協力シアルモ其ノ意認メラレス
〇供出労務者ノ逃亡等ニ因リ軍ヨリ[illegible]満系等ニ於テ其ノ責
ヲ問ヒ且暴行ヲ為ス
三、所見
如上ノ如ク下層満系及供出機関ニアリテハ軍供出労務ニ対シテハ
一般ニ嫌忌消極的ニシテ漸次民心離反ノ傾向アルニ

鑑ミ受入部隊側ニ於テモ供出機關ト密接ニ連絡シ人員ノ派遣等ニヨリ實情ノ把握ニ努メ且受入後ノ宣傳宣撫工作並ニ諸施設ヲ強化シ一般滿系ヲシテ積極的ニ軍ニ協力セシムヘク對策ヲ講ズル要アリト認ム

（了）

兴安宪兵队长关于军事工程「劳动报国」队员共同陈情致日本关东宪兵队司令部等的报告（通牒）
（一九四四年十一月七日）

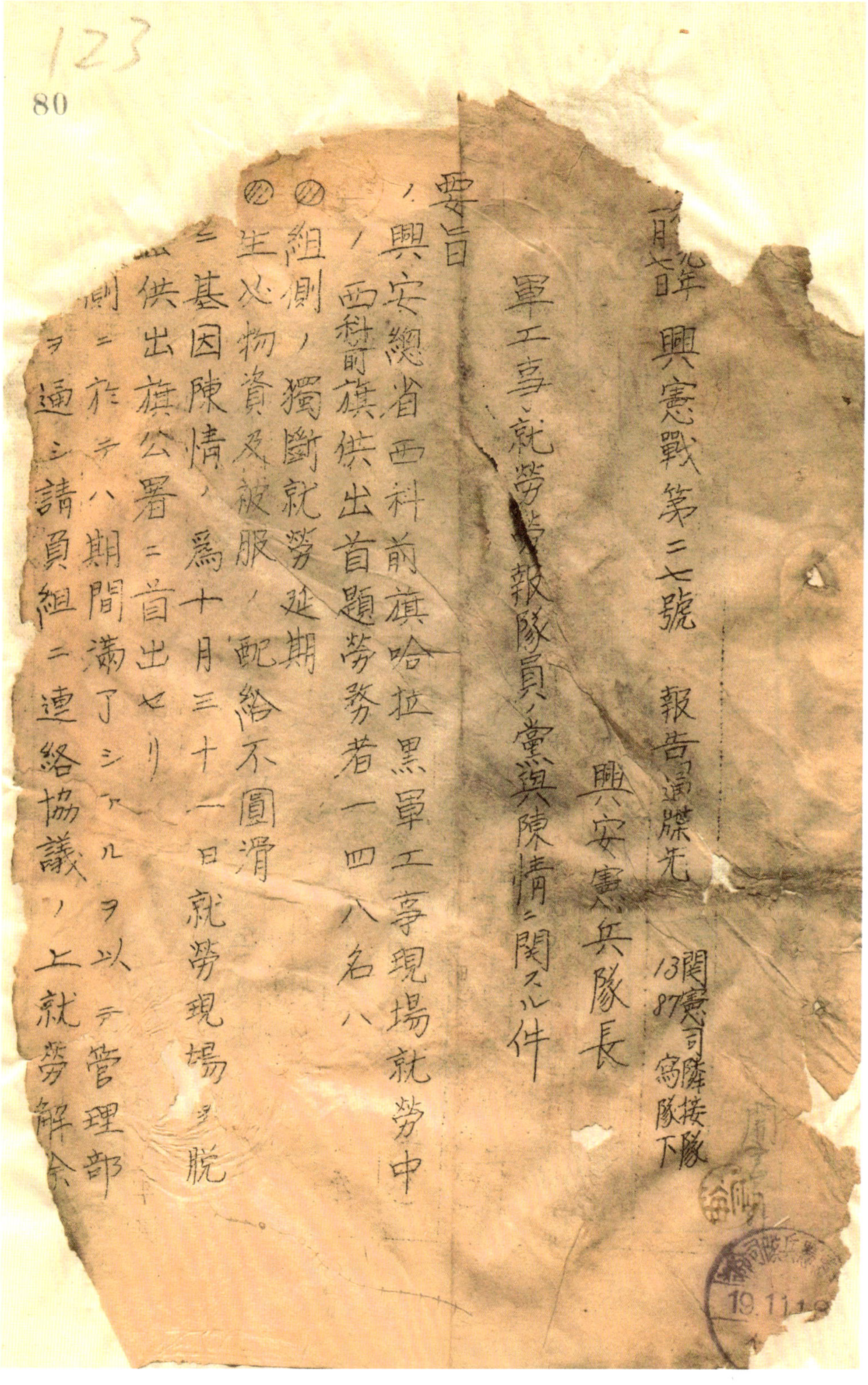
123
80

興憲戰第二七號

報告通牒先
關憲司
隣接隊
寫 隊下

興安憲兵隊長

軍工事就勞報國隊員ノ黨與陳情ニ関スル件

要旨

◎興安總省西科前旗哈拉黑軍工事現場就勞中ノ西科前旗供出首題勞務者一四八名ハ

◎組側ノ獨斷就勞延期ノ生必物資及被服ノ配給不圓滑ニ基因陳情ノ為十月三十一日就勞現場ヲ脱出旗公署ニ首出セリ

組側ニ於テハ期間滿了シアルヲ以テ管理部ヲ通シ請負組ニ連絡協議ノ上就勞解余

19.11.1

決シ夫々歸鄉セシメタリ

隊情者

興安總省西科前旗哈拉黑軍工事現場

西科前旗供出勞働報國隊員

魯振五　外一四七名

二、日時場所

區分	日時	場所
脫出	昭和十九年十月三十一日 二三、五〇頃	興安總省西科前旗哈拉黑 滿洲第九五六部隊哈拉黑工事現場 榊谷組勞工宿舍
[illegible]情	昭和十九年十二月二日 二〇、〇〇頃	興安總省西科前旗公署

124

81

情ノ原因
隊情着ノ就勞期間ハ本年九月末迄ノ所工事
遅延ノ為組側及供出旗側ノ申合セニヨリ一
ケ月間就勞延期ヲ運ビトナリタルカ
○更ニ工事ノ進捗上組側ノ勞務者ニ對スル十
五日間就勞延期ノ獨斷申渡
◎生必物資及被服配給ノ不圓滑
◎耐寒施設ノ不完備
(請負組側ノ管理不適切ニ因ル)
四、當時ノ狀況
興安總省西科前旗供出勞報隊員二九〇名ハ
本年四月ヨリ六ケ月間ノ就勞契約ニヨリ前
現場ニ就勞中工事不進ノ為組側及供出旗
ノ申合セニヨリ一ケ月間ノ就勞延期ヲ
ルカ豫定工事ノ進捗ニ更ニ十月三十一

18

側ニ於テハ労務者ニ對シ獨斷十五日間就労延期ヲ申渡シタルカ同日二十時頃夕時「再ビ延期ニテ何時帰レルカ解ラヌ旗長ニ面接シ指示ヲ受ケ再就労ノ爲明日全員旗公署ニ行カウト」ノ雑談ニ共鳴謀合シ魯振五外一四七名ハ自己携帯物件ヨリ一切携行ノ上同日二十三時五十分頃宿舎ヲ脱出、十一月二日二十時興安街西料前旗公署ニ陳情セリ

「註」労報隊ハ隊長以下幹部前述雑談ヲ聞知セルモ眞實性ヲ誤認報告スルコトナク放置共ニ就寝セル為脱出後之ニ氣付キ組責任者ニ急報セリ

五、供出旗側ノ處置

一月二日二十時前記脱走労報隊員ノ出頭、情ニヨリ取調ノ結果前述原因判明セルヲ

テ嚴重説諭スルト共ニ[illegible]瀬了[illegible]ル
以テ部隊側ノ意向ヲ徴[illegible]出解除[illegible]セシ
[illegible]タリ
[illegible]組側ニ於テハ供出旗側トノ[illegible]合セニヨリ残留労工[illegible]
十四名ヲ本月五日供出解除旗側ニ引渡セリ
[illegible]考事項
[illegible]谷組ニ於テハ本現場ヨリ本件同様原因ニテ
[illegible]九月二十八日通遼縣供出労務隊員中[illegible]
[illegible]下二一七名ヲ黨與逃走セシメタル事件
[illegible]労務管理不適切ナリ
[illegible]ノ處置
[illegible]ハ管理部隊及組旗側ヨリノ局[illegible]接シ
[illegible]及背後関係等ノ有無ニ就キ究[illegible]ル處
上ノ如ク使用組側ノ管理不適切ニヨルモ

ルコト判[illegible]ルヲ[illegible]役ノ供[illegible]

考慮宣撫ノ上解散セシ[illegible]ルト共[illegible]用組

[illegible]者ニ對シテハ嚴重説諭管理ノ[illegible]ノ皆

素ヲ戒メタリ

奉天宪兵队长关于在补给厂工作的供出劳工实际情况致日本关东宪兵队司令官的报告（通牒）（一九四四年十一月八日）

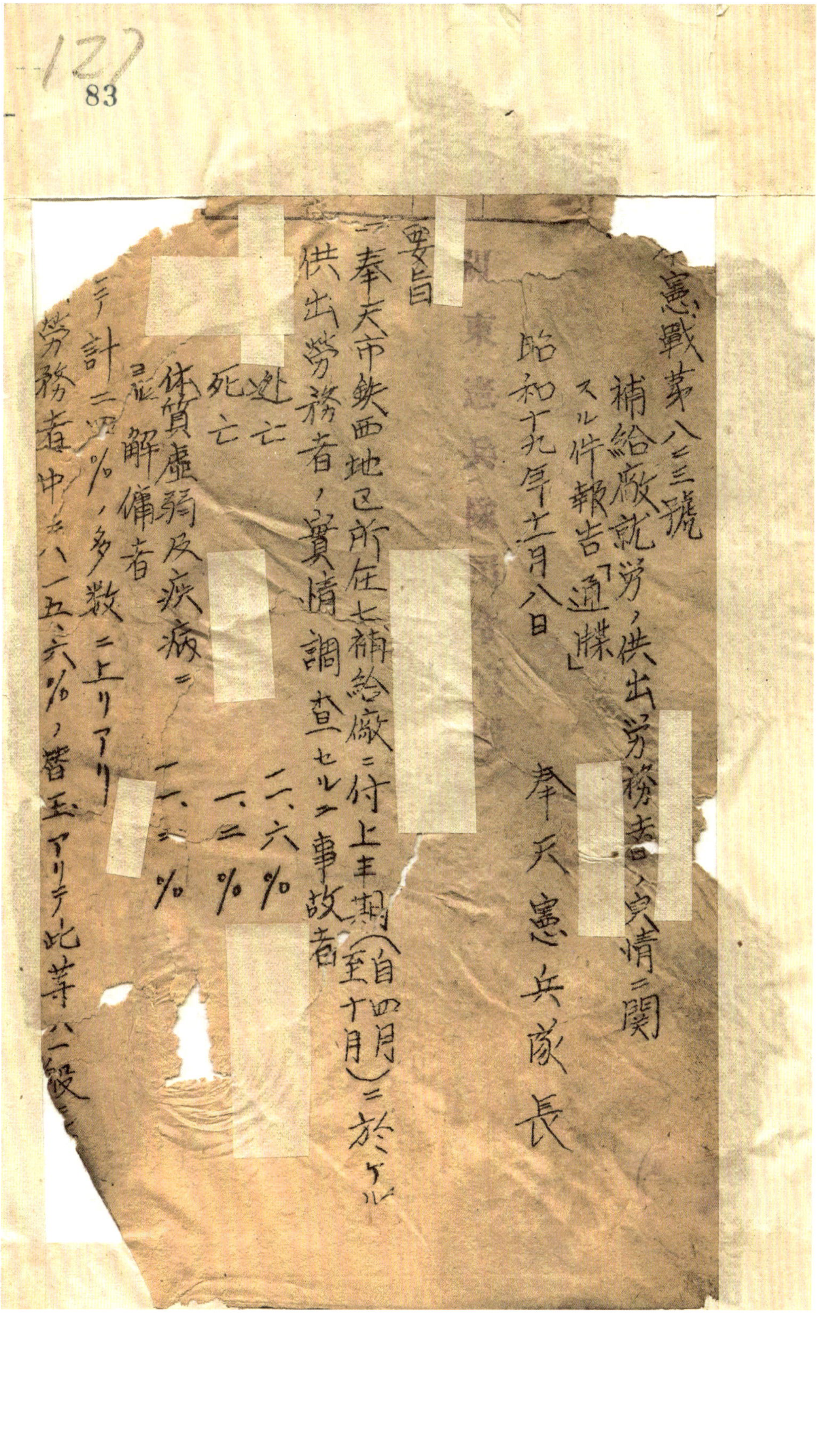

121
83

奉憲戰第八三號

補給廠就労ノ供出労務者ノ実情ニ関スル件報告「通牒」

昭和十九年十一月八日

奉天憲兵隊長

要旨

一、奉天市鉄西地区所在ナ補給廠ニ付上半期（自四月至九月）ニ於ケル供出労務者ノ實情調査セルニ事故者

逃亡 二、六%

死亡 一、二%

体質虚弱及疾病ニ起因解傭者 一、[illegible]%

ニテ計二四%ノ多数ニ上リアリ

労務者中ニハ一五、六%ノ替玉アリテ此等ハ一般

[illegible]リテ一部ニ於テハ更ニ他ニ轉シ代金ヲ稼ク[illegible]

[illegible]ハ補給廠ニ於テハ労力確保ノ為將来一層労務管理ノ適正

ヲ期スルト共ニ供出労務者差出期間ニ於テモ[illegible]

ヲ講ズルノ必要アリ

本文

一、一般状況

奉天市内鉄西地区所在ノ補給廠ノ上半期（五月—十月）ニ於ケル

供出労務者ハ計五〇六二名ニシテ此等労務者中ノ事故者ハ

逃亡	五八〇名	一一、六％
死亡	六四名	一、二％
体質虚弱及疾病ニヨル解傭者	五七〇名	一一、二％
計	一、二一四名	三四、〇％

129

84

多ノ数ニ上リアリ
トシテ此等事故者ニ対シ九六七名ハ供出地ヨリ夫々交代要員
トシテ補充セラレアリ更ニ各補給廠ニ於テモ労務管理ノ適正
ニ統意努力シアルモ尚現在（十月二十日）一〇三名ノ傷病者ヲ有シ概
ネ八七％ノ就労率ヲ確保シアル状況ナリ各補給廠別ノ供出労
務者概況調査表別紙第一ノ如シ

二 逃亡者ノ状況

本期間ニ於ケル供出労務者ノ逃亡ハ五八〇名ノ多数ニ上リアリテ之カ
逃亡ノ原因ハ別紙第二ノ如ク輸送間ニ於ケル逃亡最モ多ク叱咤
殴打等ニ不満ヲ抱キ逃亡スルモノ及宣伝宣撫ノ不徹底ニヨルト認
メラルヽモノ之ニ次キアリ而シテ此等逃亡者ハ浮浪者独身者最下
[illegible]者病弱者其ノ大部ヲ占メアリ
又一部ニ於テハ替玉ニシテ身代金受領後更ニ他[illegible]ク逃亡ス
ルモノアリ

並ニ疾病等ニヨル解傭者ノ状況

間ニ於ケル[illegible]供出労務者ノ死亡ハ公務死一名病死六〇

18

ハ疾病ニ因ル解傭者ハ五七ロ名ノ多数ニ上リ、
共此等事故者ノ大部ハ交代要員ヲ補充シアルモ尚傷病
一六三ロ名ノ多数アリテ中約三五%ハ欠勤シアル状況ナリ
尚傷病者中ニハ花柳病患者四五ロ名アリテ最多ク其他ニ特
病ヲ有スルモノ三ロロ名公傷者二ロロ名内部疾患者八ロ名アリ
詳細別紙第三ノ如シ

四、替玉ノ状況

本期間ニ於ケル供出労務者中替玉ハ七九ロ名アリテ全員ノ一五
六%ヲ占メアリ
替玉雇傭ノ原因ハ疾病其ノ他ノ事情ヲ有スルモノアルモ一般ニ部家
就労ノ恐怖疑念ヲ有シ或ハ期間ノ延長其ノ他ノ不安感ヨリ
者、雇家ハ多ノ額ノ身代金ヲ支払ヒ替玉ヲ雇傭シ以テ自己ノ保
身ノ策ヲ講セントスル傾向濃厚ナルモノアリ
然レ共替玉ニアリテハ雇傭関係ニアル被雇傭者貸借関係ニ由リ止ムナク
其ノ大部ハ身代金ヲ得ンカ為進ンテ替玉トナリタルモノニシテ此ノ下ハ
浮浪者、無職者、素行不良者、金銭欲者等一般ニ素質ハ不良

131

85

…ラス

ニ一部ニ於テハ身代金ヲ獲得セハ更ニ他ニ轉ハンクノ逃亡スル等
ノ賞ナルモノアリテ注意ノ要アリ
三、狀況ハ調査表別紙第四ノ如シ

一、無届欠勤者ノ狀況
供出労務者中無届欠勤者ハ一ヶ月平均約五%アリ此等ハ労
賃ノ低廉ハ叱咤殴打ニ対スル不滿替玉ニシテ熱意ナキモノ疾病等
ニ因ルモノナルカ一部ニ於テハ奉仕的就労ナルヲ以テ自己ノ都合ニヨリ
休養スルモ差支ナシトスルモノアリ
又入隊後一、二ヶ月間ハ比較的事故尠ク出勤率良好ナルモ時日ノ
經過ト共ニ部隊ノ労務管理ニ対スル不平不滿的気運ヲ醸成
シ無届欠勤者モ多發ノ傾向ヲ認メラル
狀況別紙第五ノ如シ

…対策所見
…下人的資源ノ払底ノ折柄將來供出労務者ノ素質ハ益々…
予想セラルルモノアリテ之カ労務管理ノ適否ハ直チ…

遂行ニ[illegible]ハ影響ヲ及ホシ延テ空襲等ノ
ニ不測ノ事故ヲ惹起スルコト少ナシトセサルニヨリ部隊並ニ
機関ニ於テハ一段ト対策ニ慎重ヲ期スル要アリ
過去ニ於テ発生セル有害事象ニ鑑ミ部隊並ニ警察機関
採ルヘキ主ナル対策ノ参考ハ別紙第六ノ如シ
發送先　関憲司、南防司　憲隊下乙

（了）

滿洲第一

供出勞務者調查表

区分 / 補給廠	防衛司令部判當人員	受領人員	逃亡者	病死者	[illegible]	[illegible]	現在人員	現在勞務者出身地	勤勞率	摘要
滿洲第五八一部隊	一〇〇五	一〇〇五	四五	六	三〇〇	[illegible]	[illegible]	奉天市、興京縣、法庫縣	82%	[illegible]元ハ出身地ヨリ出ナシ
滿洲第七二〇部隊	一三〇〇	一二〇〇	二七九	八	一〇九	四〇〇	一三〇四	奉天市鉄西区、皇姑区、北陵区	90%	〃
滿洲第五三三部隊	八三七	八三七	一〇	六	七		八一四	奉天市、蓋平縣	95%	〃
滿洲第二[illegible]部隊	五〇〇	五〇〇	八一	二		八〇	四九七	奉天市、本溪湖市、鞍山市	88%	〃
滿洲第七四三部隊	三〇〇	三〇〇	五〇	二			三四八	海城縣	90%	〃
滿洲第三七四部隊	二五〇	三一〇	六九	一	四九	三七	一六八	復縣	85%	〃
滿洲第八四一部隊	八七〇	八七〇	五〇	八	一〇五	一五〇	八二七	奉天省各縣	87%	〃
合計	五〇六二	五〇六[illegible]			、	九六七	四[illegible]	[illegible]	87%	

98

附二：在补给厂工作的供出劳工逃亡原因等调查表

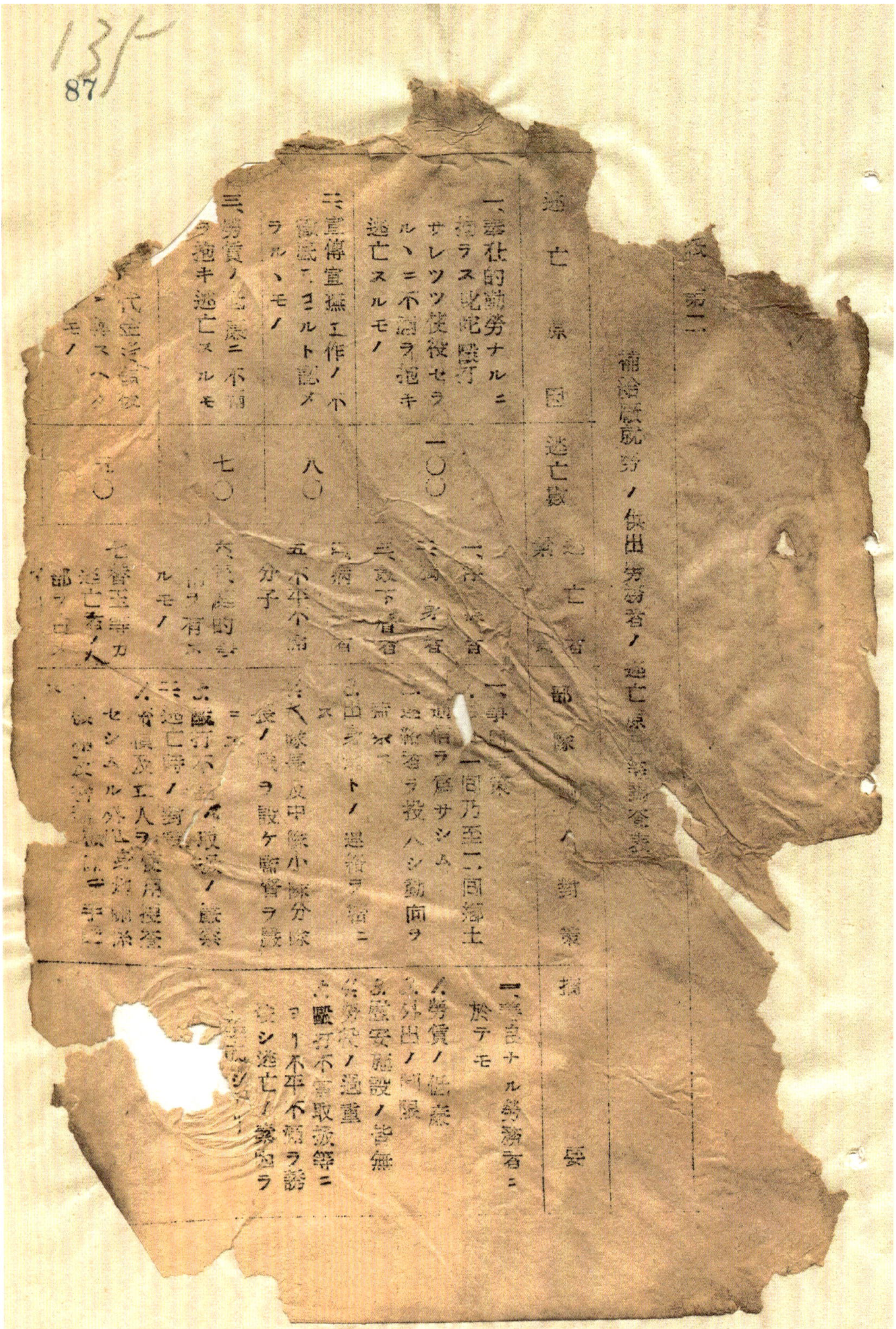

87

其第二

補給廠就労ノ供出労務者ノ逃亡原因[illegible]調査表

逃亡原因	逃亡歩合	逃亡者部隊ニ對スル影響	對策摘要
一、奉仕的勤労ナルニ拘ラズ叱咤殴打サレツツ使役セラルヽニ不満ヲ抱キ逃亡スルモノ	一〇〇	一、[illegible] 二、病弱者 三、意志下層者 四、病弱者 五、不平不満分子 六、[illegible]的[illegible]ヲ有スルモノ 七、[illegible]逃亡者ノ人[illegible]部[illegible]	一、毎月一回乃至二回郷土通信ヲ為サシム 二、逃亡者ヲ投入シ動向ヲ[illegible] 三、出身者トノ連絡ヲ密ニス 四、大隊長及中隊小隊分隊長ノ[illegible]ヲ設ケ監督ヲ厳[illegible] 五、殴打不当取扱ノ厳禁 六、逃亡時ノ對策[illegible] 七、[illegible]及工人ヲ[illegible] [illegible]
二、宣傳宣撫工作ノ不徹底ニヨルト認メラルヽモノ	八〇		
三、労賃ノ低廉ニ不満ヲ抱キ逃亡スルモノ	七〇		
四、[illegible]式[illegible]ス[illegible]モノ	五〇		

一、善良ナル労務者ニ於テモ 1.労賃ノ低廉 2.外出ノ制限 3.慰安施設ノ皆無 4.労役ノ過重 5.殴打不当取扱等ニヨリ不平不満ヲ誘発シ逃亡ノ[illegible]ラ[illegible]

[illegible]ニ[illegible]ラレルモノ	五〇
[illegible]的不運ニヨリ[illegible]家セントスルモノ	五〇
七 其ノ他（輸送間ニ於ケル逃亡）	一八〇
計	[illegible]八〇

[illegible]反省ニ[illegible]シテハ[illegible]ス

状況ニ[illegible]ニ[illegible]

[illegible]ノ[illegible]

備考 本調査表ハ在籍補給徴中 581 [illegible] 532 [illegible] 743 314 841 [illegible]ニ於ケル供出労務者ノ上半期（自四月至十月）ノ[illegible]査トス

附三：劳工病患状况调查表

88

137

第三　疾病者ノ状況調査表

疾病原因	一、身体虚弱及軟弱ナルモノ 二、持病ノ再発ニ因ルモノ 三、阿片吸飲ニヨルモノ 四、花柳病ニ基因スルモノ 五、[illegible]ニ基因ス[illegible] 六、[illegible]ナルモ[illegible]
傷病人員	一、花柳病患者　四五〇名 二、持病者　三〇〇名 三、公傷者　一二〇〇名 四、内部疾患者　八〇名
死亡及帰還者	公傷死　[illegible]名 病死　六三名 体質虚弱及持病ニヨル除隊者　二七〇名
部隊ノ對策	一、入隊時労体検査ノ為不合格者ハ即時帰郷セシメ交代者ヲ差出サシム 二、疾病者ハ治療休養ヲ為サシム 三、公傷者ニ對シテハ特ニ充分ナル手當ヲナスス 四、疾患アリト認メラルルモノハ部隊係員ニ届出テシメ迅速ニ處置ス 五、軽症者ハ引續キ就労セシム
摘要	一、上記傷病者中軽症者ハ就労セシメアルカ此等人員ニ對スル就労率ハ約六五%ナリ 二、花柳病患者ハ薬品不足ノ為メ重症者以外ニハ治療シアラス 三、傷病人員[illegible]在[illegible]月現[illegible]

88

別紙ニ関シ

一〇三〇号 大三五号

紙第四

補給徴就労ノ供出労務者中ニ於ケル替玉ノ状況調査表

替玉雇傭原因	替玉トナリタル動機	人員	替玉ノ発覚	関係者ノ対策	摘要
一、貧乏家資産家ニ	一、希望ニ由		一、浮浪者	一、関係機関ニ通	一、供出労務者中ノ約一

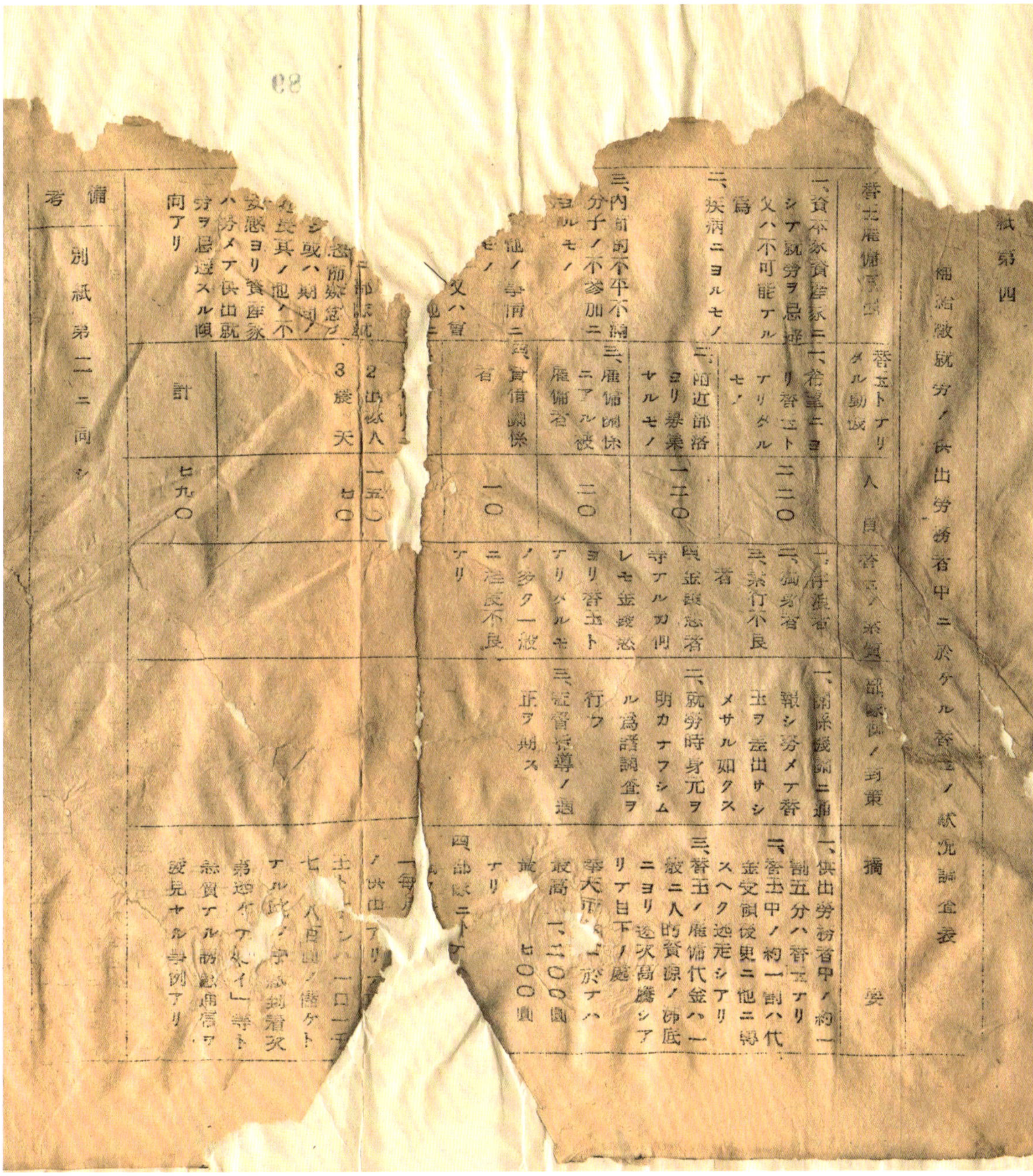

（別）紙第四

補給廠就労ノ供出労務者中ニ於ケル替玉ノ状況調査表

替玉雇傭原因	替玉トナリタル動機	人員
一、貧（不）家貧窮家ニシテ就労ヲ忌避シ父ハ不可能ナル為	一、希望ニヨリ替玉トナリタルモノ	二二〇
二、疾病ニヨルモノ	二、附近部落ヨリ募集ヤルモノ	一二〇
三、内部的不平不満分子ノ不参加ニヨルモノ	三、雇傭関係ニアル彼雇傭者	二〇
四、其ノ他ノ事情ニ因ルモノ父ハ曾（…）他ニ	四、貸借関係者	一〇
（…）部隊ニ（…）怠（…）シ或ハ期間ノ（…）長其ノ他ノ不安懸ヨリ貧窮家ハ労メテ供出就労ヲ忌避スル傾向アリ	2 出欲人	一五〇
	3 農天	七〇
	計	七九〇

替玉ノ素質	部隊側ノ対策	摘要
一、浮浪者 二、独身者 三、素行不良者 四、金銭欲者（…）レモ金銭欲等アルカ何ヨリ替玉トナリタルモノ多ク一般ニ性質不良ナリ	一、関係機関ニ通報シ努メテ替玉ヲ差出サシメサル如クス 二、就労時身元ヲ明カナラシムル為諸調査ヲ行フ 三、監督指導ノ適正ヲ期ス	一、供出労務者中ノ約一割五分ハ替玉ナリ 二、替玉中ノ約一割ハ代金受領後更ニ他ニ替スヘク逃走シアリ 三、替玉ノ雇傭代金ハ一般ニ人的資源ノ払底ニヨリ逐次高騰シアリ目下ノ處最高一、二〇〇圓最低七〇〇圓ナリ 四、部隊ニトア（…）「毎月（…）ノ供出アリ（…）土トン八一口一千七八百圓ノ儲ケトナル此ノ字様到着次第送付アレ」等ト結質ナル暗號通信ヲ發見セル事例アリ

備考 別紙第二ニ同シ

附四：在补给厂工作的供出劳工替身状况调查表

139

90

第五

無届欠勤者ノ原因等調査表

無届欠勤ノ主要原因	無届欠勤人員	無届欠勤者ノ対策	摘要
一、労務者ノ日給ハ一円五十銭ニシテ低額ナル為不平不満ヲ抱ク 二、奉仕的就労ケルニ此旨サレツヽ就労スルヲ不満トスルモノ 三、特ニ五ニシテ既ニ代金ヲ受領シアリナ無意ナキモノ	一ヶ月平均	一、密偵ヲ投入動向ヲ監察ス 二、大隊長以下ノ幹部ヲ把握シ且此等ヲシテ一般労工ノ動向ヲ監視セシム 三、虚弱者ハ入隊時徹底シ帰郷セシメ交代者	一、入隊後一、二ヶ月間ハ比較的事故少ク出動率九五%以上ニシテ良好ナルモ日時ノ経過ト共ニ不平不満的気運ヲ醸成シ

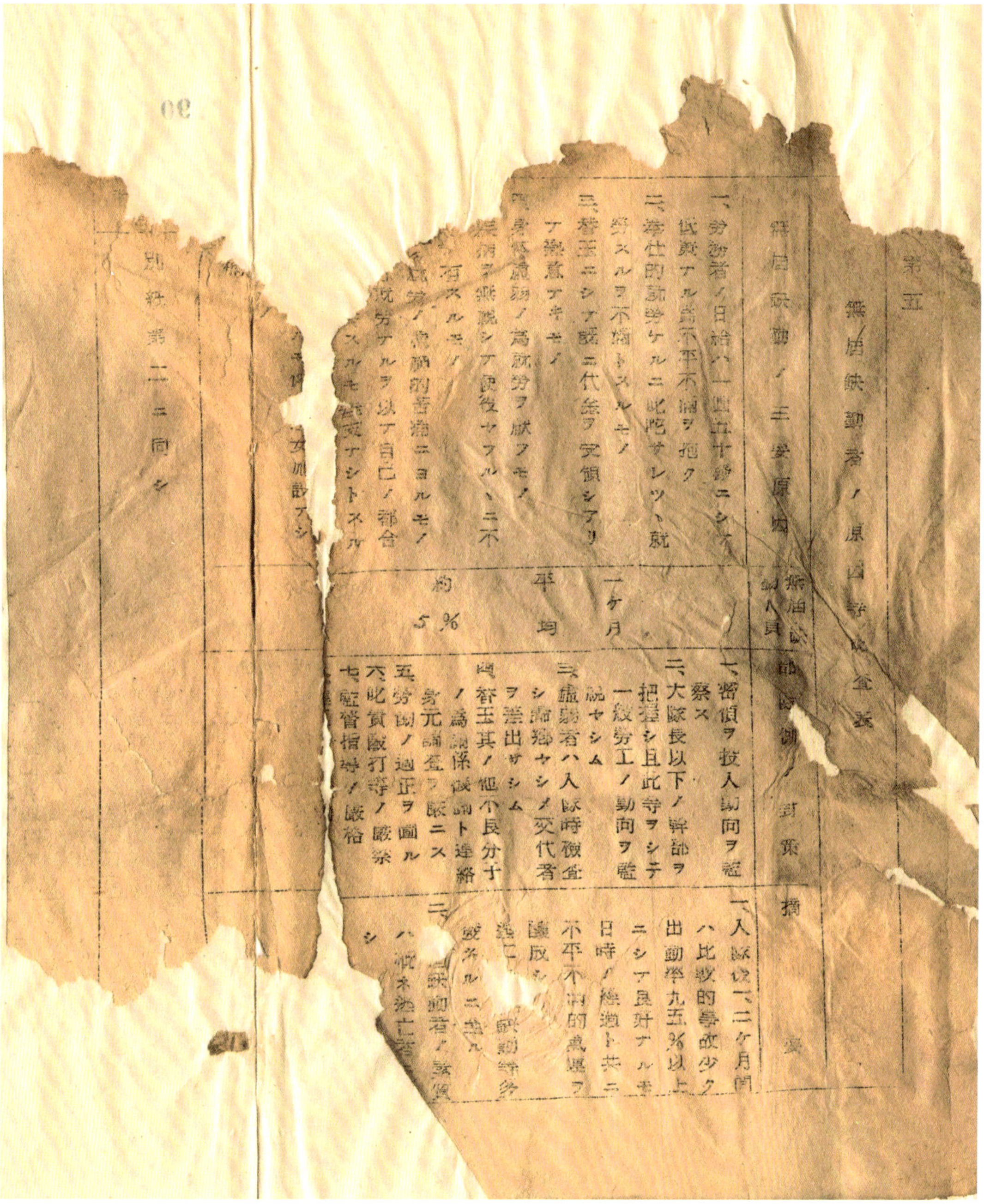

第五

無届欠勤者ノ原因等調査表

無届欠勤ノ主要原因	無届欠勤人員	対策	摘要
一、労務者ノ日給ハ一円五十銭ニシテ低廉ナル為不平不満ヲ抱ク 二、奉仕的勤労ケルニ化セシメラレツヽ就労スルヲ不満トスルモノ 三、替玉ニシテ既ニ代金ヲ受領シアリテ熱意ナキモノ 四、身体虚弱ノ為就労ヲ厭フモノ 五、疾病ヲ無視シテ使役セラルヽニ不満ヲ有スルモノ 六、就労ノ肉体的苦痛ニヨルモノ 七、就労ナルヲ以テ自己ノ都合ニヨルモ欠勤ナシトスルモノ	一ケ月平均 約5%	一、密偵ヲ投入シ動向ヲ察ス 二、大隊長以下ノ幹部ヲ把握シ且此等ヲシテ一般労工ノ動向ヲ監視セシム 三、虚弱者ハ入隊時徴査シ帰郷セシメ交代者ヲ差出サシム 四、替玉其ノ他不良分子ノ為関係機関ト連絡シ身元調査ヲ厳ニス 五、労働ノ適正ヲ図ル 六、此賃殴打等ノ厳禁 七、監督指導ノ厳格	一、入隊後二ケ月間ハ比較的事故少ク出勤率九五%以上ニシテ良好ナルモ日時ノ経過ト共ニ不平不満的気運ヲ醸成シ逃亡、欠勤等多発スルニ至ル 二、欠勤者ノ多クハ概ネ逃亡シ

…現状第二ニ同シ

…女ノ誘アシ

兴安宪兵队长关于军事工程「劳动报国」队员返乡状况致日本关东宪兵队司令部等的报告（通牒）

（一九四四年十一月十一日）

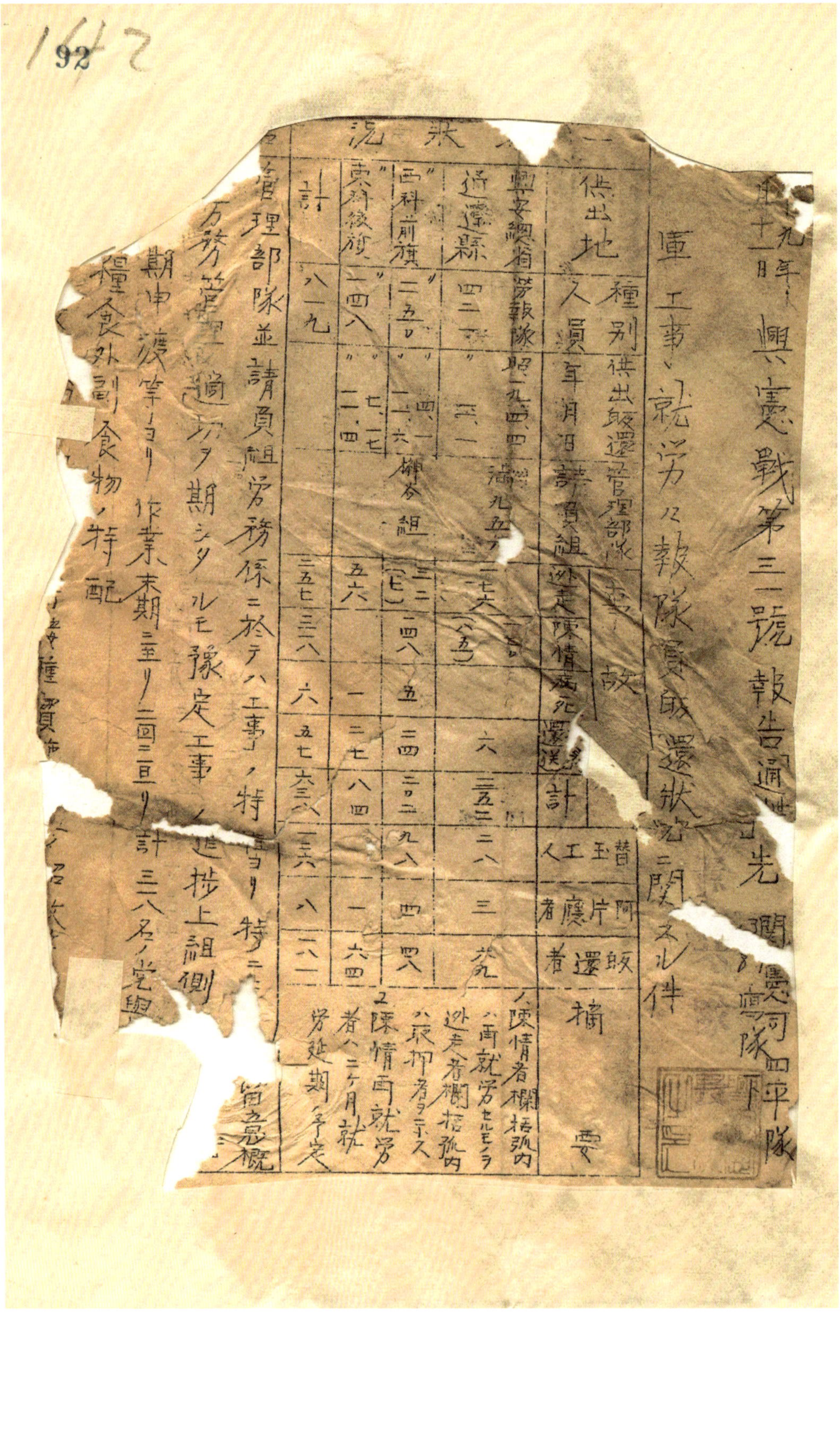

秀者ノ表彰
謀諜容疑事象ナシ
之組側ノ独……延期申渡ニヨル陳情　三一八名（昭一九、一〇、三一興寒ニ）
給養乃至向寒期ノ献労不満ノ為逃走　二五七名（〃　一一、七　〃）

者ノ動向
又主ナル言動
㈠一刻モ早ク帰還ヲ要望ス
㈡冬服支給ヲ要求ス
㈢早魃生計難ヲ臆測杞憂ス
㈣翌年度供出ヲ杞憂ス

参考事項
管理部隊ニ於テハ帰還時労務表彰式ヲ挙行優秀労工十七名ニ對シ夫々賞状並地下足袋ヲ授與セリ

憲兵ノ處置
憲兵ハ部隊及組側ト密絡就労間特ニ作業末期ノ視察内偵及宣傳宣撫ニ努ムルト共ニ組側労務管理ヲ督促帰還時ノ身体携行物件ノ検査ヲ實施セルモ特異事象ヲ認メス

各工厂劳工调查、各署普通劳工调查、普通劳工经营者调查等各项调查表（时间不详）

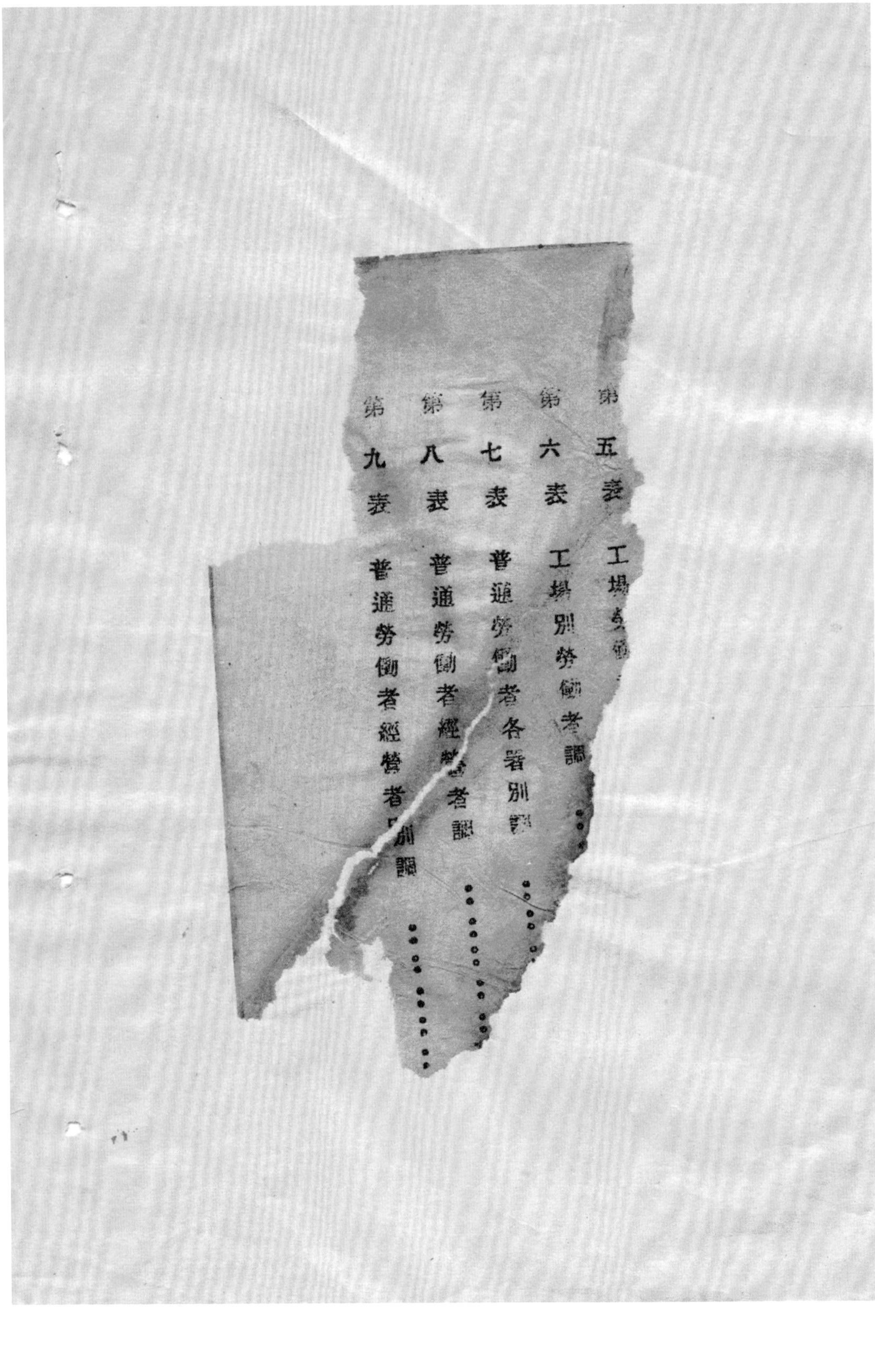

第五表　工場勞働[illegible]

第六表　工場別勞働者調

第七表　普通勞働者各署別調

第八表　普通勞働者經營者調

第九表　普通勞働者經營者別調

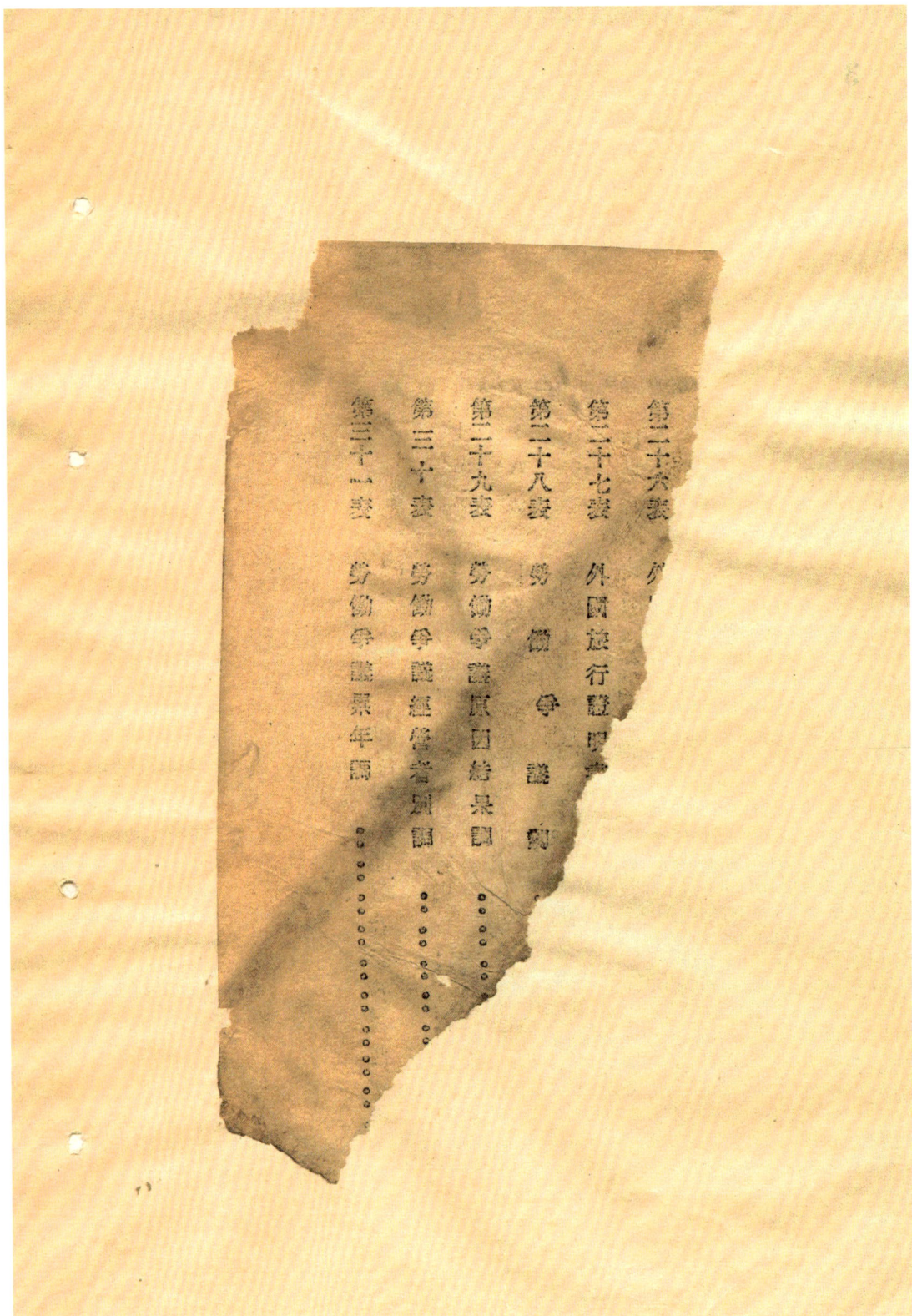

35

第八表

普通勞働者[illegible]經營者調

[illegible]和

國籍別經營者		男
內地人	九二	二[illegible]
朝鮮人	一	[illegible]
滿支人	一三四	[illegible]
合計	二二七	二六一三

工場名	經營別	內地人數 男	內地人數 女									
野間[illegible]工場	日人	一										
山田印刷工場	〃	二										
農業進步社	滿人											
新興泉燒酒製造所	〃				三六							
陶石灰窑	〃				三五	一				三五	金建日掛	
矢原野田再製工場	日人	一			三五					三四	全	見習金 全
大日本製藥會社双鳥濟出張所	〃				一八					一八	全	辨當料 實物 弔慰金 給與
東光堂製菓工場	〃				一三					一三	金建月掛	
洪盛興鐵工所	支人				一三					一三	全	賞與 一

37

工場名	經營別	內地人 男	內地人 女	滿支人 男
大日本鹽業會社營拔子出張所	日人			
合計		一五		二三
大連				
福田工業所	日人	二		
原田商會	〃	七		
丸辰醬油會社	〃	[illegible]		
オリエンタル罐詰食料品工場	〃	九		
滿洲[illegible]合資會社	〃	六	一	

滿[illegible]材工業株式會社	日	人	三					
鳥羽鐵工所	〃		二五					
三光社	〃		一					
鳥喜植酒釀造株式會社	〃		一					
太田商會印刷所	〃		五二	六	一七〇			
鐵道印刷所	〃		一		一五			
池田[illegible]治會社	〃		一六		八四	一〇〇…	〃	
森本印刷所	〃				一五	一五	〃	共產規定
共同印刷所	〃				一五	一五	〃	適宜支給
和興號	滿	人	一		一七	一七	〃	〃
滿洲大豆工業會[illegible]	日	人	三		一〇〇	三	〃	

39

テキサス石油株式會社	米人			六[illegible]
ライヂングサン石油	〃			一七
スタンダード石油	〃			四五
成裕昌油坊	滿人			八四
復昌盛油坊	〃			八七
竹下印刷所	日人			一[illegible]
永井印刷所	〃			
東來洋行	〃			
明治牛乳販賣所	〃	四		
門[illegible]農業講習所	〃	二		
[illegible]染料汐見	〃	一二		

40

福昌公司煉瓦工場	日	人	参								
福田煉瓦工場	〃										
大連[illegible]採會社	〃										
滿鐵築港事務所	〃		七								
滿鐵電氣修繕場	〃		二五								
西森造船所	〃				二二六	一					
榮木堂	〃		二		五	二				〃	〃
森井商店	〃		一		七				八	〃	〃
作太製作所	〃				五				五	〃	〃
東日印刷所	〃		三九		二五八	三			三〇〇	〃	井深
[illegible]直工業	〃		一		一六				七	〃	〃

41

満東モータース〃	八		二八		五		六	四七		金鉱 操	券[illegible]公
友聯会〃	五	一	一六					二一	一	〃	〃
満洲クリーニング〃	一三	二	三〇	八	七			四〇	一〇	〃	〃
吉林貿易工業〃	四		一〇				二	一六		〃	共済担保二
盧満人			三三								
店〃			一四								
〃											

42

戸田商會	日人				
萬義長油坊	支人				
松下鐵工所	日人				
雙聚源油坊	支那人				
乾卵製藥所	日人	四[illegible]			
大和染料會社	〃人	一〇二			
大塚石製作所	〃	八	八	〃	〃
天和成油坊	支人	四五	四五	〃	〃
慶本精紗製作所	日人	一八	一八	〃	〃
[illegible]裕昌鐵工所	支人	二一	二一	〃	〃
[illegible]油坊	〃	四五	四五	〃	

43

富春鐵工所	〃			四八					四八		建金 捸	適
油脂工業	日人			一一八					一一八		〃	〃
南滿火藥會社	〃			二二	三三				二二	三三	〃	
新隆鐵工所	〃	一〇		二八六	一一				二九六			
日清印刷所	〃	七		一〇一								
竹山商會	〃											
三菱第一油坊	〃											
德昌隆油坊	支人											
天興福油坊	〃											
天和盛油坊	〃											

44

[illegible]タイヤ修理工場	支人						
議合タイヤ修理工場	〃						
永德成製材所	〃						
永泰鐵工所	〃						
中島家畜飼料工場	日人		[illegible]				
瓜谷精螺工場	〃		一二				
昭和製作所	〃		一二		一二		
進光社印刷所	〃	三	10	五	一八		
ダリコント製菓所	白系露人		一五	二五	一五	二五	〃 〃
小川印刷所	日人		10		10		〃
ランドリー	〃		二七		二七		〃

45

萬玉金店	支人		六	六	建金 榜	滿宜	
土井製菓工場	日人		五	五	〃	〃	
泰和印刷所	支人		三二	三二	〃	〃	
荒木鐵工所	日人		五五			〃	
瓜谷油坊	〃		一八一				
東亜煙草會社	〃	三					
日清製油會社	〃	一					
廣裕昌西記	支人						
[illegible]和第一油坊	〃						

[illegible]テル日人	一三	四一	九	三六	九 柳
[illegible]二[illegible] 〃		三三		三三	〃
[illegible]鐵工所 〃		一七		一七	〃 〃
[illegible]製材所 〃	二	二七		二七	
[illegible]門水[illegible]社 〃	六	五六			
[illegible]式會社 〃	二九	二四			
[illegible]印刷所 〃					
[illegible]本 人					
〃					
〃					
[illegible]日 人	七				

47

大日[illegible]						
満蒙殖産	〃					
新高製菓	〃	三				
南海堂印刷所	〃		二〇			
大塚靴店	〃		二七	二		
連濱靴店	支人		二〇	二〇		
一番館印刷所	日人		四七	四七	〃	
榎本ヤスリ店	〃		二五	二五	〃	適宜
華興[illegible]本[illegible]	支人		一〇	一〇	〃	

印刷所	支	人			一六		一六	碁携
之 店	日	人		五	一三		一七	〃
鴻 慶 昌	支	人			一七		一七	〃
静盛東工場	〃				一三			
大山印刷所	日	人			二〇	四	二〇	
東洋木材會社	〃				一八五			
竹島製作所	〃		一三					
安部印刷所	〃							
華昌東亨印刷所	支	人						
常盤印刷所	日	人						
東[illegible]所	支							

49

元和薩印刷所	亍人					
山口印刷所	日人					
ビクトリヤ製靴 黄分工場	人					
花田印刷所	日人					
大連都市交通 修繕工場	〃	二九				
西川活版所	〃	二		二六		二
昭和印刷所	〃	五		三五		四
怜泰製菓所	亍人			一二		
東亜印刷株式会社	日人	一三		一三一	三	
宗昌紙器工場	〃	一五		七二		
みなとや菓子店	〃	二二		一三		

50

北村議員学□人		一		一四		一五	拡
木村摩製菓所	〃	一		一六		一七	〃
夏木瀬印刷所	〃	三		九		一二	〃
木村屋	〃	三		九	九	一二	〃
田端商店	〃	五	三	一五			
日新洋行	〃	一		一[illegible]			
近江洋	〃	三					
精□	〃						
合	九四二	一一三	一六〇八〇	七〇九四一			

工場												
滿洲船渠株式會社		人	女	下								
大連工業株式會社		一三										
大連[illegible]株式會社	〃			六九[illegible]								
南滿洲硝子株式會社	〃	九		四〇六	三四				四一[illegible]			
大連鐵工廠	〃	九		三七八					三八七		〃	其他[illegible]
啓東[illegible]製作所	〃	五		三一二			六		三二三		〃	〃
入船檢車區	〃	二〇四		八一					二八五		〃	滿[illegible]
[illegible]公司	〃			二四二	三五				二一二	三五	〃	

佐藤洋行	日人	五	二一七	二二二	[illegible]
奥野製陶所	〃		一二〇	一二〇	[illegible]
大連製氷株式會社[illegible]分工場	〃	二	八九	九一	[illegible]
滿洲製[illegible]工所	〃		九〇	九〇	[illegible]
日盛硝子工場	〃	六	[illegible]		
滿洲金物株式會社工場	〃				
石川製作所	〃	三			
豐田皮革工場	〃		四[illegible]		
池田[illegible]工場	〃	二	六三		
[illegible]廣工場	〃		四八		
[illegible]作所	〃	一			

[illegible]場材木廣	〃	一	一〇			
大商興業	〃	一	一七			
隆田鐵工所	〃		二[illegible]			
満洲製材所	〃		[illegible]			
森田鐵工所	〃	二	[illegible]			
渡[illegible]洋行	〃		一二			
北川鐵工所	〃		一四	一四	〃	〃
巴商行	〃		二五	二五	〃	〃
光藻印刷所	〃	一	二〇	二一	〃	其ノ都度
清水洋服店	〃	一	一七	一八	〃	〃
杉本鐵工所	〃		二五	二[illegible]		

昭和自轉車工場	同人		一四	一四	〃	〃
三好製作所	〃	一	九	一〇	〃	〃
泰昌鐵工所	支人		二五	二五	〃	成績ニ依[illegible] ス
永和號	〃		一四	一四		特別ノ指定[illegible]
天成號	〃		五七	五七	〃	〃
春記鐵工所	〃		二[illegible]	三二	〃	〃
寶盛製作所	〃		三二	一二	〃	〃
サ[illegible]鐵工所	〃		二〇	二〇	〃	〃
テ[illegible]鐵工所	〃		二七	[illegible]	〃	〃
盛[illegible]鐵工所	〃		四〇	[illegible]	〃	〃
[illegible]工所	〃		三三	三三	〃	〃

當ニ[illegible]ス

53

福順鑛工所	福和鑛工所	協本鑛工所	光三鑛工所	[illegible]盛爐	聚興隆鑛工所	聚興鑛工所	洪成爐	忠生分工場	榮爐	裕順鑛工所
文										
人										
[illegible]	三〇	[illegible]	一六	三〇	三三	一九	二八	二七	一九	一五
						一	二八	二二	一九	一三

大連修理鐵工場	支人	一二	一二	〃	〃	
步和自動車修繕二場	〃	一五	一五	〃	特別[illegible]	
協和自動車修繕工場	〃	一五	一五	〃	〃	
順興車舖	〃	一七	一七	〃	〃	
福盛木舖	〃	一三	一三	〃	〃	
福台興製材木廠	〃	一四	一四	〃	〃	
福順厚	〃	二四	二四	〃	〃	
長興和	〃	三四	三四	〃	〃	
建興成	〃	三二	三[illegible]	〃	〃	
長興和第二工場	〃	一六	[illegible]	〃	〃	
[illegible]生厚	〃	三三	[illegible]	〃		

5½

豐成	〃		一五		
福順利	〃		一二		
恒興成	〃		三五		
成德木鋪	〃		二三		
福成興	〃		五三		
新成玉家具製造所	〃		四三		
和興東家具製造所	〃		一九	一九	
同聚茂	〃		一七	一七	〃
德生泉	〃		六二	六二	〃 [illegible]八其[illegible]
元豐	〃		一七	一七	〃	〃 縮支給
泰昌商會	〃		一五	一五	〃	〃

鴻興永	公和[illegible]	長生大理石工場	永昌泰工場	泰來油坊	恒祥油坊	福泉海製粉所	天利成製菓所	双興泉燒鍋	三合興鐵工所	和生家具店	聚盛
〃	〃	〃	〃	〃	〃	〃	〃	〃	〃	〃	〃
一四	一三	一一	一〇	四三	一七	二	一[illegible]		四三	一〇	二一
一四	一三	一一	一〇	四三	一七	二	一三	一九	四三		
〃	〃	〃	〃	〃	〃	〃	〃				
〃	〃	〃	〃	葬儀金ノミ 治療費支給	特別ノ[illegible]當ニ[illegible]		〃	葬儀金ノミ	十シ[illegible]		

中華靴店	〃	三〇	[illegible]		
三友靴店	〃	一五	一三		
美大印刷所	〃	一[illegible]	一六	〃	〃 〃
恒茂合[illegible]印刷所	〃	[illegible]	二二	〃	ナシ
遼東印刷所	〃	二二	二二	〃	〃
谷生齊印刷所	〃	一七	一七	〃	〃
松嗣印刷所	〃	一五	一五	〃	其ノ都度決定ス
瑞昌洋行	〃	一五	一五	〃	〃
静祥燒鍋	〃	三七	三七	〃	葬儀会[illegible] ヨミ[illegible]
元興印刷所	〃	一八	一八	〃	〃 〃
昌明印刷所	〃	一六	[illegible]		

工場名・経営別	内地人 男	内地人 女	満人 男	満人 女	鮮人 男	鮮人 女	外人 男	外人 女	合計 男	合計 女	賃金救済
合計	二六五		六四五五	五七五	二		六		六七二八	三七二	
沙河口		六									
大[illegible]株式会社 〃	七		九三	二					100	一二	全損 臨[illegible]ノ[illegible]
三協公司 〃			一九四						一九四		〃
昭和工業株式会社 〃	四七		二九八						三五四	二九	〃
大同[illegible] 〃			三四							五	〃
[illegible]工廠 〃	一		一九九								〃
[illegible] 〃	二		三六								全[illegible]

56

井洋行	〃	一	[illegible]					[illegible]		〃	〃
若太鐵工所	〃	一三	一五	一五				[illegible]	一五	〃	〃
日満信號株式會社大連工場	〃	一九	二一四					二三三		〃〃	〃
三新洋行製綿工場	〃		五一					五一	四	〃	〃
東亞合金公司	〃	二	二一					二三		〃	〃
[illegible]田工場	〃	一	四〇					四一		〃	〃
喜樂酒工場	〃	二	四八					五〇		〃	〃
満洲ペイント株式會社	〃		三〇九					三〇九		〃	公傭ノ場合[illegible]
富山鐵器工場	〃	七	二〇	一五	一			二八	一五	〃	臨機ノ處置
満洲電氣[illegible]工業所	〃	一	一六					一七		〃	〃
根野製糸會社	〃	二	二六	八				二八	八	〃	〃

恩田化学工業所	日人			二五	四		二九		金[illegible]
満洲坩堝製作所	〃			三三	一		三三	二	〃
大連機械製作所	〃	六九〇		一〇四八一	、	一六	一一二八七		[illegible]材料
日満商事株式会社[illegible]工場	〃	五		五三			五八		臨[illegible]處
共栄株式会社遼[illegible]工場	〃	七	一	五五	四〇		六二	四一	〃
八[illegible]字製作所	〃	一		六二	四		六三	四	〃
満洲[illegible]工場	〃			一五			一[illegible]		〃
日笠製作所	〃	五		六〇					
昌[illegible]硝子工場	〃			二八					
朝日製作所	〃			二二					
[illegible]製作所	〃	五		六〇					

57

[illegible]和鐵工所日人				三八							
森永製菓大連工場	〃		二	七八	三一八				三一八	〃	〃
西山鐵工所	〃		三	一〇二					五	〃	〃
豊國公司	〃			一〇				一〇		〃	〃
大連燐寸株式會社	〃			一三五	二三三	三		一五八	二三三	〃	〃
中鐵工所	〃			一六九	八			一六九	八	〃	〃
[illegible]坂鐵工所	〃	六		一一〇				一一六		〃	〃
協盛ゴム工場	〃			三三	九			三三	九	〃	〃
高岡組鐵工場	〃	一二		二九九			三	三一四		〃	〃
同和自動車工業株式會社大連支店	〃	一三		二一〇				二二三		〃	會社救済
山葉洋ノ行	〃	二		四二				四		〃	臨[illegible]

中原鐵工所	日人		二三				〃	
是永鐵工所	〃	三	一一		一四		〃	〃
白石鐵工所	〃		五五		五五		〃	〃
昌光硝子株式會社大連工場	〃	五	五四九		五五四		〃	會社規定ニ依ル
東京電氣株式會社大連工場	〃	四	六七 四八		七一	四九	〃	臨機ノ處置
[illegible]亞鑄鋼所	〃	三	六三	一	六七		〃	〃
滿洲棉花會社	〃	八	七	一	一〇		〃	〃
大連都市交通會社大連自動車入庫	〃	七九	六三		四		〃	社員救濟規定
電車入庫	〃	六	二四				〃	臨機ノ
天の川發電所	〃	五六	三八				〃	
[illegible]田[illegible]會	〃	二	二七		[illegible]			

58

[illegible]藤車[illegible]製作所	〃		一[illegible]					〃	〃
田原洋行	〃	二	一六				[illegible]六	一八	〃	〃
遠藤商會	〃		二〇				二〇	一四	〃	〃
有田鐵工所	〃		三一				三一		〃	〃
滿洲醬油醸造會社	〃	四	二六				三〇		〃	〃
[illegible]製鑄所	〃	二	二四	二七	二		二八	二七	〃	〃
日商會	〃		二二				二二		〃	〃
成田家製菓工場	〃	四	三	九	一七		一三	一九	〃	〃
滿鐵大連鐵道工場	〃	二一八		弍二八〇	一八	五	四四〇三	一八	〃	〃
鐵道研究所大連分所	〃	一八		一〇			二八		〃	依·滿鐵社[illegible]
撫順炭礦製鐵試驗工場大連分工場	〃	二〇		六三			八三		〃	臨

[illegible]洲革靴株式會社 大連工場	〃	一五		五四五		二		五六二		金携臨[illegible]	
中村鐵工所	〃	七		五八七	四			五九四	四	〃	〃
太陽パルプ製作所	〃			一〇〇			一	一〇一		〃	〃
大成琺瑯工場	〃			九		二		一一		〃	〃
[illegible]東鐵工株式會社	〃	二		七三	一			七五	一	〃	〃
[illegible]鐵工所	〃	三		三六				三九		〃	〃
[illegible]精糖株式會社	〃	三		三九	三〇			四二	四〇	〃	〃
[illegible]玉石鹼工場	〃	二		一七				一九		〃	〃
昭和洋行	〃			一九				一九		〃	〃
滿洲計量器有限公司	〃	五		一二一	[illegible]	[illegible]	[illegible]	一[illegible]		〃	〃
[illegible]齒刷子工場	〃			四六	[illegible]	[illegible]	[illegible]	[illegible]	[illegible]	[illegible]	[illegible]

大陸[illegible]工廠	〃	二	一六					
吉原鐵工廠	〃		一〇		一〇		〃	〃
興亞食料工業株式會社	〃	一	二六		二七	一二五	〃	〃
南滿大理石工場	〃		二二		二二		〃	〃
大陸機械製作所	〃	六	五九		六五		〃	〃
[illegible]連鐵造所	〃	七	二五五		二六二		〃	〃
[illegible]上造[illegible]所	〃	二	五九		六一		〃	〃
宮崎造[illegible]所	〃	三	三六		三九		〃	〃
營口窯業株式會社	〃		二二五	二	二二七		〃	〃
公和彩染[illegible]工廠	法人		一九		一九		〃	〃
會記公司	〃		一四		一四		〃	

源興泉錫鋪潘人	二六	二六
和記工廠	一七	一七
天利鐵工廠	一六	一六
得成鐵工廠	三三	三三
周三鐵工廠	二四	二四
裕成鐵[illegible]工廠	三三	三三
[illegible]隆鐵工廠	三八	三八
中太鐵工廠	八七	八七
[illegible][illegible]表會工廠	四〇	四〇
源[illegible][illegible]工廠		[illegible]六
[illegible]大鐵工廠		
合[illegible][illegible]		

60

德增鐵工所	〃	一一五			
萬盛興鐵工所	〃	一二一	一[illegible]	〃	〃
東大鐵工所	〃	五〇	五〇	〃	〃
兵興鐵工所	〃	五三	五三	〃	〃
鳴順鐵工所	〃	一五	一五	〃	〃
日新鐵工所	〃	一八	一八	〃	〃
兩和盛洗所	〃	六二	六二	〃	〃
泰生興鐵工所	〃	七五	七五	〃	〃
新民鐵工所	〃	一七〇	一七〇	〃	〃
洪盛興鐵工所	〃	五五	五五		
和興[illegible]鐵工所	〃	二四	二四		

積利鐵工所	法人			三五		三五		全[illegible]	鄉
啟記鐵工所	〃			一五〇		一五〇		〃	〃
永生精米所	〃			二七	二〇	二七	二〇	〃	〃
永大精米所	〃			二六	二〇	二六	二〇	〃	〃
忠生鐵工所	〃		一	一三一		一三二		〃	〃
永源興鐵工所	〃		二	三五		三七		〃	〃
沖合興鐵工所	〃			三四		三四		〃	〃
魁興鐘鐵工所	〃			二一		二一		〃	〃
坤慶鐵工所	〃			三六					〃
[illegible]源[illegible]油坊	〃			三二					
[illegible]精米所	〃			二二	二〇				

61

生[illegible]米所	〃	八	二〇		
東順興鐵工所	〃	二〇			
泰興鐵工所	〃	三六			
益盛染布工廠	〃	一五	一[illegible]		〃
新聚成鐵工所	〃	三四	三四	〃	〃
盛興爐鐵工所	〃	三五	三三	〃	〃
新興東鐵工所	〃	二七	二七	〃	〃
會興厚鐵工所	〃	三六	三六	〃	〃
福興成鐵工所	〃	三三	三三	〃	〃
天興鐵工所	〃	二四	二四	〃	〃
三[illegible]鐵工所	〃	三三	三三	〃	〃

恒昇冶坊	滿人	六〇		六〇		
兩興鐵工所	〃	五〇		五〇	〃	〃
永彩[illegible]光所	〃	二六	二	二六 二	〃	〃
壽昌染布工廠	〃	一八		一八	〃	〃
光田鐵工所	〃	二三		二三	〃	〃
[illegible]京織紗工場	〃	一九		一九	〃	〃
東和興鐵工所	〃	四九		四九	〃	〃
[illegible]田鐵工所	〃	二八		二八	〃	〃
三[illegible]興鐵工所	〃	三二		三二	〃	〃
洪盛鐵工所	〃	二四		二四	〃	〃
[illegible]東[illegible]染[illegible]	〃	三八	六	六		

62

富聚成製紙工場	滿人			一四	一			一五	一	[illegible]
永生利製紙工場	〃			一三				一四	〃	〃
發興製業工場	〃			二三				二三	〃	〃
源大製業工場	〃			二三				四三	〃	〃
合計		三二五三	四	二二七一六、	二七一三三	二〇		四六〇二二、二七五		

興隆鐵工廠	〃	三一	[illegible]	
雙聚興鐵工所	〃	三〇	[illegible]〇	〃
金源自動車修繕工場		二八	二八	〃	〃
信昌公司	〃	二四	二四	〃	〃
南集染房	〃	一一	一一	〃	〃
復順盛染房	〃	一五	一五	〃	〃
公濟染房	〃	二四	二四	〃	〃
永濟興直舖	〃	二〇	二〇	〃	〃
三昌公司	〃	二五	二五	〃	〃
平和商會	〃	一〇	一〇	〃	〃
協盛衛製紙工場	〃	一一	一一	〃	〃

63

井子

工場名	經營別	內地人 男	內地人 女	滿人 男	滿人 女	鮮人 男	鮮人 女	外人 男	外人 女	合計 男	合計 女	賃金支給制度	死亡[illegible]
滿洲石油株式會社	日滿	三二一		四〇二						九一三		日給 月給	日給ノ千日以内
德昌公司老[illegible]島採石場	日人			八九五						八九五		能率制	一〇〇円支給
福井商工株式會社海猫屯採石場	〃			一七五						一七五		日給 月給	一〇〇円支給 支[illegible]
原組大野屯採石場	〃			六二						六二		日給 月二回[illegible]	香典 支[illegible]
田中組甘井子採石場	〃			二六四						二六四		日給 月給	勤續年數ニヨリ支給 〃
滿洲化學工業株式會社	〃	六八九		一三九三						二〇八二		〃	社內規[illegible] 〃

滿洲書籍株式會社	日人	一二一	二五三		三五三	
大華礦業株式會社	日人	七五	九九三	一五	一〇六八	
滿洲會業株式會社甘井子辦事所	日滿	八二	二四九		三三一	
滿鐵甘井子埠頭修理工場	日人	五	三〇		三五	
大連機械製作所株式會社甘井子發電所	〃	四	三六		四〇	
昭和製鋼所甘井子採石所	〃	一九	一八三四		一八五三	
株式會社滿和商會甘井子工場	〃	四八	二二六六	二	二三一六	一四
滿洲紡株式會社	〃	一三	三六八	五八[illegible]		
滿鐵工所水子工場	〃		九四			
[illegible]會工廠	〃	一一	五一六			
工業公司	〃		三三	一一		

時間 日給ノ〇〇
制月 四〇以内 支
操 日以内
日人 月給人 附給料
滿人
日給 社内規定
日給
月給
日給 附勞ノ歳
日給
日給
及賃
日給
月給
日給

64

関東州[illegible]株式會社	日人	三		一六		一四			
東亞紙[illegible]株式會社	日人			二〇	二〇				
南満製紙株式會社大連工場	〃	四	三	一三					
大久保満久工具製作所	〃	五		一六			八一		月日[illegible]
合資會社三陽洋行	〃	七	一	一二	一四三		一九	一四三	月日[illegible]
小野田セメント株式會社大連工場	〃	二一〇		二三七			六四七		月日[illegible]
信原[illegible]石灰工場	〃			六一			六一		月[illegible]
松浦製紙株式會社	〃			一七一	五五		一七一	五五	〃
東満ドロマイト工業株式會社	〃			三一			三一		〃

[illegible]
日上日月 [illegible]二〇 [illegible]三〇
〇[illegible]下二〇 [illegible]入

南満タルク株式会社	日人	五一	二〇	五一	二〇	[illegible]	[illegible]
本渓湖ドロマイト工業株式会社	〃	七一	二六	七一	二六	〃	[illegible]日分一〇日分
大陸マグネシヤ工業株式会社	〃	一四四		一四四		〃	〃
合名会社満洲ドロマイト製造所	〃	八〇	一三	八〇	一三	〃	三〇円以内
合資会社[illegible]華紙工場	満人	六一	四五	六一	四五	〃	三〇〇円[illegible]
[illegible]昌公司[illegible]花崗採石場	日人	一七		一六		〃	[illegible]
復和公司石灰工場	満人	五六		六〇		〃	二〇〇[illegible]
[illegible]水紡織所	〃	四〇		四〇		〃	二〇〇[illegible]
三[illegible]公司	〃	二九		[illegible]		〃	[illegible]
三[illegible]	〃	二五					
[illegible]宝	〃	一八					

65

工場名	…公司	東ドロマイト工業公司	中央ドロマイト商店	金剛ドロマイト工業所	合興公司		合計	金州 大同マイト工業所
経営別	″	″	″	″	″			日人
従業員 日本人 男							[illegible]	
従業員 日本人 女							四	
従業員 満人 男	五一	二四	一二	四〇	三九		[illegible]	七六
従業員 満人 女		四						
従業員 鮮人 男							三	
従業員 鮮人 女								
従業員 外人 男							二	
従業員 外人 女								
従業員 合計 男	五一		一二	四〇	三九		[illegible]	七六
従業員 合計 女							[illegible]	
賃金支給制度		月給 二〇圓	挽 支給	″ 五〇 支給	″ 五〇圓 支給			会…
死亡								事情ニ…

工[illegible]	遼[illegible]	同順工[illegible]	永聚工[illegible]	寶聚[illegible]	永康工廠	永發祥工廠	日本アスベスト石綿採掘所	八丁鑛業所	遼東鑛業所	轉來ドロマイト工場
〃	〃	〃	〃	〃	〃	滿人	〃	〃	日人	滿人
一八	一五	一九	一五	二六	一四	一六	一〇八	二〇	五二	五六
				四					二	
[illegible]		一九	一五	二六	一四	一六	一〇八	二〇	五四	五六

葬儀費 一 郎

支

66

岩崎礦物工場	日人	九		七二	七三				八〇	[illegible]三		
永興 廠	滿人			四〇					四〇		〃	〃
金城祥綿織廠	〃			四〇					四〇		〃	ナ
金生礦石工廠	〃			一二					一二		〃	〃
徳州礦業株式會社	日人			二三三					二三三		〃	四一七〇
合 計		一八		三八〇一	五一九四	八			三八二七	五一九四		四三四〇

興[illegible]龍	滿人			二〇					
日本ヒューム管工場	日人	七		二三	七六				
太陽ドロマイト工場	日人	二		八					
昭豪綿布工場	滿人			一二					
永成煉瓦工場	〃			一五					
永利綿布工場	〃			一一			一一	〃	〃
成元煉瓦工場	〃			一四			一四	〃	〃
三公廠煉瓦工場	〃			一三			一三	〃	〃
源利紙工場	〃			一五			一五	〃	〃
內外綿金州支店	日人			一八四六三一六			一八四六三一六	〃	一年以上治 ノ者ニ八 三〇〇日分支給 事情ニ依 [illegible]除ス
相馬製陶工場	〃			一六			一六	〃	

67

大連沙河口警察署

使役者名	經營別	勞動者數 日本人 男	日本人 女	滿洲人 男	滿洲人 女	朝鮮人 男	朝鮮人 女	外國人 男	外國人 女	合 男	合 女	支拂金 前渡
宮崎健吉	日人合資	三		三〇						[illegible]		金拂臨[illegible]
井上丸	日人個人	三		七〇						七三		〃
木下虎次	日人合資			一四						一四		〃
栗屋萬壽	日人個人	二		三四	一					三六	一	〃
清水一雄	〃			二〇						二〇		〃
野半精一	〃			四一	五					四一	五	
增井滿三郎	〃			一八	三二					一六	三二	
郝□賢	支人個人			二五						二五		
李仲堂	〃			二〇						二〇		

田中三榮堂	日本人			一五	二							
大タク安濟營業所	〃	一		二六								
大タク高比須町營業所	〃	二		二五						二四		
西山正夫	〃			五	一〇					五	一〇	
同和洋行	吉林人			一四						一四		〃	〃
安東棧	〃			二六						二六		〃	〃
隋手庭	〃			二二						二二		〃	〃
大安タクシー	〃			三一						三一		〃	組
合計		二三	六	一五三一	三二					一五三六	三八		

69

小崗子警察署

使役者別	經營別	勞働者數 日本人 男	日本人 女	支那人 男	支那人 女	朝鮮人 男	朝鮮人 女	外[illegible] 男	女	[illegible] 男	[illegible] 女	[illegible]
福昌華工小崗子驛荷役	日本人			二三								
小崗子驛倉庫	〃			二三								
大タク、伏見臺營業所	〃	二		二一		一						
三越調理場	〃	一三		六								
大連市土木課工事々務所	〃			一〇								
大連市土木課工營所	〃			一三〇								
榮町衛生作業所	〃			三四三						三四三		
日滿商事入船煤炭給所	〃			四〇〇						四〇〇		〃
中林商店	〃	二		七〇	二〇	一				七三	二〇	〃

ノル[illegible]
都[illegible]

水上警察者

使役者名	經營別	勞働者 日本人 男	日本人 女	支那人 男	支那人 女	朝鮮人 男	朝鮮人 女	合計 男	合計 女	賃金 支給制度	死
大連埠頭事務所	株式會社	二二三三		一、八六二				四〇九五		國幣	滿洲規定二
福昌華工株式會社	株式會社	一〇		一九、六八三				一九六九一		金建	
合計		二二四三		二一、五四五				二三七八六			

周仁號運送店	支那人		一三		[illegible]		
協昌仁運送店	〃		一四		[illegible]	〃	
新昌盛運送店	〃		一二		一二	〃	
勝利洋行	日本人		一六		一六	〃	
慶増福洗布所	支那人		一二		一二	〃	
新興製本所	〃		一四		一四	〃	
平喜運送店	日本人	八	九	一	一八	〃	
武信運送店	〃	六	五		一一	〃	〃
三谷政一	〃	三	一五		一八	〃	〃
大タク羽衣町營業所	〃	九	三四	一七	六〇	〃	
中原邦雄	〃		一〇	三	一三	〃	

莒豐潤	支那人			一二					[illegible]			
邊貫三	〃			一八								
馬介一	〃			一三					一三		〃	
于慶鐘	〃			一四					一四		〃	〃
王繼周	〃			一二					一二		〃	
丸重運送店	日本人	四〇	七	四七					八七	七	〃	
國際運輸	〃	八〇	八	六四					一四四	八	〃	
昌圖公司	支那人	一九		四二	一	一			六二	一		
丸奉運送店	日本人	七		一五					二二		〃	
高山運送店	〃	二		七		四			一三	一	〃	
伊藤運送店	〃	七		七					一四		〃	

74

横井クラ	日本人	二										
樋口清三郎	〃	三		三							〃	
山崎運送店	〃			一五			二				〃	
王泰和	〃			二六						二六	〃	〃
劉汝基	支那人			一八						一八	〃	〃
朴永興	〃			一[illegible]						一二	〃	
曲世福	〃			一二						一二	〃	
張永慶	〃			一七						一七		
趙佩臣	〃			一七						一七	〃	
梁松波	〃			一三						一三	〃	
水產會社	日本人	三		六	六					一二	〃	

泰東日報社	支那人			二七						[illegible]		
李殿卿	〃			九						[illegible]		〃
劉秀山	〃			二六						二六		〃
徐振楊	〃			八						八		〃
張恕臣	〃			八						八		〃
林壽先	〃			七						七		〃
馬逢祥	〃			二一						二一		[illegible]
金淳景	朝鮮人					二〇				二〇		[illegible]
莊晋一	日本人	五		一三						一八		〃
張慶瑞	支那人			一八						一八		〃
中川丈夫	日本人	六		六						一二		〃

76

齋藤金治	日本人	二	一四		一[illegible]		金谷ナ[illegible]	
主雨山	支那人		一六		[illegible]六		〃	〃
進和商會	日本人		一七		一七		〃	〃
福昌華工會社	〃		六〇九		六〇九		〃	規
市衛生作業所	〃		一二〇		一二〇		〃	〃
顔三峯	支那人		一七五		一七五		〃	[illegible]
澤田精選所	日本人		二八	九三	二八	九三	〃	
平野精選所	〃		二一	八九	二一	八九	〃	〃
殷天純	支那人		一〇一		一〇一		〃	適宜支
顔三峯	〃		一三〇		一三〇		〃	〃
王鏡堂	〃		六二		六二		〃	〃

王培好	支那人	三八	三八		
張化亭	〃	七六	七六	〃	
黃紀棠	〃	六七	六七	〃	〃
祝勤庭	〃	三二	三二	〃	〃
任仲南	〃	四五	四五	〃	〃
堀中吉	日本人	一三	一三	〃	
安藤勝	〃	二三	二三		
石田榮造	〃	一〇	一〇		
王德臣	支那人	四	四	〃	〃
于樹寶	〃	一三	一三	〃	〃
遠生印刷所	〃	一四	一四	〃	〃

77

南原クマ	日本人	一		九								□涉
福昌公司	〃			七六九					七六九		〃	〃
國際運輸	〃			一二三					一二三		〃	〃
永遠東	支那人			二九四					二九四		〃	〃
福昌華工	日本人			三四八					三四八		〃	規定
大連荷車組合	〃			二八六六					二八六六		〃	〃
福井高梨組	〃			一三					一三		〃	適宜…給
高岡組	〃	三〇	四	六					三六	四	〃	〃
大林組	〃			三五					三五		〃	〃
原田商事	〃			一三					一三		〃	〃
□武貞松	〃	二		一三					一五		〃	〃

使役者名	經營別	勞働者數 日本人 男	日本人 女	滿支人 男	滿支人 女	朝鮮人 男	朝鮮人 女	外國人 男	外國人 女	合計 男	合計 女	賃銀支給制度
寶山公司	滿人			一五						[illegible]五		仝
福昌華工公司	日人			六三〇						六三〇		金建十日拂
柏嵐子農園 宗像金治	日人	五		七						一二		金建日拂
武田鹽田 武田政吉	日人	一		二〇		一				二二		仝
富田鹽田 富田信夫	日人			一六						一六		仝
劉光富	滿人			一三						一三		金建日拂
計		六七	一〇	八二〇	二一					八八五	一〇	

救濟 死亡傷害 見舞金 死亡手當金

大連警察署

使役者調	經營別	勞働者數 日本人 男	日本人 女	支那人 男	支那人 女	朝鮮人 男	朝鮮人 女	外國 男	外國 女	計 男	計 女	[illegible]銀[illegible]給制度	死亡[illegible]
尹之緒	支那人			三						三		金建拂	適宜
董壽山	〃			一二						一二		〃	〃
葛条序	〃			一〇						一〇		〃	〃
川島受德	日本人			一三						一三		〃	〃
楊愛恩	支那人			一〇						一〇		〃	〃
鄒書章	〃			一七						一七		〃	〃
于東臣	〃			一〇						一〇		〃	〃
大垣主一	日本人	四		一〇						一四		〃	〃
關口熊次郎	〃	七		三〇						三七		〃	〃

上

工場別	經營別	職工數 内地人 男	女	滿支人 男	女	鮮人 男	女	外人 男	女	[illegible]	女	給與制度
大連埠頭機械係修繕工場	株式會社	六二	三七	三七						九九		國幣 滿鐵救濟
大連埠頭穀類精撰乾燥工場	〃	三	一〇	一〇						一三		〃 〃
神戸發動機大連出張所	日人	五	二五	二五		一				三一		金建 未規
合計		七〇	七二	七二		一				一四三		

第九表

普通勞働者經營者別調

旅順警察署

昭和[illegible]

使役者名	經營別	勞働者數 日本人 男	日本人 女	滿支人 男	滿支人 女	朝鮮人 男	朝鮮人 女	外國人 男	外國人 女	合計 男	合計 女	賃銀支給制度	[illegible]
大六運送店	日人	三		一三						一六		金建月拂	見舞金[illegible]
大連都市交通會社旅順營業所	日人	二七	八	四七						七四	八	仝	弔慰金[illegible]
旅順タクシー	滿人	二		一五						一七		仝	見舞金實費
滿洲電業會社旅順營業所	法人	二九	二	三一		一				六一	二	仝	[illegible]
大日本鹽業會社双島灣出張所	日人			一四						一四		金建日拂	

應

工場名	經營別	職工 日本人 男	日本人 女	滿支人 男	滿支人 女	鮮人 男	鮮人 女	外人 男	外人 女	計 男	計 女	賃金支拂制度 金錢	死亡弔慰金 金錢支出
川崎鑛業	日人	一三		三六八	[illegible]					三八一	六三		
滿深鑛業	〃			一二三						一二三		〃	〃
公發鑛業	滿人			三三						三三		〃	〃
東昇鑛業	〃			一一九	二三					一一九	二三	〃	
滿新鑛業	〃			八九						八九		〃	〃
日本鹽業	日人	三		九二						九三		〃	〃
同和鹽業	〃	一		三七						三七		〃	〃
合計		一七		一〇八三	八八					一一〇〇	八八		

…満…

工場名	経営別	日本人従業員 男	日本人従業員 女	支〔那〕人 男	支〔那〕人 女	鮮人 男	鮮人 女	外人 男	外人 女	合〔計〕 男	合〔計〕 女	扶助制度	死亡傷…
大日本興業 硝子精加工監工場	日人			四〇						四〇		金建設當時ノ狀… 金拂ニヨリ支…	
青柳工務所	〃	二		一〇	一〇					一二	一〇	〃	二〇〇圓 五…
合資会社 硝子煉瓦工場	〃			一〇						一〇		〃	ナシ
満豊油房	満人			一〇						一〇		〃	二〇…
〔新〕源泰工場	〃			一八						一八			
富〔?〕磨工場	〃			一四									
〔?〕興焼鍋	〃			一三									
新〔?〕修理工場	〃			一五									
計		二		一二九	一〇								

總子窩			五四九八	二二七				
合計	二		四八四二八	三八五八	二七四	一二		
昭和十三年度	一二		四七〇七七	四七八五	一五六	二[illegible]		
增減	△一〇		一、三五一	△九二七	一一八	△一六		一、四[illegible]

備考 △印ハ減ヲ示ス

第十表 自由勞働者調[illegible]

名 / 別	日本人 男	日本人 女	滿人 男	滿人 女	[illegible] 男	[illegible] 女	外國人 男	外國人 女	[illegible] 男	[illegible] 女
大連			一七四六二	七八六	三[illegible]二	九			一七七[illegible]	
水上			一八三二						一八三二	
小崗子	二		三〇三二	二九七	一五	二			三〇四九	
沙河口			二八八一	一二四	五				二八八六	
旅順			三二四二	二四一	一				三二四三	[illegible]
甘井子			一五五三	四五					一五五三	
金州			四九五八	五七八	一				四九五九	
普蘭店			六一七一	一七六五					六一七二	一[illegible]

83

一表

入出州（滿）勞働者職業別調

職業別／入出別	入國者	出國者
農業	一九五七四	二〇八六
林業	二七四	一二
漁業	四一五	四三
鑛業	四九四〇五	四六三
工業	八[illegible]九	一〇〇七〇
商業	二三六一五	六三〇
土建業	五八三〇五	一〇四八六
交通運[illegible]	五三九七[illegible]	三三六八

備考　本表ハ客引幼ニ随伴婦女子ヲ控除シタル純勞働者ノミ[illegible]

84

第十二表 入州（鮮）勞働者及隨伴者等各[illegible]

種別＼月別	一月	二月	三月	四月	五月	六月	七月	八月
身分證明書所持者	八六八六	五六九四	九三五四二	六六二三一	三三五二一	一五二八二	一五九〇五	二三三二五
特別身分證明書所持者	一二一	八二	一九三	二一三	二二四	一六四	一六六	一三三
外勞證明書所持者	七二二	五五八	一七三四	二〇二九	一八二六	一五五八	一七九〇	二五四一
[illegible]								
滿州國入[illegible]	一〇[illegible]	一九八	七一	九三	一〇四	九〇	三四	五七
上陸特許者	一〇七	五〇	一四	二〇	三五	四五	一五	三三
送還	九	一	一二	五三	一七	一四	一一	三
其他	一七六	一二一	七七	五七	七一	八三	三三	五八
隨伴 小	六七六	三九五	四一三三	四九四七	三一四九	一六三三	一三三七	一七九三
隨伴 男[illegible]	三[illegible]	一四[illegible]	一三七[illegible]	一五八三五	九六三三	三一三六	四九二八	五三七九

85

張述恩	滿人			一[illegible]〇									
朱維連	〃			一三〇						一[illegible]		〃	
王慶奎	〃			四〇						四〇		〃	[illegible]
池田喜次郎	日人			二八						二八		〃	ナ
大日本鹽業貔子窩出張所	〃			五七〇						五七〇		〃	二當
合計				[illegible]						[illegible]			

〃孫良田	滿人		四〇
〃王善	〃	二一	[illegible]
〃楊延雲	〃	一五	一五
〃楊延英	〃	二五	二五
〃王金福	〃	二五	二五
〃王金祥	〃	二九	二九
〃王金良	〃	一三	一三
〃孫良友	〃	一五	一五
〃韓鳳有	〃	二一	二一
〃常盛唐	〃	二三	二三
〃三成公司	〃	二五〇	四〇

87

洪興	王乃成	王乃功	王逢成	孫	孫玉	孫良務	王吉福	孫良善	孫良文	孫良喜
二〇	一五	二五	一四	一一	一一	三〇	一四	四四	一五	三三
二〇	[illegible]	三三	一四	一一	一一	三〇	一四	三四	一二	三三

88

于先縁	滿人	一[illegible]	一七	金	[illegible]
〃 李廣珍	〃	一二	一[illegible]	[illegible]	[illegible]
〃 朱永田	〃	六二	[illegible]	[illegible]	[illegible]
〃 于桂祥	〃	一四	[illegible]	[illegible]	〃
〃 趙仁寶	〃	一三	[illegible]	[illegible]	〃
〃 朱永	〃	一六	一六	〃	〃
〃 黃學寶	〃	一二	一二	〃	〃
〃 李洪年	〃	一八	一八	〃	〃
〃 王逢奎	〃	三一	三一	〃	〃
〃 李茂	〃	一九	一九	〃	〃
〃 孫日禮	〃	一五	一五	〃	〃

	王文斗	滿人	一[illegible]	一五	金金		
〃	董維家	〃	一〇三	一〇三			
〃	于裕善	〃	二四	二[illegible]	〃		
〃	周德盛	〃	一一	一一	〃	〃	
〃	于先貴	〃	一三	一三	〃	〃	
〃	楊鎮東	〃	一二	一二	〃	〃	
〃	由長貴	〃	二一	二一	〃	〃	
〃	王昭發	〃	一六	一六	〃	〃	〃
〃	王連仁	〃	二〇	二〇	〃	〃	〃
〃	潘長發	〃	二〇	二〇	〃	〃	
〃	宋緒德	〃	一八	一八	〃	〃	

90

姓名					
宋振邦	文人 個人			一四	〃
林鳳年	〃		一六	一[illegible]	〃
畢世貴	〃		一四	一四	〃
林基盛	〃		一七	一七	〃
吳志賢	〃		一六	一六	〃
王輔臣	〃		一六	一六	〃
畢作霖	〃		一四	一四	〃
劉治增	〃		二〇	二〇	〃
柳成功	〃		一八	一八	〃
于桂林	〃		一六	一六	〃
合計		一〇	六五四四	六二五四四	

貔子窩警察署

使用者名	經營別	日本人 男	日本人 女	滿洲人 男	滿洲人 女	朝鮮人 男	朝鮮人 女	外國人 男	外國人 女	合計 男	合計 女	支給制度	[illegible]
船舶運輸業 孔憲芳	滿人			二二						一二		金建 金拂	ナシ
〃 傅宏遠	〃			一五						一五		〃	〃
〃 胡天照	〃			二三						一三		〃	〃
〃 徐錫堂	〃			一三						一三		〃	〃
〃 趙廣彝	〃			一三						一三		〃	〃
〃 趙文中	〃			一三						一三		〃	〃
〃 趙文人	〃			一三						一三		〃	〃
〃 王玉璋	〃			二三						二三		〃	〃

92

甘井子警察署

使役者名	經營別	勞働者數 内地人 男	内地人 女	滿支人 男	滿支人 女	朝鮮人 男	朝鮮人 女	外國人 男	外國人 女	[illegible]		賃銀程度	外[illegible]
福昌華工株式會社	日人株式			一三二〇						一三二〇		日給 月給	一三〇圓[illegible] 三〇〇圓以[illegible]
山丸運輸株式會社	〃			一三六五						一三六五		〃	社内規[illegible]
株式會社育木組	〃			五一五						五一五		〃	〃
株式會社高岡組	〃			一〇八						一〇八		〃	〃
株式會社高山組	〃			一六七						一六七		〃	〃
株式會社福昌公司	〃	三		一〇三						一〇六		〃	一〇〇圓程度 日[illegible]
山下工務所	日人個人			三六						三六		〃	臨機
大野運送店	〃	二		二七						二九		〃	〃

欒聚興	日人個人		五二	五二	〃
于春和	〃		九五	九五	月給二〇 治[illegible] 日以上 一四〇[illegible] 二〇日以下 二〇〇[illegible]
孫延選	〃		二一	二一	三〇圓 日給云
合計		五	三八〇七	三八一二	

金州警察署

使役者名	經營別	勞働者數 日本人 男	日本人 女	支那人 男	支那人 女	朝鮮人 男	朝鮮人 女	外國人 男	外國人 女	合計 男	合計 女	支[illegible]制度	
呂作源	工場建築			五六						五六		金建金拂	十
入江洋行	關東州廳土木部工事			九七〇						九七〇		〃	
早川修治	運輸			二七						二七		〃	ナ
泉屋與吉	建築			二八						二八		〃	事ニ依リ支給
岩田定彦	〃			一二						一二		〃	仝右
合計				一、〇九三						一、〇九三			仝[illegible]

普蘭店警察署

使役者名	經營別	勞働者數 日本人 男	日本人 女	滿洲人 男	滿洲人 女	計 男	計 女	賃金支拂制度	救死亡	
日業	日本人	一一		一九三		二〇四		金建金拂	臨機ニ決定ス	社会
東拓登沙河鹽田	〃	五		三一		三六		〃	〃	〃
山下梁河石材採堀所	〃	一		二九		三〇		〃	〃	〃
復洲綵業	〃			二七		二七		〃	〃	〃 [illegible]
州廳土木部	官廳			九〇〇		九〇〇				[illegible]
同和鹽業	日本人			五七		五七		〃	〃	
合計		一七		一、二三七		一、二四四				

姓名	文人 個人		
朱景賢		[illegible]	一七
朱[illegible]正	一	一〇	[illegible]
鄭文[illegible]		一八	一一
夏維珍		三〇一	一〇
[illegible]嘉普		三三三	三三
王學霖		二五	三三
王維岡		一四	一四
劉志忠		一五	一三
程紹俊		一六	一六
孫成美		三四	一四
王景春		一三	一二
毛萬成		一五	一

九月	一九〇四九	九六	七四七		一一五	二	[illegible]	[illegible]	[illegible]	[illegible]
十月	二〇六〇九	一三九	二六九三		四二	[illegible]		四	二	[illegible]
十一月	二三〇七三	一〇七	二六八三		二三			九	二五九〇	
十二月	二三一六二	一三八	二六四三		二			二	二三九四	十
計	三四六〇七八	一七八八	二五三二四		〇	三四二	一二九	八〇〇	二六九九九	八二四

第十三表

入州（滿）勞働者入境地別調

別別＼月別	一月	二月	三月	四月	五月	六月	七月	八月	九月	十月	十一[illegible]
[illegible]上	[illegible]	[illegible]	[illegible]	[illegible]	[illegible]	[illegible]	[illegible]	[illegible]	[illegible]	[illegible]	[illegible]
合計	[illegible]	[illegible]	[illegible]	[illegible]	[illegible]	[illegible]	[illegible]	[illegible]	[illegible]	[illegible]	[illegible]

第十四表　入州（落）勞働者出身省別調

月別＼出身別	山東省	河北省	河南省	冀東區	山西省	浙江省	江蘇省	安徽省
一月	八〇一〇	六三二	一三		六	三	一四	二
二月	四九二八	七〇八	九		二	四	三一	四
三月	八四三〇	八八三七	三八		三	七	一三三	六
四月	八六〇八六	四八四一	六一		五	一〇	二八四	一六一
五月	三二九六六九三	一九九六	三三二	一	四六	一六	二〇八	二四四
六月	三九九〇三	八六八	六二		三	三二	二三八	九〇
七月	三七四五一	七一五	一六〇		三	一三八	八九六	二三三
八月	八二一七二一	二四四七	八六		六	一七九	一二三六	一三五
九月	三三一〇一	二五五八	四九			三一三	四三八	八六
十	七七四三三	二三五九	九				四二七	一〇一
		二				二一	八四	二

湖北省	二	一				二	一七	七			
廣東省		一			二	二	三	二			
察哈爾盟	三		四	一	三	二		一			
福建省	一三		四	二		三	五	四			
廣西省		一					一	一			
四川省		五					一	一			
湖南省					一	一	五	二	一	一	
陝西省							二				
江西省							一	一	一	一	
雲南省							一				
浙江省										一六三	
計											

十五表

入州（滿）勞働者行先地別表

昭

月別 ＼ 行先地	關東州	奉天省	安東省	吉林省	龍江省	濱江省	三江省	熱河省	錦州省	間島省
一月	五、三三〇	一、五六一	一八〇	三一〇	五〇	九一〇	七六	一五	一〇	七四
二月	二、七九七	一、三五一	一一〇	一五四	一五	三一九	一三	二	一五	五九
三月	五、六三三〇	八、七一九	一、二四六	二、二六三	一、五六九	七、六一〇	二、三六〇	四七	一、二七一	四〇七
四月	三、一四三四	九三七六	九八二	二、六〇五	六四一	二、一四五	一、三一六	三〇八	四三五	三六四
五月	三、五八二	五、二九六	七五七	二、〇二七	四八四	五、三六四	七一二	六〇八	三三九	二一二
六月	六、三六九	二、五六七	二四〇	八〇七	一四二	一、六七五	一六四	一、二九九	二四〇	九四
七月	六、一八四	二、四三二	二三九	八九五	一一四	一、八二七	七二二	一、二一二	一八〇	七六
八月	八、八六二	四、九六七	二七五	一、一四四	九〇	一、三四九	一、一九五	一、九〇八	三三四	七一〇
九月	七、九二九	四、七五五	二四六	一、五〇九	一三六	二、一七八	五三九	二八四	五九四	一九一
十月	八、三六六一	五、九一四	二四〇	一、四一一	一六〇	二、二一六	三二五	一四	四七四	一〇四
[illegible]	二、〇[illegible]	五、一[illegible]	九[illegible]	一、二[illegible]	八九	二、二四九	五四九	二	八〇	三八三
[illegible]	[illegible]	[illegible]	[illegible]	[illegible]	[illegible]	十[illegible]	九[illegible]	[illegible]	[illegible]	[illegible]

通化省	七〇	四二		七〇〇	八四二	三二一	四六六	七[illegible]			
牡丹江省	八八	二九	五〇〇	四七六六	三二四一	六三二	六一五	二六七	一八四	[illegible]	
熱河省	一		二	七	五	三	三	二	四	五	
興安東省			六	六	六	六	五	二	三七	九	
興安西省			一	一			二		二	二	
〃南省	七	五	五	一五	八	一	七	五	六	一	
〃北省	一四	一	二〇六	一五四	一六	一四	八七	三五	三	一九二	
東安省					二三	五七六	六一五	八五七	二〇三	三五七	一[illegible]
北安省						一三二	一八七	五七	九五	六二	
計	八六八六	五六九四	九三五四二	六六二三一	三六五二二一	五三八二	二五九〇五	二三六三二五	一九〇四九	二〇六〇九	二三〇[illegible]

入州（満）者職業月別調

月別＼職業別	農業	林業	漁業	鑛業	工業	商業	土木建築業	交通運輸業	其ノ他	計
一月	六三八	二	二	八九四	一、六五五	三、七四五	二七四	一、三八一	一、九五五	[illegible]
二月	四六四	四	五	七〇九三	一、三五九	一、〇一二	三二八五	九〇一四	一、〇一五	[illegible]
三月	一、六二〇	三三	七四	三、〇二〇	三、四六二	四八七一	三七六七	四一五六	三、三九〇	[illegible]
四月	三、三六二	一三	二六	三、八五四	[illegible]	一、三八一	三五五四	八八六一	三、四五五	[illegible]
五月	二、六八七	一〇	一五	三、八一五	九〇七九	一、一〇一	三五七二	四一五〇	一、五九五	[illegible]
六月	一、〇七二	一〇	一三	三、二四五	三、六〇〇	九五九	一、九五〇	一、九五五	三、六〇〇	[illegible]
七月	七二七	一四	一二	三、〇二一	三、五〇五	一、六九五	二、二二五	一、九四四	二、七六八	[illegible]
八月	八五五	三四	二四	六八四五	三、一八四	二、〇〇四	二、五九六	三、八五五	三、一五〇	[illegible]
九月	六九五	三三	五	三、一七三	三、五一六	二、三一七	二、四五五	三、四八五	三、四七二	[illegible]
十月	一、[illegible]	四五	二一八	三、四一五	三、四八〇	二、四六七	二、七七四	三、五八七	四一五〇	[illegible]
十一月		四[illegible]		四[illegible]	四五[illegible]	二、四八五	八七八	三、九九四	三、九〇五	[illegible]
十二月							一[illegible]			

第十七表

入州（満）勞働者年齡

年令＼月別	一月	二月	三月	四月	五月	六月	七月	八月	九月	十[月]	
一一二〇	一,六四九	一,二一五	二三,四七〇	一七,一四七	七,五六四	三,四四八	三,五一九	四八四九	四二九七	四七〇六	[illegible]
二一一三〇	三,〇六四	二,二三五	三八,八一八	二三,四〇七	一,一〇七	五,三五〇	五,八七一	八,三五六	七,一三六	七,三三二	[illegible]
三一一四〇	二,一八八	一,五三九	二〇,四三一	一五,一五八	七,五九六	三,四八七	三,五九三	五,二二六	四四四四	四八一九	[illegible]
四一一五〇	一,一四九	五五六	七,八〇六	七,一五四	三,九八九	一,七八九	一,九四四	二,五〇五	二,一四〇	二,四二七	[illegible]
五一一六〇	五二三	二八五	二,五八一	二,七九〇	一,七八四	七八八	七六〇	九五四	八四三	八九一	一,五四五
六一一七〇	一〇七	六三	四一三	五四二	四三四	二二四	二〇四	二一九	一七五	二一五	三九四
七一一八〇	六	三	二四	三三	四七	一六	一四	一六	一四	一九	四〇
計	八,六八六	五,六九四	[illegible]	[illegible]	[illegible]	[illegible]	[illegible]	[illegible]	[illegible]	[illegible]	[illegible]

第十八表　入州（滿）拒否勞働者數調

月別＼署別	水上	大廣場	旅順	計
一月	九	ー	ー	九
二月	一	ー	ー	一
三月	一二	ー	ー	一二
四月	五三	ー	ー	五三
五月	一七	ー	ー	一七
六月	一四	ー	ー	一四
七月	一一	ー	ー	一一
八月	五	ー	ー	五
九月	七	ー	ー	七
十月	ー	ー	ー	ー
[illegible]		ー	ー	ー

104

第十九表 局所持入搭乘者[illegible]

種別	月別	一月	二月	三月	四月	五月	六月	七月	八月	九月	十月	十一月	十二月	計
大連水上	營內	五、三二〇	三、七九七	五六、三三〇	三一、四三四	一三、五八一	六、三六九	六、一八四	八、八六二	七、九二九	八、五六六	一二、〇二五	九、一八一	一六九、五七八
	滿洲	三、三六六	一、八九七	三七、二一二	三四、七九七	一八、九四〇	八、九一三	九、七二一	一三、四六三	一一、一二〇	一二、〇四三	一三、〇四八	一三、九八〇	一七八、五〇〇
		八、六八[illegible]	五、六九四	九三、五四二	六八、二三一	三二、五二一	一五、二八二	一五、九〇五	二二、三二五	一九、〇四九	二〇、六〇九	二五、〇七三	二三、一六一	三四八、〇七八

三四 三二 三〇 二

第二十表 離[illegible]勞働者及隨伴者

種別＼月別	一月	二月	三月	四月	五月	六月	七月	八月	九月	十月	十一月
身分證明書所持者	三三九九	八八九	一三〇二	一三二九	一八九九	四一四二	二八〇九	二三四九	三三五六	二九〇〇	五三四四
身分證明書無所持者	一九九〇六	八六〇八	八二九〇	八〇一四	七八七六	九三三七	六九〇四	六三四五	六一八二	一〇〇九二	一三六七六
特別身分證明書所持者	四[illegible]	四六	七〇	一〇二	一四九	一〇六	一〇九	九九	六四	七二	六六
外國旅行證明書所持者	一八八三	一三三一	二〇三八	二三一六	一九八八	二〇六七	三一二三	二四〇五	三一五七	三一七五	三〇五五
客引	三	四	一	丨	丨	丨	丨	丨	丨	丨	丨
其ノ他	六	三	六四	一三二	一七九	六一	一一四	一二〇	四五	五六	一
[illegible]送[illegible]	九	一	一二	五三	一七	一四	一一	五	七		丨
[illegible]	[illegible]	二[illegible]	三三[illegible]	四〇[illegible]	四三五	五〇三	四九〇	四三九	四二三	五九七	五一五
[illegible]	[illegible]	[illegible]	[illegible]	[illegible]	[illegible]	二四[illegible]	二三三九	二一七四	二一七九	三三九五	二六九四六
[illegible]	[illegible]	[illegible]	[illegible]	[illegible]	[illegible]	[illegible]	[illegible]	[illegible]	[illegible]	[illegible]	二

107

第二十一表 [illegible] 勞働者（純勞働者

區分 ＼ 月別	一月	二月	三月	四月	五月	六月	七月	八月	九月	十月	[illegible]
有業	弍二九九、	八八九、	二〇二、	五二九、	八九九	四一四二	弍八〇九	弍三四九	弍二五六	弍九〇〇	五弍四
無業	一弍九〇九	六六〇八	六二九〇	六〇一	四七八七六	六三三七	六九〇五	六三四五	六一八二	一〇〇九二	一弍六七六一
計	二弍二〇八	弍三九七	六四九二	弍三四三	六七七五一	弍四七九	六七一三	八六九四	八四三八一	弍九九二	一八九二〇弍

第二十二表　[illegible]州[illegible]勞働者職業月別

職業別 / 月別	農業	林業	漁業	鑛業	工業	商業	土木建築業	交通運輸業	其ノ他	計
一月	一〇七	-	-	七	五六四	一九四	九八二	一五八	二八七	二、二九九
二月	三〇	-	一	八	三〇四	一六三	九七	七九	一八七	八八九
三月	五五	-		二	二六四	一四一	三七一	一一〇	二三九	一、二〇二
四月	七一	一	-	三	四四五	一六五	一一八	一四七	三六九	一、三一九
五月	一一六	-	-	一三	六三四	一五三	一八一	二五八	五四〇	一、八九九
六月	一五七	一	三	二九	一、四九〇	二八九	三五四	三九六	一〇二三	四、一四二
七月	一一五	二	六	二〇	九四六	三一三	二六六	二七九	八六二	二、八〇九
八月	一五六	-	五	八五	七〇四	二七四	二二二	二五〇	六五三	二、三四九
九月	一九五	二	四	七九	六六四	二三三	二四九	二六二	五六八	二、二五六
十月	一九七	二	六	六三	一、〇四二	二四〇	三六〇	二四五	七四三	二、九〇〇
[illegible]	[illegible]	[illegible]	[illegible]	九[illegible]	一、五六四	三〇九	二、〇六八	三二九	五二八	[illegible]
[illegible]	[illegible]	[illegible]	[illegible]	[illegible]	[illegible]		[illegible]	[illegible]	一、一二[illegible]	[illegible]

109

第二十三表 離[illegible][illegible]）勞働者從業地別

從業地／月別	關東州	奉天省	安東省	吉林省	間島省	龍江省	濱江省	三江省	黑河省	錦州省	牡丹江省
一月	一、二一二	五七四	四八	一五〇	七	六五	二一四	五	二	一〇	三
二月	六五四	八八	二九	三四	一	八	五五	五	一	一	三
三月	一、〇一〇	八一	二六	二一	三	五	四八	二	一	一	二
四月	一、〇二四	一四三	三二	三〇	二	一三	六二	二	一	四	九
五月	一、四三五	二三七	三七	二九	二	八	一二〇	五	二	六	五
六月	一、四三四	三七七	四二	五八	一一	一〇	一六三	五	五	一二	一四
七月	一、九六〇	三七〇	四二	一〇〇	二	一一	二七四	一七	三	九	六
八月	一、四九七	四〇六	四二	一〇一	八	一〇	二二〇	八	二	二〇	一五
九月	一、二六六	五三六	四四	九六	二	二〇	二二八	二九	二	一一	一五
十月	一、五八六	四二五	五七	二八四	八	六四	二九三	四五	七二	一五	[illegible]一
十[illegible]	[illegible]	[illegible]	一[illegible]	四五[illegible]	一九	七七四	五三二	二三	三六	三一	四二

通化省	興安東省	〃西省	〃南省	〃北省	熱河省	東安省	北安省	計
	—	—	—	三	一	—	—	一、二九九
九	—	—	—	一	—	—	—	八八九
二	—		—	一	—	—	—	一、二〇二
四	—	—	一	—	二	—	—	一、三二九
一二	—	—	—	一	—	—	—	一、八九九
九	—	—	一	—	—	一	—	四一四一
[illegible]	—	—	一	三	—	二	二	一、八〇九
[illegible]	—	—	—	—	—	一	—	一、三四九
[illegible]	—	—	—	一	—	—	二	一、二五六
[illegible]	[illegible]	—	—	—	—	六	—	一、九〇〇
[illegible]	[illegible]	[illegible]	[illegible]	[illegible]	[illegible]	[illegible]	一	一、三四三

111

第二十四表 [illegible](満)労働[illegible]

期間＼搬港地別	天津（塘沽）	龍口	芝罘	威海衛	青島	[illegible]
一ケ月未満	八二二	八〇〇	三〇三八	四二六	一一八四	
三ケ月未満	六二五	六〇八	三二三一	二七七	六二六	
六ケ月未満	八一九	六一五	三八九六	三八〇	一三三〇	
一ケ年未満	二五二〇	六七二	五九七三	三九三	一四七六	一
一ケ年以上	九二九	七四〇	四二〇五	二九八	[illegible]	一
計	五七一五	三四三五	二〇三四三	一七七四	[illegible]	一

備考　本表ハ當廳管内經由（大連）離満ノ者[illegible]労働者ニツ

第二十五表　離（滿）労働者（[illegible]

販港地別／月別	天津（塘沽）	竜口	芝罘	威海衛	青島	仁[illegible]	[illegible]
一月	四、三九八	-	一四、七一九	七一二	八〇	-	
二月	一、四四九	-	六、六四〇	四六六	五三	-	
三月	一、四二九	-	六、八四五	三二〇	五六	-	
四月	一、三六三	-	六、二四七	三〇一	一〇三	-	
五月	一、四〇〇	一、五〇八	四、五二八	三七四	六六	-	
六月	一、六一二	一、五三六	五、六一四	五一一	六四		[illegible]
七月	一、一七九	一、一九一	四、〇八七	三六二	八五		六[illegible]
八月	〇七五三	一、〇五三	三、九九六	三九五	一四八		六[illegible]

九月	一五六	一、三二六	四、一九六	二、八九[illegible]	二一[illegible]
十月	六二七	二、五九四	五、九五五	三〇三	六一三
十一月	一、二一七	二、三〇五	四、二一七	一、〇六八	四、八六七
十二月	一、四二八	三、八二三	五、八五九	二、七二八	三、三二七
計	一七、〇一三	一五、三三六	七二、五四三	七、八二九	九、六七七

第二十六表　外國[illegible]　[illegible]說明書發給各署別月別[illegible]

月別	大連	水上	小崗子	沙河口	甘井子	旅順	金州	普蘭店	貔子窩	計
一月	二九一	四三	一九〇	一四五	一	五三	二九	七	七	七六五
二月	二〇〇	四五	一七四	九二	一		一一	九	二	五三三
三月	三六[illegible]	一	二七〇	一七二	一	六六	三八	二三	一九	九五五
四月	三一四	一三	二五〇	一二一	一	五二	二三	八	一八	七九九
五月	一四〇	一〇	二六三	一二八	一	三二	二二	一七	一四	六二六
六月	四六五	一七	三五四	一四一	一	五六	二〇	二六	二一	一一〇一
七月	四五[illegible]	九	四一六	一七四	一	二二	三一	一七	一六	一一四三
[illegible]月	[illegible]一八	一三	二五一	一三三	一	六五	一三	一五	九	八七七
[illegible]月	二七二	一	二〇三	一一〇	七	二二	一一	一〇	九	六四四
十月	四三九	三〇	二九五	一九四	二六	三四	一七	一七	一	一〇五三
十[illegible]	二八[illegible]	一六	一九八	一六二	一九	四四	二六	一〇	一〇	[illegible]
[illegible]	[illegible]	[illegible]	[illegible]	[illegible]	二四	四二	[illegible]	[illegible]	[illegible]	[illegible]

115

第二十七表 外[illegible]證明書[illegible]調

省別＼業別	農業	林業	漁業	鑛業	商業	工業	土木業	建築業	製造業
関東州	一八	-	五	-	一一一	-	五	二	六四
奉天省	-	-	-	-	七	二	-	一	四
安東省	-	-	-	-	-	-	-	-	-
吉林省	-	-	-	-	-	二	-	-	-
錦州省	二	-	-	-	-	-	-	-	-
山東省	一七一	四一	五一	四	六二八一	一三	六五	六〇	五八一
河北省	八二	四	七	二	四八〇	一	六	四	七六
河南省	四	-	四	-	四三	-	-	-	-
江蘇省	二	-	四	-	三八	-	一	-	一
浙江省	-	-	-	-	一八	六	-	-	-
山西省	-	-	一	-	二	-	-	-	-
湖北省	-	-	-	二	一八		一	二	四
[illegible]省	-	-	-	-	一		-	-	-

[illegible]	二八	一	三	-	-	一四三	三〇	八	[illegible]			
交通業	三一	-	-	-	-	九四	八	一	三	四	一	[illegible]
其ノ他	一〇九	一三	一	一	-	一〇四六	三七七	一三	二一	一	二	一三
計	三九三	二七	四	三	二	八五四八	九六七	七三	七六	二七	七	四四

117

第二十八表　争議調　昭

工場事業場所	原因	要求	結果
大連市尾上町一〇一大塚電業所	一月九日新雇傭者ノ給料ガ舊雇傭者ニ比シ割高ナルニ不滿ヲ抱キ(一)新雇傭者ト同卒ノ給料ヲ支給スルコト(二)然ラザレバ他ニ轉職スルヲ以テ即時給料ヲ精算シ支給セラレタシトノ要求事項ヲ提示同日午前八時龍業ニ入ル	賃値上金要求	業主ニ於テハ罷業側ノ要求ヲ拒絶首謀者印璽山外二名ヲ馘首シタルニ龍業側ハ俄ニ狼狽シ要員ヲ徹回十五日複職圓滿解決ス
	大連汽船海員共濟會員ノ大部分ノ者ヨリ豫テ船内食事改善問題ニ付本會理事長大塚[illegible]吾ニ對シ善處方申出アリタルガ其原因ハ從來船員ノ賄料一二十八團一ハ會社ヨリ直接船長ニ支		一月末ヨリ各船ニ船内食料改善研究委員制度ヲ設ケ船長ヲ補佐シテ食料品ノ購入食料品店ノ選定獻立表ノ作

118

……	金福鐵路公司自動車部貔子窩出張所
……ヲ……實際……テ獨斷……ノ關不正……トセズト……ノ支給食……法的改善……ラシトスルモノニ[illegible]……シテ其推移ノ如何ニ依リテハ事態激化ノ虞多分ニアリ	金福鐵路局公司貔子窩自動車部員ハ出張所長兼務タル貔子窩驛長岩崎賢夫ノ一月二十五日付運轉手解職ニ端ヲ發シ其ノ處置不公平ニシテ專横ナリト爲シ同驛長排斥ノ氣勢ヲ示シ同盟罷業ヲ敢行スルヤモ計リ難キ狀勢ニアリ
船內食事改善	貔子窩驛長高井賢夫排斥
制等ニ付之賄……監査シ以テ之……改善ニ進[illegible]……ニ依リ派生セラレタル多クノ弊害ヲ廢除シ船內士氣ノ刷新ト明朗化ヲ圖ルコトトシ一應解決セリ	本問題首謀者タル高井春雄外六名ノ運轉出ヲ解職退社セシメ殘余運轉手ニ慰撫圓滿解決ス
557	17
[illegible]	19

119

大連壘職工組合對大連壘商同業組合	滿日大連支社印刷工場
壘工側ニ[illegible]現工賃壘一枚[illegible]十六錢ヲ物價昂騰ニヨル生活難ヲ理由ニ二錢ノ値上要求ヲ二月十日[illegible]人側ヨリ同業組合長タル多知久松宛提出シ若シ要求入レラレザルトキハ昭和十一年ノ前例ニ徹ヘ同盟罷業ヲ敢ヘテ爲ス氣勢ヲ示セリ	三月十一日奉天滿日印刷工場一部ニストライキ勃發シ大連支社工場内ニ於テモ奉天ヨリノ指令如何ニ依リテハ即時罷業ニ入ル形勢アリタルガ其原因ハ工場主任谷川ニ對スル不信任工場執務規定ノ改正ヲ待遇改善ニ基因スルモノナリ
賃金値上要求	(一)工場主任ノ更迭(二)執務規定ノ改善(三)待遇改善
同業組合側ニ於[illegible]ハ職工側ノ要求[illegible]妥當ナルヲ以テ詮察シ組合總會ヲ開キ職工側ノ要求ニ全面的ニ入ルコトトシ工賃二錢ノ値上ヲ決議圓滿解決セリ	(一)工場主任不信任ハ撤回(二)(三)ノ待遇改善ハ聯工側ノ要求ヲ入レ善處スルコトトナシ奉天工場ノ罷業解除ニヨリ大連支社工場ニ於テハ重大爭議ヲ見ズシテ慰撫圓滿解決セリ

6 8

120

大連貨物自動車營業組合	
大連貨物[illegible][illegible]車營業組合事[illegible]員内田清及同業組合理事倉谷貞春ノ兩名ハ予テ理事長谷口新五郎及[illegible]任理事離留吉排[illegible]ノ氣遼濃厚ナルトコロ四月一日決定セル組合賃増徴問題ニ關シ組合員間ニ不平アルヲ促ヘ谷口離理事ノ排斥運動ニ導カント費策従來組合ノ王流勢力タリシ柴田理事ノ援助ヲ得テ四月十四日市内料理店尤祖ニ於テ班長ヲ糾合機密會ヲ開キ不穩策動ニ出デントス	本工場豆粕苦力四十八名ハ一般油房業者ノ食事現物支給ニ反シ一ケ月食費代七圓五十錢ニテハ物價高ノ今日
理事長谷口新五郎　常務理事離留吉排斥	
本事業ヲ探知セ所管大連署ニ於ハ首謀者内田清[illegible]谷貞春外二十六名ヲ協策留直シ厳重[illegible]調ヲナスト共ニ一般組合員ヲ鎮撫シ谷口理事長ニ對シ善處方諭示シタルヲ以テ一應解決ヲ見タリ	會社側ニ於テハ即日油房聯合會ノ召集ヲ請ヒ協議ノ結果奨勵金名儀ヲ以テ豆粕一斤ニ付キ
28	
11	

121

貔子窩東洋拓殖會社塩田新築工事場

東拓貔子窩新設提出工事ニ從事スル石材採堀苦力及石材運搬戎克船主ハ五月七日夕刻ヨリ罷業ニ入ツタガ其原因ハ請負者王祖福ガ採堀苦力ニ對シ一組百圓内外之採堀器具ヲ賣付ノヲ賃金中ヨリ徴ニ收スル爲メ二ケ月ニ到ルニ未ダ賃金ノ支拂ヲ受ケザルニ加ヘ賃金ハ一坪單位ノ計算ナルニ拘ラズ六尺三寸ノ尺ヲ使用シ居リ請貸者三ノ憤懣ニ因ル

……得ヌト ……ニ賃金 ……ナシ四 ……一日午後三 ……ニ入ル

賃金支拂方法ノ解革

賃金値上要求

五月十七日東拓側請負者王苦力頭船王等協議ノ上

(一)苦力頭趙金秀ヲ現場責任者トスルコト

(二)苦力ニ生活上ノ驚異ヲ與ヘサル様前借差引ヲ顧慮スルコト

(三)六尺三寸ノ尺ヲ六尺ノ實尺ニ改ムコトトシ圓滿解決十八日ヨリ全員就勞セリ

金[illegible]七厘ヲ支給ルコトニ決定廿二日ヨリ實施スルコトトナシ圓滿解決ヲ見タリ

大連市寺兒溝テキサス石鹸會社

本年四月二十日全苦力連者二割ノ増給方要求セルモ會社側ニ於テハ善處スベキ旨言渡シ置[illegible]シ居リタル處偶[illegible]者ライ[illegible]ングサン及スタンダード石油會社ニ於ケル一割増給ニ刺戟サレタル苦力側ハ五月六日五名ノ代表者ヲ通シ一率ニ三割ノ値上ヲ要求セルモ會社側ノ態度煮切ラズト見ルヤ遂ニ同日正午頃罷業ヲ取行セリ

三割ノ賃金値上要求

五月九日午後二時同會社ニ於テ大連者員並勞務協會宮川理事立會ノ下ニ會社側カール支配人ト罷業團側爭正仁外五名ノ代表ト最後的交渉ヲ爲シ(一)古參苦力ト錢其他ハ勤續實限ニ應シ一割乃至二割ニ三分ノ増給ヲナス(二)全苦力ヲ常備勞働者トシテ勞務協會ニ登錄シ日傭勞働者トシテノ手數料負擔ヲ免ズ右協定成リ圓滿解決ス

[illegible]大連窯業株式會社

[illegible]

賃金値上要求

賃[illegible]業團側[illegible]体的提[illegible]テ會社側ニ於テ適當値上方善處スヘ々口約シ十日圓滿解決手當ニ復セリ

123

七道市日吉町三 太陽パルプ製作所		
職長白系露人スンシヤリンハ責任感强ク日頃部上職工ニ八ケ月間數當ルタメ融和ヲ缺キ居リタルガ斯クテ職長ニ對スル民族的編見ヨリ同職長排斥ノ爲メニ十七名中五名ハ六月一日罷業ヲ敢行シ殘餘職工ヲ煽動一擧ニ目的貫徹セントセリ		
職長排斥		
首謀者ト目サルル職工猛外四名ヲ檢束殘余職工ヲ鎭シ重大事態ニ到ラズシテ解決シ得タリ		
5		
5		

工場事業場所	大連市甘井子海猫屯 滿洲石油株式會社 青木組
原因	同業山九組ト比シ日額十一錢少キ故組ノ賃銀搾取ヲ除キ同率ノ賃銀ヲ要求尚福社施設無施設等改善スベク六日早朝ヨリ罷業ニ入ル
要求	賃金値上要求
結果	業者ニ於テ山九組トノ不均衡ヲ是正シ苦力ノ復販ヲ爲サシムル事ヲ承諾七日復販圓滿解決ス
日人	
鮮人	
滿[illegible]	

125

金州會南門外屯八二 文生福セメント瓦製造工場	物價騰貴ト幾種他工場ニ比シ賃銀ノ底無ナルニヨリ不滿ヲ抱キ七月廿八日早朝ヨリ怠業ニ入ル	工賃値上要求	供給人側ヨリ勞働協會金州出張所ニ調停ヲ依頼仝所ニ於テ日給五十錢工賃値上ヲ決定双方承諾圓滿解決セリ
大連市初瀨町一 三泰油房 外 成裕昌西記分工場 德昌隆油房 貯蓄油房 成裕昌記第三工場 同泰油房 貯蓄分工場	本年四月賃銀値上要求ニヨリ各油房共統一セラレタルモ物價昂騰作業ノ加重ヲ理由ニ値上ヲ要求三泰油房ニ於テハ特ニ冷遇ヲ叫ヒ食費	賃銀値上及待遇改善要求	賃銀問題ハ油房聯合會ニ於テ協定(的一一割値上)承認三泰油房ニ於テハ食費ハ從前通ニ値下セシムルコト、シ解決セリ
4			
616			

福□油房 復昌盛油房	普蘭店 滿洲精綿工場
ノ[illegible]従 前[illegible]値下 ヲ要求スル 等ニ月八日 ニ[illegible]リ罷業 ニ入レリ	洗場職工ニ從來ゴム靴代金ヲ支給シ來リタルカ之ヲ購入セス勞力ニ多大ノ支障ヲ來タスニ依リ之ヲ廢シ現品ヲ支給シタル處職工ハ減給ト誤解シ缺勤者續出カ月七日罷業ニ入ラントス 賃銀値上及待遇改善要求
	主謀者工ニ對シ戒告ヲ與ヘタル處平穩裡ニ八月就業ス
	40
	4

127

[illegible]連市浪速町三一 連濱靴鞄店	榊谷組
職工[illegible]於テハ物價昂ニヨル生活難ヲ理由ニ食費十五圓ヲ營業主ニ於テ負擔若クハ現工賃靴一足一圓四十錢ヲ三十錢ノ値上ル要求シタルモ絶セシ十月一日ヨリ罷業ニ入ル	就勞賃金精算ヲ爲シタルニ應募ノ際申渡サレタル賃金ト
賃銀値上要求	
營業主ニ於[illegible]食費トシ[illegible]五圓ヲ支給スルニ決定十月十日圓滿解決就業ス	榊谷組ニ於テ缺損者ニ對シテハ之ヲ抹殺シ一圓七十八錢內亞拾圓ヲ
14	

六十二錢ノ差アリ「支拂不足」ヲ理由ニ不穩ノ擧ニ出テントス募集條件一日一圓五十二錢現場支拂一日九十錢
不足賃金支拂要求
増給シ純拾圓以上ナラシムル旨申出タルニ依リ吉カ側ニ提示シタル處之ヲ納得シ紛爭解決セリ

第二十九表　勞働爭議原因結果調　昭

原因	件數	參加人員 内地人	參加人員 朝鮮人	參加人員 滿支人	參加人員 計	結果 雇主ノ主張貫徹	結果 勞働者主張貫徹	結果 兩者互讓
賃金値上	九	六八		一〇四二	一、一一一	一	六	一
賃金不拂	一			四七	四七			
賃金不拂方法	一			一八〇	一八〇		一	
幹部排斥其他感情問題	四	四五	三〇	五	八〇	三		
待遇其他制度改善	二	五五七	七	四〇	六〇四	二	一	
計	一七	六七〇	三七	一[illegible]	二、〇二二	六	八	三

130

第三十表　勞働爭議經營者別調　昭和十四年末現[illegible]

種別／經營別	內地人	朝鮮人	滿支人	外國人
交通運輸業	三			
各種製造工場	三		三	
商店	一		一	
土木建築供給業	四			
計	一三			

131

……等議累年調

昭和……

		參加人員				內能……	
		內地人	朝鮮人	滿洲人	計		評議人員
昭和十二年	五	—	—	四〇〇	四〇〇	四	四〇〇
昭和十三年	一	—	—	五一	五一	一	五一
昭和十四年	一七	六七〇	三七	一、三一五	二、〇二二	八	一、二……
合計	二三	六七〇	三七	一、七六六	二、四七三	一三	一、六……

132

労働者募集數調　昭和十四年

労働者種別

坑夫　鍛冶工　左官　煉瓦工　鉄力工　鳶　煖房工　衛生夫　諸職工　見習

滿洲	六八六三五八	二七七	三四	二五	一三五	三三五	五	三〇	四九五	一三五	七三〇 七〇[illegible]
州内	三二〇〇	八〇	-	-	一三〇	一〇〇	-	-	-	-	-
朝鮮	一	-	-	-	-	-	-	-	-	-	-
合計	七一六四五八	三五七	三四	二五	三五五	四三五	五	四〇	四九五	一三五	七三〇

133

…數月別調

月	[illegible]	朝鮮	州内	計
[illegible]	二,二五〇	五〇〇		二,七五〇
…月	七,三〇七	四四二	五〇	七,七九九
五月	七,五九〇	四〇		七,六三〇
六月	四四〇		六五〇	一,〇九〇
七月	四五〇		四〇〇	八五〇
八月	三一〇			三一〇
九月	三〇			三〇
十月	四四〇			四四〇
十一…	二五…			二五、…

備考ー本表以外ニ關東州外ニ於テ募集州内ニ就勞セシ

1. 滿洲ヨリ一〇〇名
2. 朝鮮ヨリ一〇〇名
3. 北支ヨリ九,〇〇〇名

昭…

……外勞働者募集數調

		勞働種別表		
		鐵工	掘鑿夫	荷役夫
[illegible]	一	100	-	[illegible]
滿洲	一	-	100	[illegible]
北支	一	-	-	九〇
合計	三	100	100	九〇〇

135

	本人	滿支人
[illegible]署	八	
小崗子署	三	一
沙河口署	一	
水上署	一	
甘井子署	一	
旅順署	三	四
金州署	一	
普蘭店署	一	
貔子窩署		
計	一九	五

年月日	…區	…業所所在地名稱	營業ケ…
昭…			
十月… 十四日 （…四年）	大連沙河口甘井子普蘭店各署管內 滿電大連支店	大連市白菊町二二 堺組	大連市 堺
昭和十四年 十月十六日	普蘭店署管內 關東州廳土木部	普蘭店會福壽街六	普…
昭和十四年 十月二十一日	大連水上小崗子・沙河口甘井子金州各署管內 關東州廳土木部 大連市役所土木課	大連市紅葉町六	
昭和十四年 十月二十七日	金州普蘭店貔子窩各署管內	金州會新金州奥町四三 泉屋組	金州會… 泉
昭和十四年 十月二十七日	大連水上小崗子沙河口甘井子旅順各署管內 滿鐵	大連市櫻町百一二 白川洋行	大連市 山下
昭和十四年 十月二十九日	大連水上小崗子沙河口甘井子各署管內 滿鐵	大連市朝日町八 倘厚溫組	大連市… 鈴木…

	…署管內	大連市惠… 日滿與業	
	衛生課	大連市土… 橋口商店	
	一圓 鐵	大連市但馬町一四 福興商店	大連… 立
…十四年十一月二十七日	大連水上小崗子沙河口 甘井子旅順各署管內 滿鐵滿洲曹達 日滿商事	大連市埠頭構內 福昌華工株式會社	大
昭和十四年十一月二十七日	關東州內一圓 關東州廳土木部遞信局 南滿瓦斯大連市役所	大連市若狹町五一 渡邊商會	
昭和十四年十一月二十八日	旅順普蘭店各署管內 大日本鹽業旅順埠頭 旅順運送會社	旅順市榮町一七 玉興公司	旅
昭和十四年十一月二十八日	旅順署管內 關東州廳土木部 旅順市役所土木課	旅順市敦賀町九 久野商會	旅順市敦 久野
昭和十四年十一月二十八日	關東州內一圓 關東州廳土木部 大連市役所	大連市松山町九 白洋公司	大連市 田

	…給區域及供給先	營業所々在地
…四年十二月一日	大連、水上小崗子、沙河口、甘井子、旅順各署管内 大連水道事務所及水源地	大連市千歳町三… 山下工…
十二月九日	關東州内一圓 關東軍。關鐵。昭和製鋼 滿洲電業。滿洲炭坑	大連市東公園町三五 技術會館ビル内 大林組大連出張…
十二月十八日	旅順各署管内 旅順病院。旅順民政所 旅順療病院	旅順市大津 齋藤商店
十二月十八日	旅順署管内 旅順要港部	旅順市西町七ノ二 寶山公司
十二月十九日	旅順署管内 臨時關東州廳土木部 旅順民政署。旅順市役所土木課	旅順市乃木町二丁目十九 大西商會
	旅…	

140

	內一圓 鹽業試驗場	大連市逢來町六七 廣興公司
十二月廿三日	甘井子者會內 滿洲石油株式會社	大連市海猫屯滿石構內 山九運輸株式會社大連出張所
十二月廿三日	關東州內一圓 高石商會	大連市西通一一五番地 興和組
總計		二四名

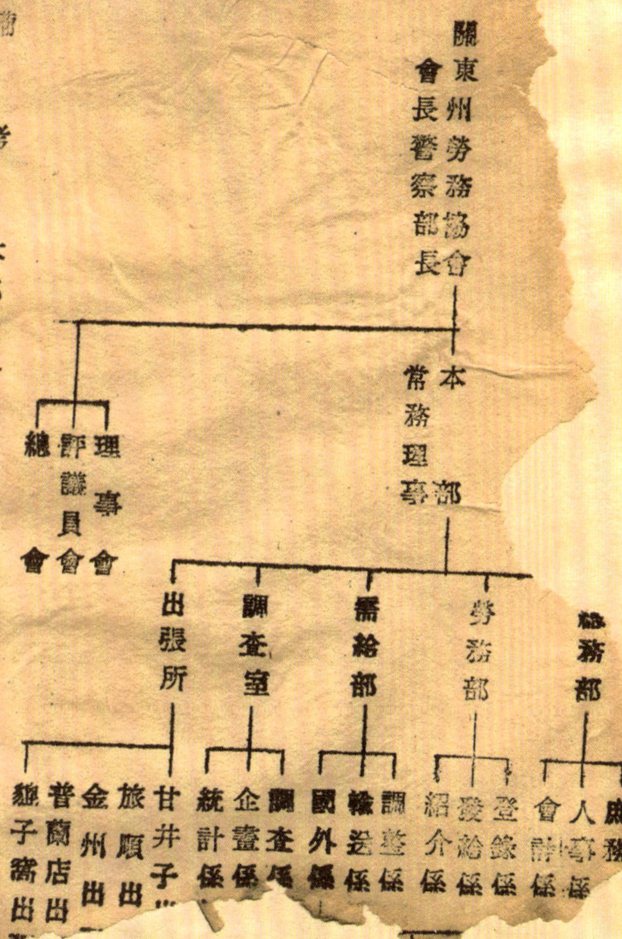

備考　本部内各部係ハ近ク改組ノ豫定

142

…労務協會會員數

	員數
[illegible]	七〇一
〃嶺子警察署	四七〇
〃沙河口〃	四〇七
〃水上〃	一五
〃甘井子〃	九五
旅順〃	一〇九
金州〃	一八三
普蘭店〃	一二二
貔子窩〃	七〇
合計	二一七二

備考 會員トハ管内ニテ常時労働者二十名以上ヲ使用
云フ

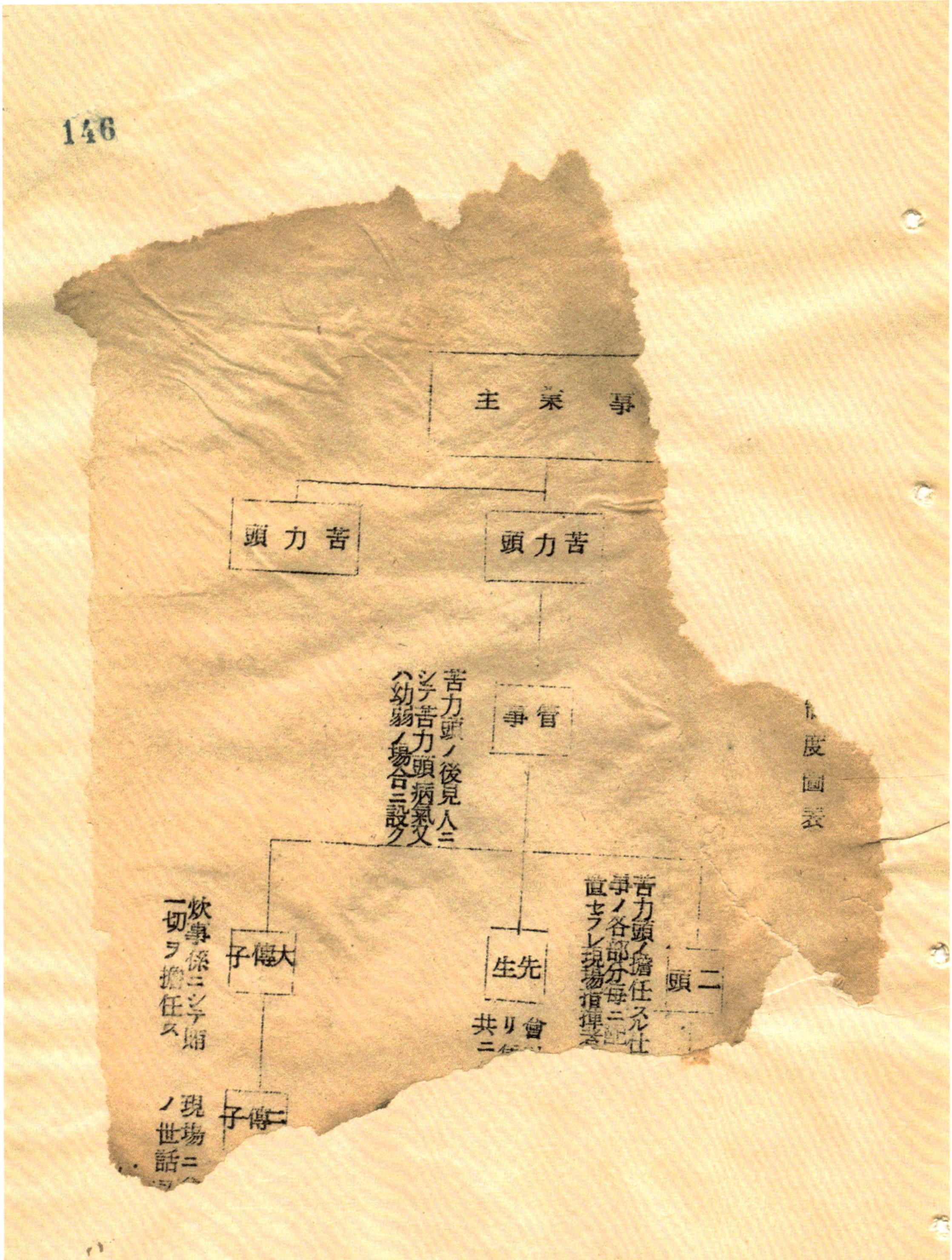
146
事業主
苦力頭
苦力頭
管事
苦力頭ノ後見人ニシテ苦力頭病氣又ハ幼弱ノ場合ニ設ク
二頭
苦力頭ノ擔任スル仕事ノ各部分毎ニ配置セラレ現場指揮ス
先生
會
リ
共ニ
大傳子
炊事係ニシテ賄一切ヲ擔任ス
二傳子
現場ニ
ノ世話
度圖表

147

……査表

業	金屬機械造船	化學	紡織	被裝	紙工業	木竹	飲食料品	瓦斯電氣	其ノ他ノ工菓
高	圓 一、八八	三、四〇	一、三五	二、〇二	二、八〇	二、六五	三、〇〇	三、六三	二、四三	二、〇〇
最　低	圓 四〇	七五	七〇	五二	九〇	六〇	七〇	六〇	六三	六〇
普										

关于珲春县供出「勤劳报国」队员的解散及入厂状况的函（时间不详）

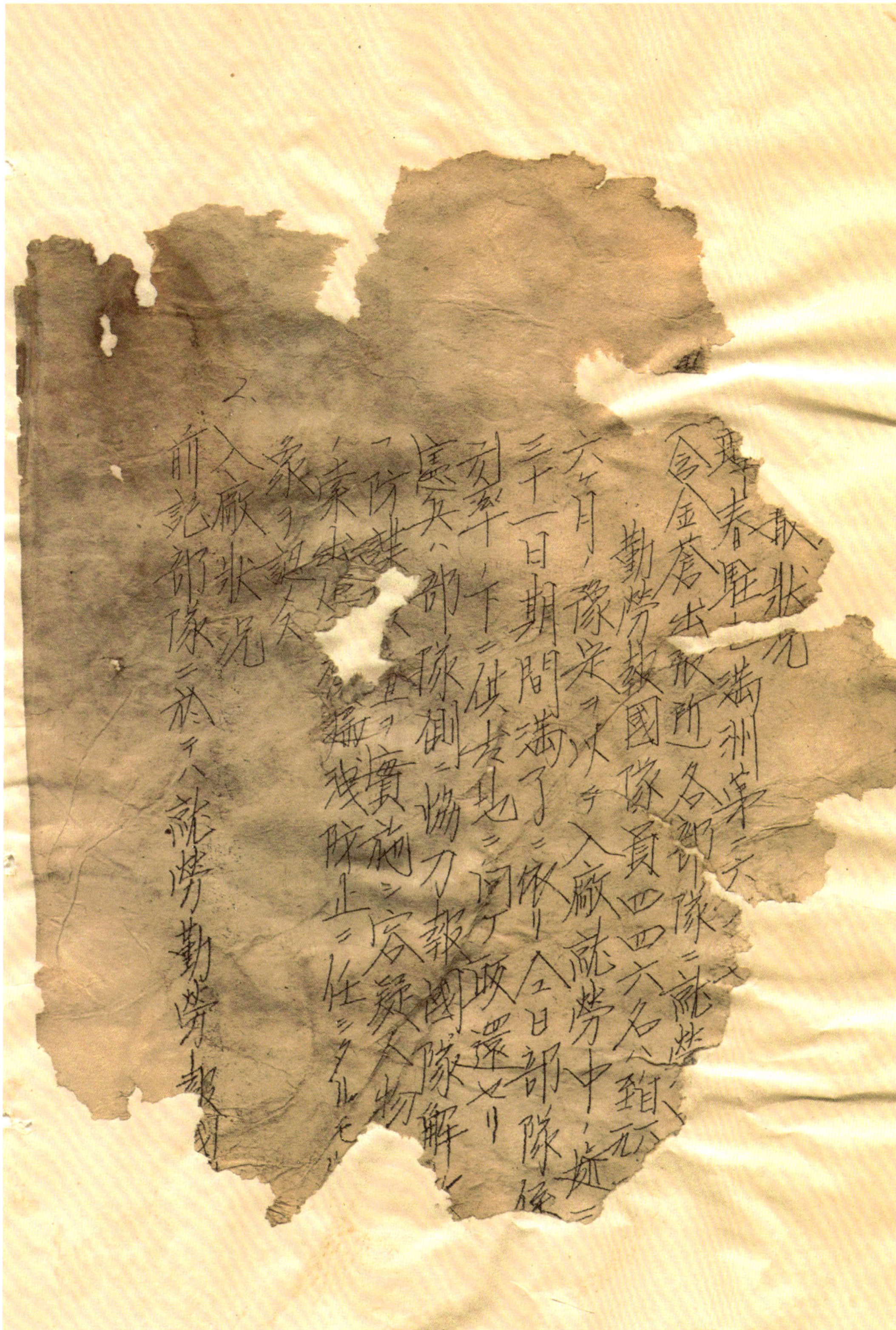

散状況

琿春駐屯満洲第三六

（含金蒼出張所）各部隊ニ就労セ

勤労報國隊員四四六名ハ昭和

六ヶ月ノ豫定ヲ以テ入廠就労中ノ處

三十一日期間満了ニ依リ全日部隊係

引率ノ下ニ供出地ニ向ケ帰還セリ

憲兵ハ部隊側ニ協力報國隊解

ニ防諜

ヲ實施シ容疑ノ物

携帯防止ニ任シタルモ

象ヲ認メス

二、入廠状況

前記部隊ニ於テハ就労勤労報國

27

ハ解散ニ伴フ交替トシテ琿春縣
各村ヨリ割当供出セラレタル勤労
四一名ハ前記供出村公所ニ集合ノ上
ニ於テ警察ニ於テ身体検査ヲ実施
隊率領者引率ノ下ニ供出地ヨリ野鐵司
令部担任ノ軍事輸送ヲ以テ四月一日晋
五日ノ両日ニ亘リ夫々入廠セシメタリ
憲兵ハ部隊側ニ協力容疑人物ノ件ノ査
当ニ任シタル結果入廠者中十三名ノ替玉工
発見シ之等ニ対シ代人供出事由ヲ究
右ノ如キ交代事由ヲ有シテ動静
アリ

所属	事由	人員
[illegible]	[illegible]ハ主ノ病氣ニ依リ代人トシテ入廠セルモノ	一
野[illegible]	父病氣ニ依リ代人トシテ入廠セルモノ	二
第六三八部隊	攤波金ヲ受領シ代人トシテ入廠セルモノ	二
撫春満洲	攤波金ヲ受領シ代人トシテ入廠セルモノ	五
第三四八部隊	愛令人病氣ニ依リ代人トシテ入廠セルモノ	三
計		一三

三、解散及入廠勞務者ノ動向

別紙第二ノ如シ

四、所見

状況叙上ナルモ特異事象ヲ認メザルモ[illegible]

一、大部ハ鮮系ニシテ特ニ農繁期ヲ控ヘ[illegible]

生活要素ニシテアルモノ甚ダカラザルヲ以テ逃[illegible]

28

㊂安イ日給デ朝カラ晩迄宂ノ中デハ
人ハ去来ナイ物價ハ上ルシ家族ハタ[illegible]
シ當局ハ今少シ貧農ニ對シ認識ヲ新
サレ度
（右 仝）

四 其ノ他参考事項
輝炭供出勞務者トシテ供出命書ヲ
受クルヤ有産者ニアリテハ一月百圓内外ヲ以テ
代人供出シタルモノ等アリ

五、所見
状況叙上ノ如ク斯種勞務者ノ供出ニ當リ
テハ組織的業務ノ圓滑ヲ期シ住民ニ對ス
ル報國義務心ヲ培養シ以テ増産報
[illegible]ルト共ニ替玉代人等ノ絶無ヲ
[illegible]入防止ニ努ムルノ要アリト認ム

3
（ア）

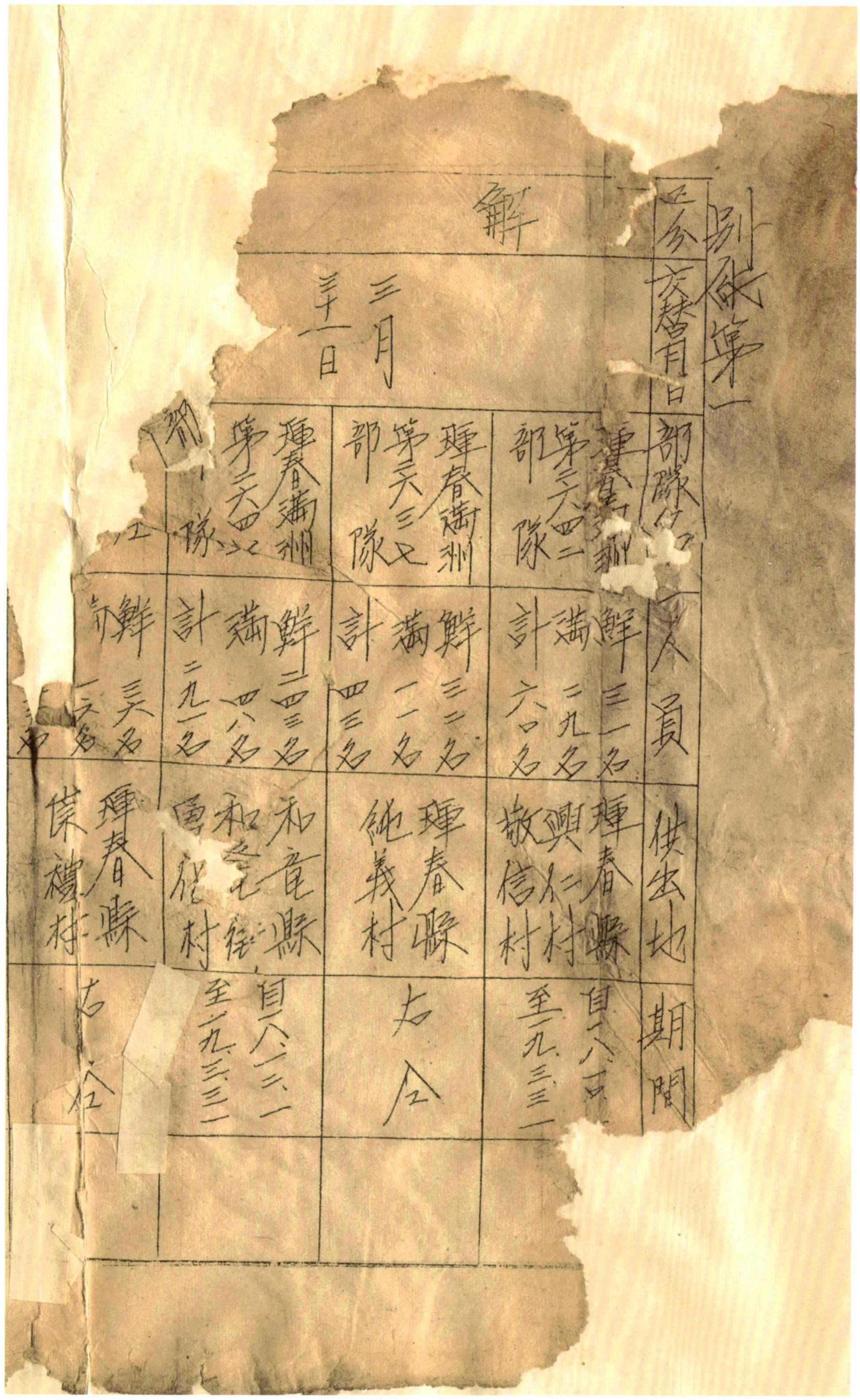

別紙第一

解

交替月日	部隊名	人員	供出地	期間
三月三十一日	琿春満洲第六四二部隊	鮮 三一名 満 二九名 計 六〇名	琿春県 興仁村 敬信村	自一八.[illegible] 至一九.三.三一
	琿春満洲第六三七部隊	鮮 三一名 満 一二名 計 四三名	琿春県 純義村	右仝
	琿春満洲第六四[illegible]部隊	鮮 二四三名 満 四八名 計 二九一名	和竜県 和[illegible] [illegible]村	自一八.三.一 至一九.三.三一
	部[illegible]	鮮 三六名 [illegible] 一[illegible]名	琿春県 [illegible]樸村	右仝

入廠	四月一日		四月五日	合計
	琿春滿洲第六三七部隊	琿春滿洲第六四二部隊	琿春滿洲第六四七部隊	
	鮮四九名 滿三三名 計八二名	鮮一三〇名 滿二八名 計一五八名	鮮七七名 滿八四名 計一六一名	四〇一名
	琿春縣 鎮[illegible]村	和龍縣 和龍街 勇化村 和新村 西城村 頭道村	琿春縣 琿春街 德惠村	
	自一九、四、一 至一九、一〇、三一	右同	右仝	

四四六名

別紙第二

解散及入廠勞務者（報國隊員）ノ動向

概況
一、解散者 解散勤勞報國隊員ハ部隊側ノ適切ナル施策ト之ニ[illegible] 力ニ依リ憂慮スベキ事象ナク所定期間ヲ満了スルモ一部ニハ[illegible] ノ勞務管理ニ不満ヲ抱キタル者等アリタリ 二、入廠者 入廠隊員ハ体位並ニ素質概ネ良好ト認メラルルモ其ノ大部ハ鮮系 ニシテ[illegible]假病等ヲ作為スルモノ農業期ニ於ケル家族ヲ憂慮 スルモノ或ハ軍隊作業ヲ嫌忌スルモノ等アリ最近ニ於ケル彼等ノ 言動ニ徴シ動向嚴戒ヲ要スルモノアリ

發言者	言動

青[illegible]者　　入厰[illegible]

時ハ農閑期ナリシタメ都合好テアッタ
三〇三七部隊報國隊員鮮人多數

[illegible]労務ニ比較シテ糧食ハ僅少ナリシハ
[illegible]生ヲ就労者ノ衛[illegible]
三〇四七部隊報國隊員鮮満人五

[illegible]抑ナリ
[illegible]ハ食糧ノ多寡ヲ問ハス毎日[illegible]支給セ
右仝　鮮満人　二

[illegible]其ノ上煙草モテ支給セラレタルハ有難キ次第ナル
労ニ於ル労賃ハ一日食事付キ四圓ナリ報國隊
ハ一円五十銭ニシテ其ノ中ヨリ食費五十銭ヲ差引カレ
残ルハ僅カナリ
右仝　鮮満人　三

就労中外出ヲ監禁同様ナリ明日ヨリ此ノ束
縛的環境ヨリ脱スルアトカ饑ニイ
三〇四二部隊報國隊員鮮人數名

自分カ報國隊員トシテ就労スル長不拘兄ハ最近報
國隊員トシテ命令ヲ受ケタリ家族ハ如何スルヤ
洪[illegible]

農業者ハ最モ大切ナル農繁期間中就労セネハナラヌ又増産
[illegible]備ナイ
鮮満人多數

報國隊ヘト引張ラレルカ増産報國隊ナラ部隊労
務者ノ方カ得来ナリ
右仝

部隊ニ就労[illegible]監獄同様外出モナク全ク苦痛ナル日干
送ネバナラヌ
右仝

关于伪锦州省劳工供出情况的函（时间不详）

[illegible]ノ概要

[illegible]州省ニ於ケル本年度勞力動員數ハ約三十一萬ニシテ其ノ內譯別

紙第一ノ如ク動員人員ハ滿系男子人口ノ約一二%弱ニ當リ之カ使

用別次ノ如シ

○軍特官工事向　一七%

○增産及緊急工事向　一六%

○勤奉隊　一〇%

ノ供出關係

2一般募集配當　五七%

(二)軍用(除勤奉隊)狀況

ノ錦州省割[illegible]番五萬四千中八割ハ興安北省

就勞セシメルモノニシテ之カ前半期供出[illegible]

56

萬人ニシテ其ノ内譯ハ
土工　約九〇%ニシテ
技術工　約一〇%
技術勞工ハ省[illegible]有數ノ約二五%ナリ
2
省內向勞工ハ各部[illegible]ノ要求ニ應シ逐次供出シアル[illegible]
月上旬ヲ以テ供出終了豫定ノ處五月三日迄ニ概ネ所望ノ供出
了セルモ
〇省當局ノ割當ニ對スル誤算
〇各市縣旗ニ於ケル動員準備ノ不足
等ニ因リ技術工ニ不足ヲ生シ殊ニ不足甚タシキ錦州市ニ對シ
ハ臨時供出ヲ命シ五月十六日強制力ヲ發動シテ所要數ヲ充足
[illegible]態ナリ　供出實數別紙第一
強制供出狀況
ル經緯

…當總數ハ一、五五九名ニシテ省割當ノ約四%強 4
…滿系男子數ノ約二%弱ニシテ過キサルモ
…員（[illegible]備關係ナキ者）尠シ
…行政力ノ缺陷
即チ市行政ハ日系ヲ主体トシアル爲滿系ノ實体把握困難等ニ基因シアリテ他縣旗ハ五月五日迄所定數ニ達シタルニ拘ラス錦州市ハ二三五名ノ不足ヲ生シタル爲省ヨリ臨時供出ヲ命セラレ方途ニ窮シ遂ニ強制力ニ依ル供出ヲ實施スルニ至リタルモノニシテ狀況次表ノ如シ

種別　區分	割當數	五月五日迄供出數	不足數
土	一、〇〇〇	九三五	六五
技術	五五九	三八九	一七〇
計	一、五五九	一、三二四	二三五

2 強制供出實施狀況

57

(イ)日時場所

五月十三日　錦州　　錦州市各業者

五月十四日　同　　錦州市各旅館

(ロ)實施狀況

錦州市公署ニ於テハ副市長指揮下ニ行警協力（日[illegible]五九名満人二三四名計二九三名）ニテ技術工保有業者ノ戸別檢索ヲ實施勞働力ヲ有スル者ハ全員強制連行シタルモ技術工ヲ充足シ得ルニ至ラサリシヲ以テ翌日再ヒ旅館檢索ヲ實施シ土工一一六名技術工一六九名計二八五名ヲ選定五月十六日部隊側ニ引渡セルカ

○之等檢索集合者ハ旅館ニ收容外部トノ接觸ヲ禁止シ其儘部隊ニ引渡セリ

(ハ)勞務者ノ狀況

勞務者供出計畫ハ二、六五[illegible]ルモ各部隊ノ要求ニ應シ

[illegible]リ

[illegible]部隊　八〇〇名

[illegible]部隊　六〇〇名

[illegible]七部隊　一七〇名

[illegible]七五一部隊　[illegible]

計　一、六二〇名

ノ供出ヲ終了目下各部隊ニ於テ稼働中

四、供出ニ伴フ弊害並反響

本年度勞工供出ハ當局ノ措置妥當ナラ[illegible]ル點多々アリタルニ鑑ミ之カ弊害並反響ハ相當廣範圍ニ亘リアルモ之[illegible]憲兵ニ於テ知得セル具体的狀況次ノ如シ

ノ軍勞務者ノ強制供出[illegible]

軍勞務者ハ緊急供[illegible]ハ該當セサルニ拘ラス左記二名ヲ[illegible]

セリ

供出月日	供出者住所所屬氏名	供出機關	摘[illegible]

58

[illegible]一三	錦州市西區興隆街 滿洲第七五一部隊 直傭勞務者 商[illegible]和	錦州市公署	掠奪奇襲シ[illegible]（北滿ニ輸送）
[illegible]一七	錦縣大凌河 滿洲第七五一部隊 直傭勞務者 劉文貴	錦縣縣公署	本人歸省中強制的ニ送行セル[illegible]（北滿ニ輸送）

「註」右者ハ部隊側ノ[illegible]續未了者ナル爲供出セラレタルモノ

2 錦州市公署動員股員ノ收賄事件

所屬	地位氏名	犯罪種別	摘要
錦州市公署動員股	[illegible]滙慶	收賄	自己ノ地位ヲ利用シ供出ヲ免レシムル[illegible]一般人ヨリ千圓乃至二千圓ヲ收[illegible]ルモノ（目下省警察廳ニ於テ取調中）

ニハ補償多額ノ替玉供出労工アルカ如キモ之カ實
然レトモ管内[illegible]替玉労工ノ状況ハ
[illegible]月上旬彰武縣供出満洲第八七三部隊使用労工三一〇名中一六
四名ヲ算スル状況ニシテ替玉ニ對スル賃金ハ三百圓乃至二千圓程
度ニシテ特ニ都市ニ於テ多額ヲ支拂ヒアル状況ナリ

[illegible]錦州市内労務者ノ[illegible]施並民間事業ニ及ホセル影響

(イ)土建業ノ状況

市内土建業者ノ現在稼有技術労工ハ

總　數	八六二名
五月中旬[illegible]出	五七名
供出ヲ怖レ[illegible]ノモノ	[illegible]二一名
殘　餘	三八四名

ニシテ目下大半ノ建（設）築事業ハ中止ノ

59

(ロ)民間小工業ノ狀況

供出前ノ保有數　約一、二六〇名

本年度供出數　三八〇名

供出ヲ怖シ逃[illegible]ル者　約　六一〇名

現在殘存者　三六〇名

ニシテ殘存者ハ悉ク未成年見習工ナル爲供出後ニ於テハ操業シアル業者ナキ狀態ナリシモ其後漸次操業ヲ開始セルモ目下逃避者ノ續出ヨリ休業ノ狀態ナリ

[illegible]流　言

月中旬錦州市内滿人間ニ左ノ如キ流言流布セラレアリテ出所究

ニ伴ヒ勞工強制供出ノ[illegible]及印度方面ニ送リ就勞

同方面ハ氣候ガ惡イカラ生キテ歸レヌダロウ

9

……省ニ於ケル軍用勞務者供出ニハ妥當ヲ缺クモノ……

……度關係機關ニ連絡處[illegible]シメタルモ五月中旬錦州

……ル強制供出ハ時局下軍需ノ緊急性ヨリ已ヲ得サル

リト雖モ斯種強制手段ハ民心ニ及ス影響大ニシテ却テ軍施策

ヲ阻碍スル素因トモナリ又敵側ノ策謀ニ乘セラル丶處大ナルヲ以テ

滿洲國側機關ノ措置ニ就テハ注意ノ要アリト認ム

（了）

附一：一九四四年度伪锦州省内劳工动员计划概要

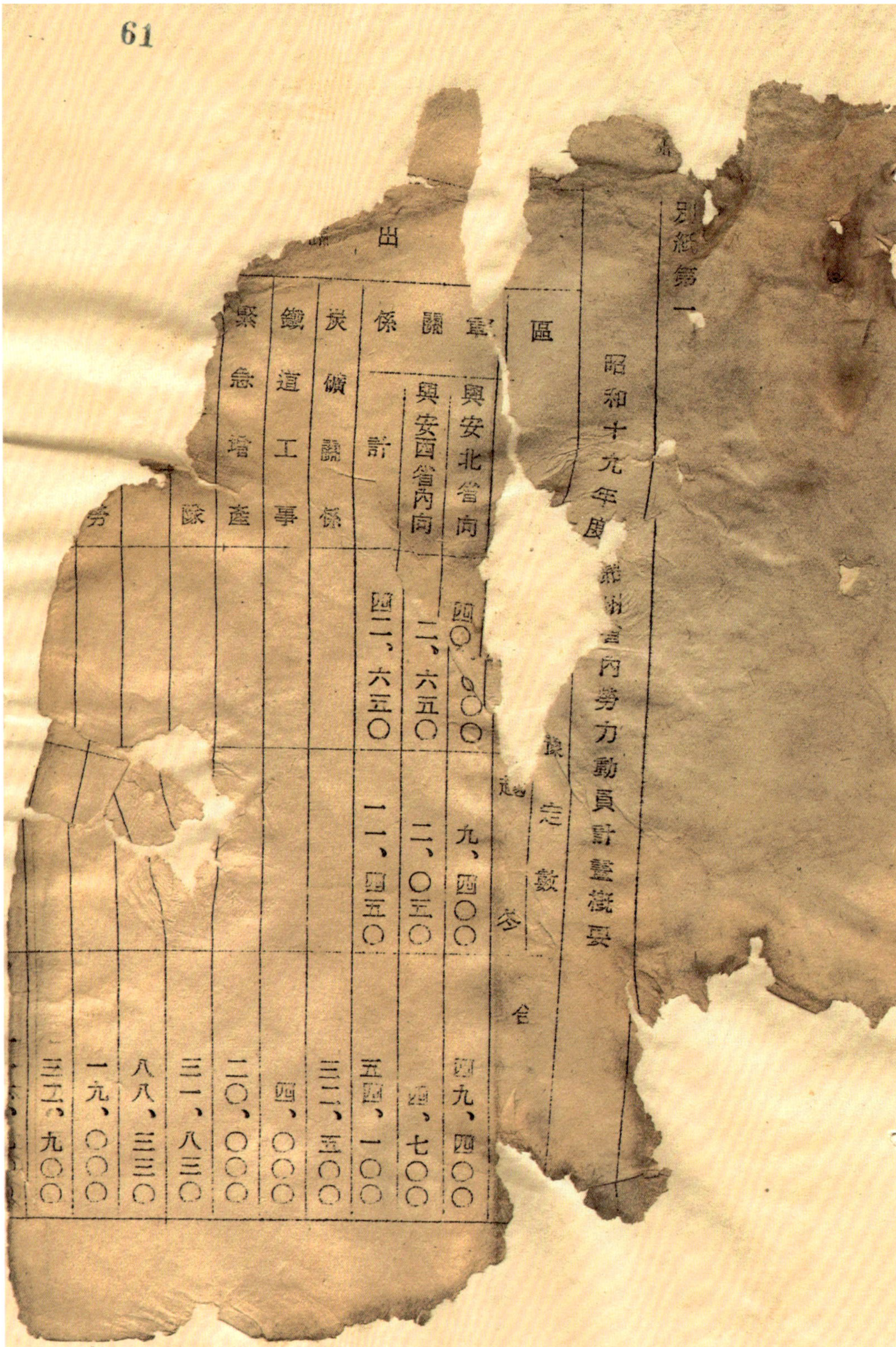

別紙第一

昭和十九年度錦州省内勞力動員計畫概要

區分		決定數	追加	合計
軍關係	興安北省向	四〇、〇〇〇	九、四〇〇	四九、四〇〇
	興安西省内向	二、六五〇	二、〇五〇	四、七〇〇
	計	四二、六五〇	一一、四五〇	五四、一〇〇
炭礦關係				三二、五〇〇
鐵道工事				四、〇〇〇
緊急增產				二〇、〇〇〇
隊				三一、八三〇
				八八、三三〇
勞				一九、〇〇〇
				三二、九〇〇

一六八、四〇〇

計　四二、六五〇　一一、四五〇　三一〇、八三〇

外ハ期別關係ナク一年ヲ[illegible]員數ヲ示ス

附二：伪兴安北省劳工供出情况

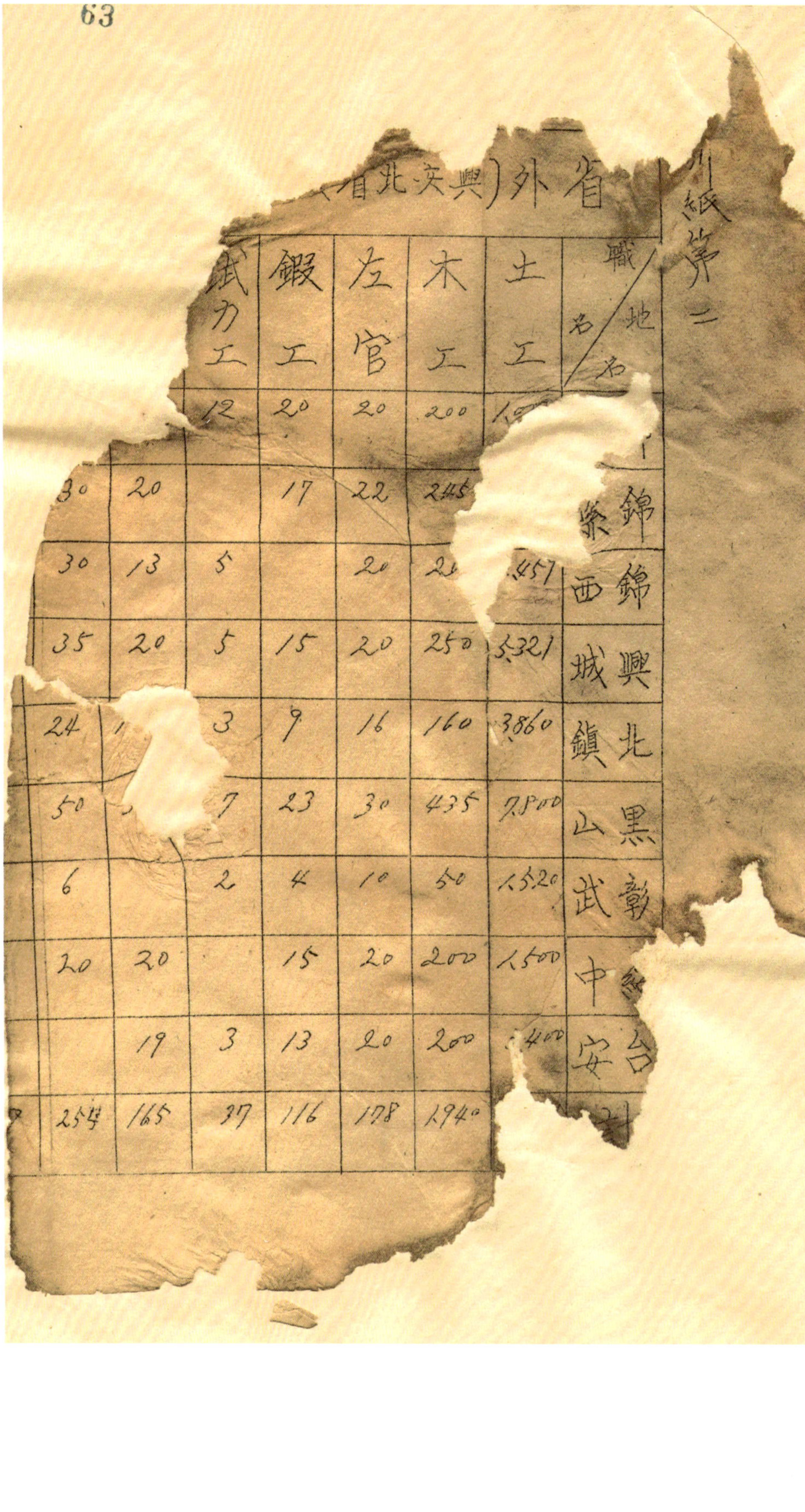

地名 / 職名	土工	木工	左官	鍛工	武力工	[illegible]	[illegible]
[illegible]	[illegible]	200	20	20	12		
錦縣	[illegible]	245	22	17		20	30
錦西	[illegible]457	2[illegible]	20		5	13	30
興城	5321	250	20	15	5	20	35
北鎮	3860	160	16	9	3	[illegible]	24
黑山	7800	435	30	23	7	[illegible]	50
彰武	1520	50	10	4	2		6
[illegible]中	1500	200	20	15		20	20
台安	[illegible]400	200	20	13	3	19	
計	[illegible]	1940	178	116	37	165	254

……状況……

總計	漢醫	杣夫	機械工	製杖工			
1.559	3		71	52			
8.128	5			10	20		
4.960	3			5	20	5	
5.700	4			5	20	5	
5.164	5	1.000	8	11		1	
8.469	7		24	25		20	
1.598	1			3		2	
1.808	3			4	20	3	
3.658	3						
39.850	34	1.000	103	116	135	116	3

黑字ハ計画数

ハ供出実数

附三：伪锦州市土木建筑业者使用劳工情况

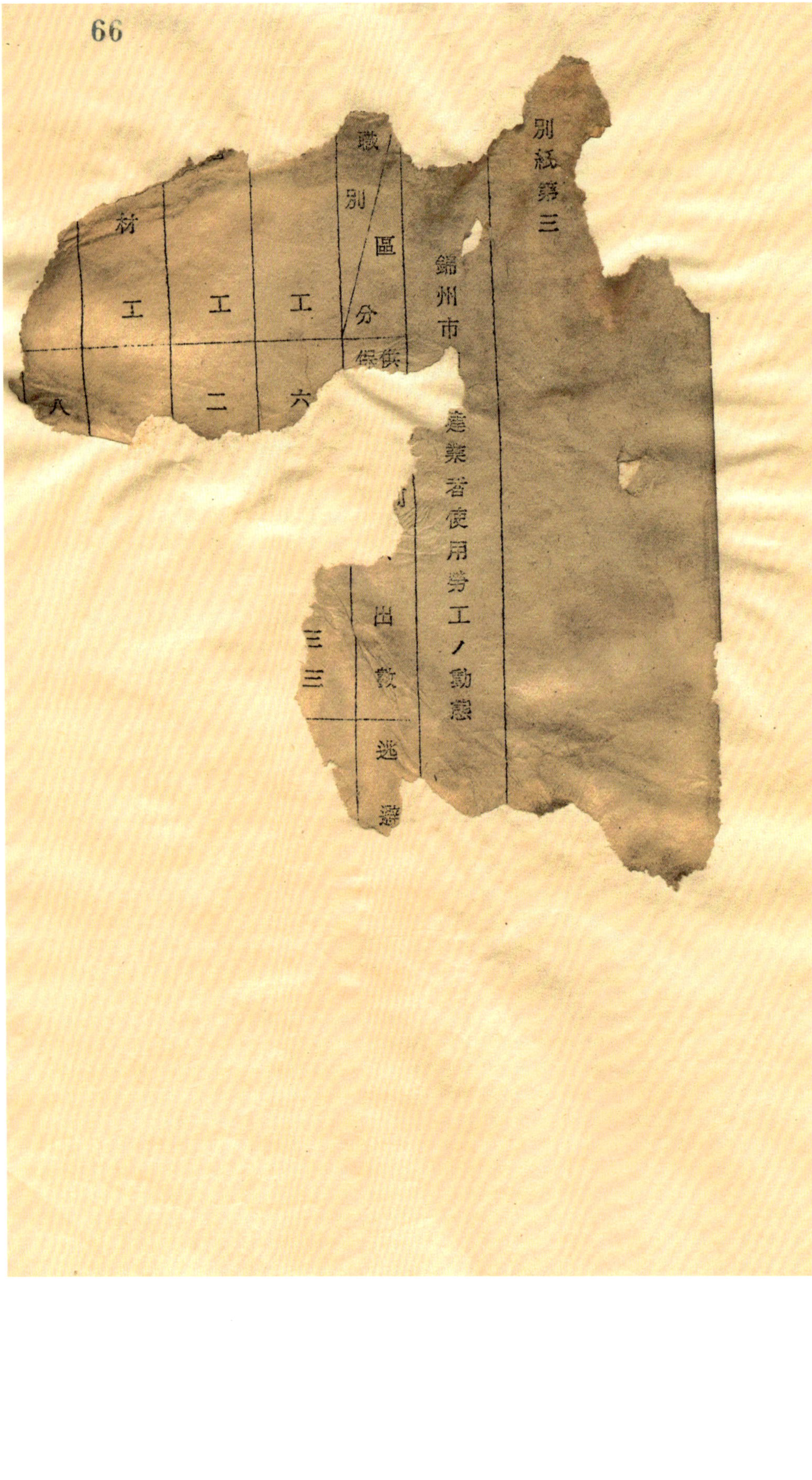
66

別紙第三

錦州市 建築業者使用勞工ノ動態

職別 區分	工	工	材 工
供保	六	二	八

出數 三三

逃避

三[illegible]	一七	八	六二
[illegible]	二三	一	五七
三八九	三三	四	四二六
二二[illegible]	一六一	三	三八四

錦州土建協會ニ依リ調[illegible]ノナリ

附四：使用劳工情况

65

[illegible]數	供出數	逃避數	現在數
[illegible]○	一四三	約三○○	約一五○
三○	四○	約六○	三○
八○	九	約三○	四○
[illegible]○	一八八	[illegible]一二○	一四○
[illegible]○	三八○	[illegible]一○	約三六○

[illegible]組合ニ依リ調査セルモノ[illegible]

[illegible]ハ未成年工ナリ

关于辑安、临江、柳河等各县供出劳工情况的函（时间不详）

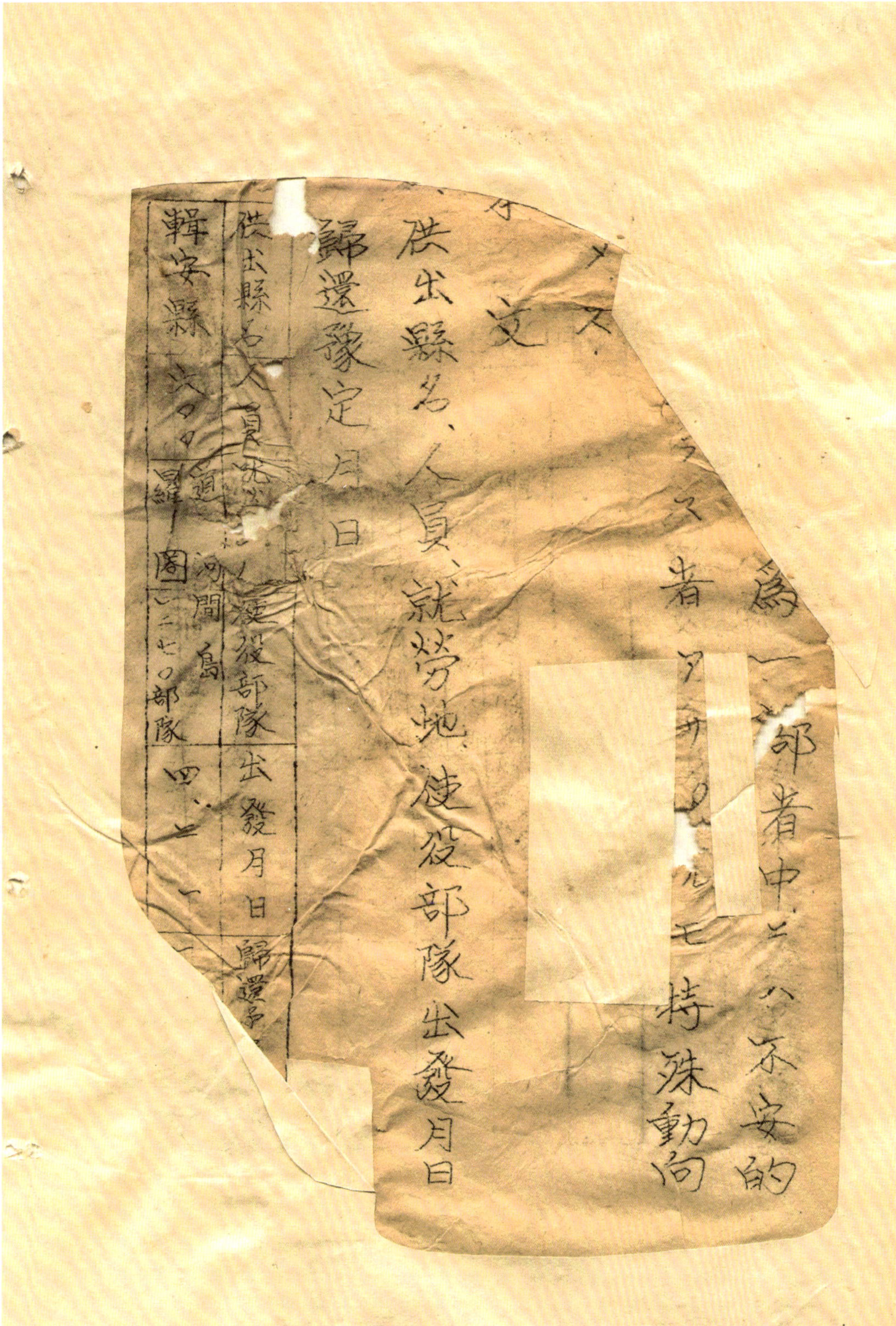

為一部ノ者中ニハ不安的

ラス者アサルモ特殊動向

メス

文

供出縣名、人員、就勞地、使役部隊出發月日

歸還豫定月日

供出縣名	人員	就勞地	使役部隊	出發月日	歸還豫定
輯安縣	六〇〇	圖們經由間島	二二七〇部隊	四、二一	

32

臨江縣	[illegible]河縣	輝南縣	通化縣	長白縣	計
七二〇	八四〇	二七〇	九一〇	三九〇	三七三〇
星〃營 間島	輝春	琿春 杜荒子 / 間島	金蒼營 星〃營 / 二道崗 杜荒子	琿春 杜荒子 / 道河 東寧	
二七〇部隊	〃	二六四三部隊 / 八一四部隊	二二七〇部隊 / 二六四二部隊	二六三七部隊 / 二二七〇部隊	
四、二一	四、二[illegible]	〃	四、二一	本縣供出者ハ北鮮経由出発スル予定ニテ出発日未定ナリ	
一〇、三一	〃	〃	〃	〃	

…者ノ人選及出發狀況

…ハ縣下各街村ニ供出勞務者ヲ

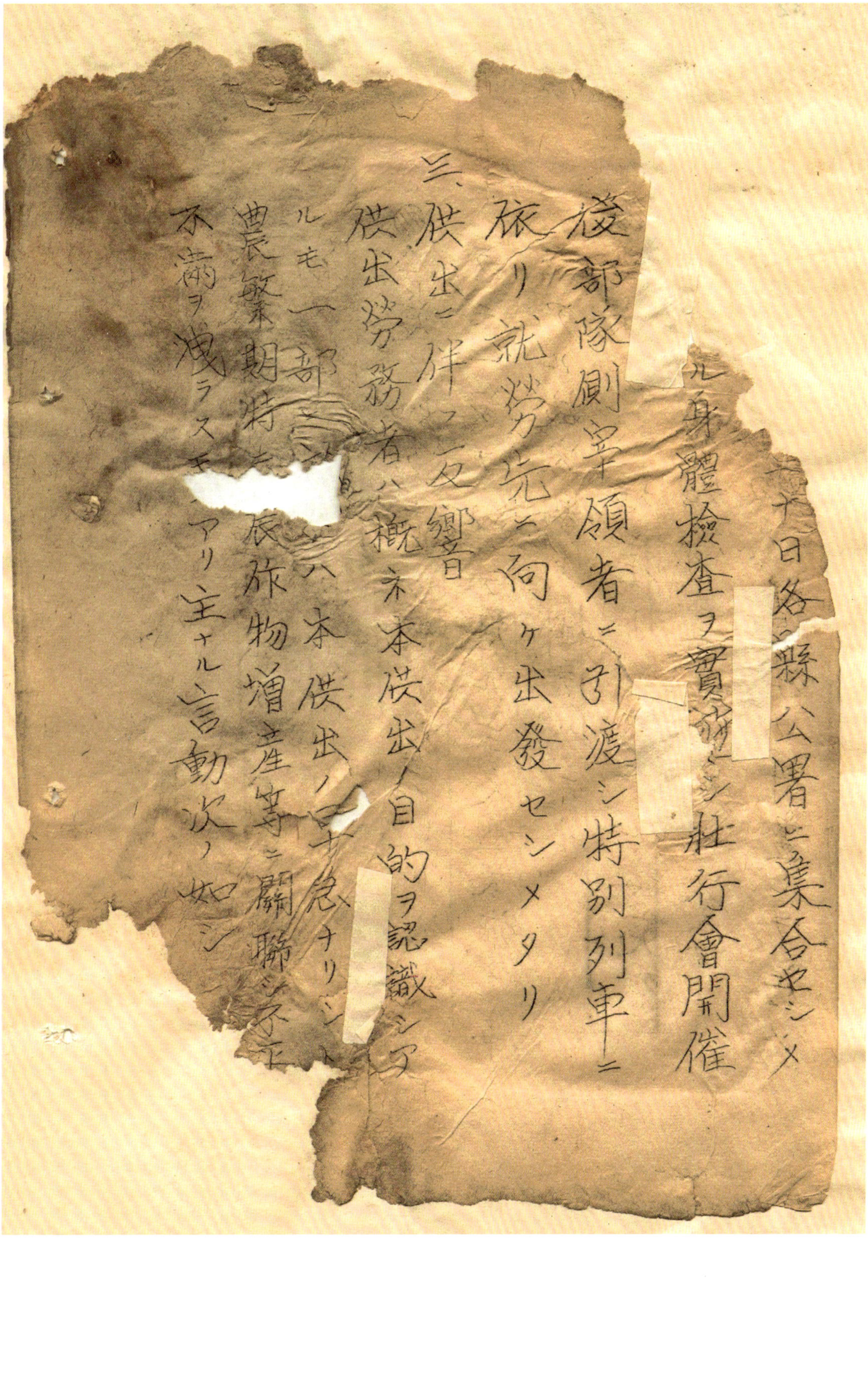
十日各縣公署ニ集合セシメ
ル身體検査ヲ實施シ壮行會開催
後部隊側宰領者ニ引渡シ特別列車ニ
旅リ就労先ニ向ケ出發セシメタリ
三、供出ニ伴フ反響
供出労務者ハ概ネ本供出ノ目的ヲ認識シ了
ルモ一部ニ[illegible]ハ本供出ノ[illegible]十急ナリシト
農繁期特ニ[illegible]辰旅物増産等ニ關聯シ不平
不滿ヲ洩ラスモ[illegible]アリ主ナル言動次ノ如シ

33

⊘大戦争下斯種供出アルモハ

初メテ[illegible]事故不安ナリ

⊘今度ノ如ク直ク出テ来イト云ハレ

テモ一家ヲ以テ居ル主人ハ家族ノ事

モアル故容易ナ事テハナイ

農産物ハ増産ト云ハレル時突然ノ

一體如何ニスヘキヤ不安ナリ

物ノ増産ヲ計畫シテ居タ

居ッタラ果シテ生キテ帰レル
疑問ナリ
日本軍ノ仕事テアルカラ食糧其他ノ
待遇ハ他ノ増産隊ヨリ良イタロウ
今年ノ労働期間ハ六ヶ月ト初メカラ
云ッテアルカラ我慢シテ働ク外ナシ
四、其他参考事項
八本隊出労務者中ニハ相當多数ノ[illegible]
リテ且之等替玉中ニハ北支方面ヨリ

34

浮浪者介在シアルモノト判断セラル、

[illegible]ヲ以テ注[illegible]ヲ要ス

2、長白縣供出勞務者ハ該縣ノ地勢上對

岸惠山鎮ヨリ北鮮経由列車ニ依リ直

接就勞地ニ向ヒ出發スル予定ナリ

五、所見

之[illegible]

[illegible]始ク本勞務者中ニハ相當ノ替

想セラレアルヲ以テ之等

テハ防諜戦務上重視ノ要

利ス

（3）

出入伪满劳工概况调查表（时间不详）

勞働者入滿概況

康德　年　月分

經由地＼區別（許可不許可）	入滿ヲ許可セラレタル者							許可セラレザル者		
	勞工証所持者	勞工証所持者隨伴家族			特別勞工証所持者	特種勞工証所持者	其他	計	勞工証所持者	其他
		計	男	女						
本年累計	707.321	253.846	65.168	188.678	4.750		98.002	435	435	
前年同月増減比較（△印ハ減）	22.604	21.480	6.288	15.192	△316	△5				
月計	51.000	28.717	7.964	20.753	230		19.496			
大連	30.451	19.809	5.500	14.309	61		6.325			
營口										
安東										
山海關	20.318	8.871	2.417	6.414	463		12.810			
古北口	231	37	7	30	6		361			

勞働者離滿概況

康德　年　月分

經由地＼區別	勞働者			勞働者隨伴家族			特別証所持者	特種証所持者	其他
	計	勞工証所持者	勞工証無所持者	計	男	女			
本年累計	392.582			72.325	19.940	52.385	1.672	1	67.641
前年同月増減比較（△印ハ減）	△18.749			△5.309	△1.753	△3.556	△168	△1	4.191
月計	25.077			5.948	1.621	4.327	66		11.686
大連	14.143			3.197	702	2.495	66		11.285
營口									
安東									
山海關	10.781			2.723	907	1.816			
古北口	173			28	12	16			401

入伪满劳工发证地、经由地、目的地省份调查表（时间不详）

入滿勞働者發證地別、經由地別、行先省別調

康德　年　月分

發證地 / 經由地	本年累計	合計	關東州	計	新京	吉林	龍江	北安	黑河	三江	東安	牡丹江	濱江	間島	通化	安東	四平	奉天	錦州	熱河	興西	興南	興東	興北
本年累計		107.321	110.576	576.746	32.880	30.928	10.943	6.331	12.065	21.237	20.776	25.666	64.384	5705	16.031	12.464	17.738	255.163	50.977	4.462	471	796	1.464	6.064
合計 計	707.321	51.000	12.785	38.215	2.147	1.451	469	300	53	795	640	919	3.729	627	1.194	1.106	1.842	19.276	4.171	279	27	89	43	56
大連	326.983	30.451	12.726	17.725	1.235	742	232	169	40	528	632	826	2.920	583	926	1.034	469	6.681	609	7	1	12	34	45
營口																								
安東																								
山海關	376.785	20.318	59	20.259	912	709	236	131	13	267	8	93	808	44	268	72	1.373	11.585	3.561	62	20	77	9	11
古北口	3.548	231		231			1						1					10	1	210	8			
北京 計	20.404	2.636	2	2.634	53	36	46	14		3	1	6	64	2	3	4	20	1608	655	104	9	4	2	
大連	223	1	1																					
營口																								
安東																								
山海關	18.479	2.523	1	2.522	53	36	46	14		3	1	6	64	2	3	4	20	1.606	655	1	2	4	2	
古北口	1.702	112		112														2		103	7			
古北口 計	1.020	94		94			1						1					8	1	82	1			
大連																								
營口																								
安東																								
山海關																								
古北口	1.020	94		94			1						1					8	1	82	1			
天津 計	135.205	7.318	1.454	5.864	452	126	72	44	9	40	4	39	309	23	17	40	744	3.577	327	15	5	11	3	7
大連	14.275	1.606	1.424	182	10	3	4	5		6		2				6	2	131	3				1	
營口																								
安東																								
山海關	120.823	5.703	30	5.673	442	123	68	37	9	34	4	37	300	23	17	34	742	3.446	324	6	5	11	2	7
古北口	107	9		9																9				
山海關 計	95.954	6.295	14	6.281	160	254	38	32	1	12		14	139	7	9	11	369	3.706	1.407	45	13	57	3	4
大連																								
營口																								
安東																								
山海關	95.954	6.295	14	6.281	160	254	38	32	1	12		14	139	7	9	11	369	3.706	1.407	45	13	57	3	4
古北口																								
德縣 計	16.256	514	14	500	1	73	20			1			43			1	4	336	19	1			1	
大連	361	14	14																					
營口																								
安東																								
山海關	15.873	499		499	1	73	20			1			43			1	4	336	19				1	
古北口	22	1		1																1				
濟南 計	79.668	3.544	163	3.381	167	140	48	21	1	82	3	25	200	8	237	16	208	1.696	502	25	1	1		
大連	6.691	577	156	401	4					2								394			1			
營口																								
安東																								
山海關	72.485	2.972	7	2.965	163	140	48	21	1	80	3	25	200	8	237	16	208	1.302	502	10		1		
古北口	492	15		15																15				
濟 計	35.333	873	6	887	41	78	14	27	1	137		10	37	4	2	5	27	449	53			2		
大連	4.044	419	6	413				2										411						

寧	營口																								
	安東																								
	山海關	1.285	470		474	41	78	14	25	1	137	-	10	37	4	2	5	27	38	53			2		
	古北口	4																							
徐州	計	8.017	92		92														77	13					
	大連	885	77		77														77						
	營口																								
	安東																								
	山海關	6.931	13		13															13					
	古北口	201																							
青島	計	149.568	10.596	2.483	8.113	682	386	68	76	17	183	557	291	761	483	695	274	289	2.761	558	3		2	5	22
	大連	148.886	10.594	2.483	8.111	680	386	68	76	17	183	557	291	761	483	695	274	289	2.761	558	3		2	5	22
	營口																								
	安東																								
	山海關	682	2		2	2																			
	古北口																								
威海衛	計	16.188	1.869	1.261	608	39	23	1	3		10	4	12	68	16	7	132	3	285	3	1		1		
	大連	16.188	1.869	1.261	608	39	23	1	3		10	4	12	68	16	7	132	3	285	3	1		1		
	營口																								
	安東																								
	山海關																								
	古北口																								
芝罘	計	93.598	10.127	6.496	3.631	247	153	35	24	7	54	27	173	495	53	190	487	133	1.501	30	3		4	8	7
	大連	93.598	10.127	6.496	3.631	247	153	35	24	7	54	27	173	495	53	190	487	133	1.501	30	3		4	8	7
	營口																								
	安東																								
	山海關																								
	古北口																								
龍江	計	40.665	4.949	875	4.074	253	177	124	59	16	273	44	348	1.587	31	34	135	42	895	15			5	20	16
	大連	40.664	4.949	875	4.074	253	177	124	59	16	273	44	348	1.587	31	34	135	42	895	15			5	20	16
	營口																								
	安東																								
	山海關	1																							
	古北口																								
新（宿）縣	計	2.850																							
	大連																								
	營口																								
	安東																								
	山海關	2.850																							
	古北口																								
開封	計	4.670	592		592														355	237					
	大連	1.121	213		213														213						
	營口																								
	安東																								
	山海關	3.549	379		379														142	237					
	古北口		1.481																						
南口	計	7.925	23	17	1.464	52	5	2		1			1	25			1	3	1.020	351			2	1	
	大連	57		10	13	2													11						
	營口																								
	安東																								
	山海關	7.866	1.458	7	[illegible]	50				1			1	25			1	3	1.009	351			2	1	
	古北口																								

人、錢、照行別(?)

7-592-4

入伪满劳工籍贯省份、目的地省份、从事产业（大分类）调查表（时间不详）

入滿勞働者鄉關省別、行先省別、產業（大分類）別調

康德　　年　　月分

鄉關地	行先地 產業別	本年累計	合計	關東州	計	新京	吉林	龍江	北安	黑河	三江	東安	牡丹江	濱江	間島	通化	安東	四平	奉天	錦州	熱河	興西	興南	興東	興北
本年累計			707.321	110.576	536.745	32.886	30.928	10.963	6.331	12.065	21.237	21.776	25.666	64.384	4.705	26.031	12.664	17.738	255.163	50.977	4.462	471	936	1.464	6.064
合計	計	707.321	51.000	12.785	38.215	2.147	1.451	469	300	53	795	646	319	3.729	627	1.194	1.106	1.842	18.276	4.171	279	29	39	43	56
	農牧業	55.566	4.500	343	4.151	344	449	132	72	5	76	3	109	369	70	353	89	152	1.673	178	27	4	20	5	15
	林業	1.497	139	2	137	2	7		15	1	23		11	16		2	1	2	34	13				9	1
	漁業	848	58	20	38			3	1								4		15	12					3
	鑛業	105.616	11.790	29	11.761	4	137				279	537	91	4	387	577	2	1.261	5.756	2.723	3				
	工業	173.450	13.589	4.058	9.531	714	311	132	63	7	18	26	256	1.754	43	66	454	164	4.690	485	121	7	21	12	20
	土木業	127.727	1.182	430	752	73	37	10	18	9	22	6	37	49	7	21	17	8	384	42	9		2	1	[illegible]
	建築業	84.256	5.203	1.775	3.428	402	123	64	36	10	92	22	200	495	40	53	163	39	1.520	116	26		5	8	[illegible]
	商業	18.826	2.153	220	1.931	111	86	41	25	5	12	5	19	152	12	13	43	62	1.072	192	45	9	23	1	3
	運輸業	56.004	4.343	2.680	1.663	126	78	18	9	9	21	8	63	226	30	46	120	18	812	53	14		3	4	
	雜業	83.531	8.043	3.220	4.823	371	223	69	61	7	35	26	133	664	38	57	213	136	2.320	352	34	9	15	3	[illegible]
河北	計	230.984	14.756	1.143	13.813	646	329	135	68	11	45	5	43	431	31	23	40	858	8.625	2.198	212	26	64	8	[illegible]
	農牧業	11.829	928	52	876	52	46	33	15	1	3		8	69	2	9	2	35	462	97	18	1	14	1	[illegible]
	林業	792	49		49	1	3		1									2	33	8				1	
	漁業	530	28	18	10			2											1	7					
	鑛業	34.859	3.568	1	3.567		10				13	1		2	2	5		593	1.896	1.045					
	工業	70.466	3.998	415	3.583	216	75	29	14		9		12	134	9	6	11	61	2.529	380	15	7	12	2	3
	土木業	27.434	379	67	312	24	7	4	1	8	6	1	2	15	1		4	4	190	35	9			1	
	建築業	28.447	1.376	107	1.269	117	29	12	3	1	7		6	39	3		3	24	891	94	26		5	2	1
	商業	12.064	1.382	30	1.352	70	65	20	13	1	1	1	5	48	3	3	1	39	835	181	37	9	19		1
	運輸業	13.134	704	136	568	49	14	8			2		4	32	5	3	5	7	374	48	14		2	1	
	雜業	31.379	2.544	317	2.227	117	30	22	21		4	2	6	92	6	4	8	93	1.414	303	33	9	12		1
山東	計	451.308	33.673	11.607	22.086	1.480	1.100	324	216	42	744	635	874	2.253	592	1.156	1.063	896	8.201	1.353	50	3	22	35	47
	農牧業	43.338	3.546	237	3.283	290	400	91	52	4	71	3	140	393	68	344	87	117	1.208	77	8	3	6	4	12
	林業	685	83	2	81	1	4		13	1	22		11	15		2	1			2				8	1
	漁業	268	30	2	28			1	1								4		14	5					3
	鑛業	61.248	6.396	27	6.369	4	127				266	536	91	2	384	547	2	592	2.716	1.079	3				
	工業	100.944	9.382	3.636	5.746	434	231	163	46	7	175	26	244	1.660	34	61	441	701	2.018	100	39		9	10	17
	土木業	91.340	794	360	434	43	30	6	17	1	16	5	35	34	6	21	13	4	188	7			2		
	建築業	55.496	3.806	1.667	2.139	285	12	54	33	9	84	23	193	456	37	59	153	15	616	21				6	6
	商業	4.883	570	186	384	37	11	16	6	4	10	4	14	90	6	7	41	13	116	5			1	1	2
	運輸業	41.432	3.634	2.540	1.094	77	64	10	9	9	13	8	13	194	25	43	115	11	437	10			1	3	
	雜業	51.676	5.452	2.890	2.562	243	141	47	39	7	31	24	121	564	32	52	205	43	888	47			3	3	6
山	計	4.468	656	2	654	1	7	1	3		1		1	8	1	2		8	447	168	6				
	農牧業	112	4		4		2						1						1						
	林業	1																							
	漁業																								
	鑛業	2.122	432		432													7	319	166					
	工業	795	81		81		1							4					74		1				
	土木業	435	5	1	4														4						
	雜業	185	12		12		2				1								9						

西	商業	1	[illegible]		31		2	1						3	1	1		1	33	1	5				
	運輸業	2	2	1	1														1						
	雜業	119	9		9									1		1			6	1					
河南	計	11,283	1,247	5	1,242	9	11	9	12		1		1	13	2	6	2	50	738	375	10		3		
	農牧業	174	15		15	1		3	4					1					1	4	1				
	林業	17	6		6				1					1					1	3					
	漁業																								
	鑛業	4,195	992		992											4		40	590	358					
	工業	683	69	1	68	4	2		3					1			2	1	46	4	5				
	土木業	4,741	2		2														2						
	建築業	67	6		6			2											2	1					
	商業	1,181	141		141	3	8	4	3		1		1	10	2	2		9	88	5	3		3		
	運輸業	72	1	1																					
	雜業	153	15	3	12	1	1		1										8		1				
江蘇	計	5,266	117	20	97	5	1		1		3			11			1	18	50	7					
	農牧業	71	7		7	1	1		1		2			1					1						
	林業	2	1		1						1														
	漁業																								
	鑛業	2,075	67	1	66													18	41	7					
	工業	167	22	4	18	4								8					6						
	土木業	2,077	2	2																					
	建築業	64	1	1																					
	商業	33	5	4	1												1								
	運輸業	197	2	2																					
	雜業	106	10	6	4									2					2						
安徽	計	2,319	121		121									1	1	1		8	104	6					
	農牧業	40																							
	林業																								
	漁業																								
	鑛業	585	115		115										1	1		8	39	6					
	工業	18	4		4									1					3						
	土木業	1,664																							
	建築業	12	2		2														2						
	商業	2																							
	運輸業	42																							
	雜業	6																							
其他	計	1,663	210	8	202	6	3				1			12				4	111	64	1				
	農牧業	3																							
	林業																								
	漁業	1																							
	鑛業	572	160		160													3	95	62					
	工業	337	33	2	31	5	2				1			6				1	14	1	1				
	土木業	36																							
	建築業	4																							
	商業	47	4	2	2	1								1											
	運輸業	[illegible]																	2						
	雜業	[illegible]	13		[illegible]		1							5						1					

出伪满劳工滞留伪满省份、籍贯省份、从事产业（大分类）调查表（时间不详）

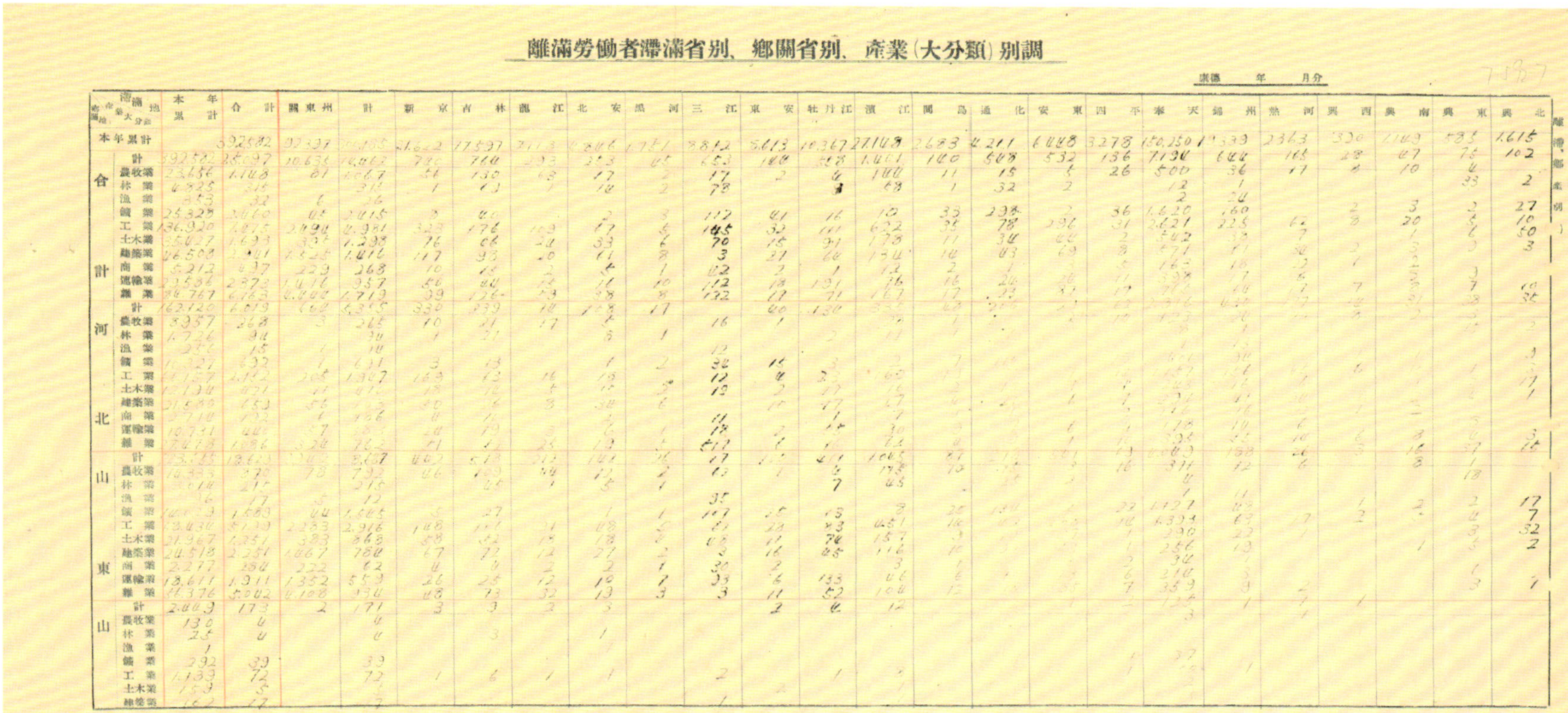

離滿勞働者滯滿省別、鄉關省別、産業（大分類）別調

康德　年　月分

滯滿地／產業大分類／寄滿地	本年累計	合計	關東州	計	新京	吉林	龍江	北安	黑河	三江	東安	牡丹江	濱江	間島	通化	安東	四平	奉天	錦州	熱河	興西	興南	興東	興北
本年累計		392,582	92,397	300,185	21,622	17,597	3,113	6,806	1,751	8,812	5,613	10,367	27,148	2,683	4,211	6,448	3,278	150,250	13,339	2,363	330	1,149	583	1,615
合計 計	392,582	25,097	10,635	14,462	786	764	233	253	45	653	144	558	1,461	140	548	532	136	7,194	644	165	28	47	75	102
農牧業	23,656	1,148	81	1,067	56	130	63	17	2	17	2	4	144	11	15	5	26	500	36	17	4	10	4	
林業	4,825	315		315	1	63	1	14	2	73		3	68	1	32	2		12	1				33	2
漁業	853	32	6	26														2	24					
礦業	25,320	2,460	45	2,415	3	44		2	3	117	41	16	10	33	298	2	36	1,620	160		2	3	2	27
工業	136,920	7,475	2,494	4,981	323	176	103	17	5	145	32	111	622	35	78	296	31	2,621	225	62	8	20	5	10
土木業	35,027	1,693	335	1,298	76	66	24	33	6	70	15	91	178	11	34	44	2	542	38	7		1	6	50
建築業	26,508	2,941	1,525	1,416	117	93	20	61	8	3	27	64	134	14	83	69	8	571	61	30	2	[illegible]	[illegible]	3
商業	5,212	497	229	268	10	18	2	5	1	42	2	1	12	2	1	3	5	163	16	22	1	[illegible]	3	
運輸業	23,586	2,373	1,416	957	56	44	15	16	10	112	18	131	76	16	24	26	11	398	17	6		[illegible]	7	
雜業	34,767	6,163	4,444	1,719	39	126	33	38	8	132	17	71	167	17	23	31	17	716	44	7	7	[illegible]	7	10

離滿、鄉產別

出入伪满劳工概况调查表（时间不详）

勞働者入滿概況

康德　　年　　月分

經由地＼區別＼許可不許可	入滿ヲ許可セラレタル者							許可セラレザル者		
	勞工証所持者	勞工証所持者隨伴家族 計	男	女	特別勞工証所持者	特種勞工証所持者	其他	計	勞工証所持者	其他
本年累計	656321	225,129	57204	167925	4520		78506	435	435	
前年同月增減比較（△印ハ減）	△3683	△16171	△5020	△11,151	△479		7265			
月計	58527	33943	8841	25,102	245		23390			
大連	31710	22450	5933	16,517	94		5681			
營口										
安東										
山海關	26479	11428	2893	8535	146		19290			
古北口	338	65	15	50	5		419			

勞働者離滿概況

康德　　年　　月分

經由地＼區別	勞働者 計	勞工証所持者	勞工証無所持者	勞働者隨伴家族 計	男	女	特別証所持者	特種証所持者	其他
本年累計	367485			66377	18,319	48,058	1,606	1	55,955
前年同月增減比較（△印ハ減）	△16438			△7,544	△2,001	△5,543	△230		6,463
月計	30,505			6,782	1,867	4,915	109		11384
大連	14,919			3,221	702	2,519	83		10,903
營口									
安東									
山海關	15,477			3,541	1,155	2,386	26		
古北口	109			20	10	10			481

入伪满劳工发证地、经由地、目的地省份调查表（时间不详）

入滿勞働者發證地別、經由地別、行先省別調

康德　　年　　月分

7-192-9

發證地	經由地	本年累計	合計	關東州	計	新京	吉林	龍江	北安	黑河	三江	東安	牡丹江	濱江	間島	通化	安東	四平	奉天	錦州	熱河	興西	興南	興東	興北
本年累計			656321	97791	558530	50433	29477	10474	6031	12012	20442	20136	24747	60655	5078	14837	11358	15896	236887	46806	4183	442	907	1421	009
合計	計	656321	58527	12073	46454	3120	1942	575	429	61	1738	230	850	4412	427	1561	1178	2698	20726	5870	406	34	100	33	64
	大連	296537	31710	12030	19680	1953	1194	263	283	50	763	212	768	3342	368	1242	1101	605	6718	756	8		23	22	9
	營口																								
	安東																								
	山海關	356467	26479	43	26436	1167	747	312	176	11	975	18	82	1069	59	319	77	2092	14006	5113	86	14	77	11	25
	古北口	3317	338		338		1							1				1	2	1	312	20			
北京	計	17768	1690	7	1683	54	40	68	8		5	1	6	85	1	9	4	35	968	219	159	12	6	3	
	大連	222	3	3																					
	營口																								
	安東																								
	山海關	15956	1517	4	1513	54	40	68	8		5	1	6	85	1	9	4	35	968	218	1	1	6	3	
	古北口	1590	170		170															1	158	4			
古北口	計	926	135		135		1							1				1	2		122	8			
	大連																								
	營口																								
	安東																								
	山海關																								
	古北口	926	135		135		1							1				1	2		122	8			
天津	計	127887	8988	1091	7897	581	131	78	76	11	39	8	19	361	27	20	39	843	4814	799	31	4	9		13
	大連	12669	1229	1074	155	2	1	1		1	3			1	2	1	2		138	3					
	營口																								
	安東																								
	山海關	115120	7747	17	7730	579	130	77	76	10	36	8	19	360	25	19	31	843	4676	796	19	4	9		13
	古北口	98	12		12																12				
山海關	計	89659	7301	13	7288	269	269	59	51		18	1	13	176	15	12	6	467	4197	1628	53	9	44	1	5
	大連																								
	營口																								
	安東																								
	山海關	89659	7301	13	7288	269	269	59	51		18	1	13	176	15	12	6	467	4197	1628	53	9	44	1	5
	古北口																								
德縣	計	14742	1083	11	1072	11	108	27	2		2	1	1	79		145	1	8	440	240	4			3	4
	大連	347	11	10	1		1																		
	營口																								
	安東																								
	山海關	15374	1070	1	1069	11	107	27	2		7	1	1	75		145	1	8	440	240	2			3	4
	古北口	21	2		2																2				
濟南	計	76124	6500	209	6291	189	166	61	31	1	806	3	36	333	14	138	30	679	3591	1170	28		14	1	
	大連	6134	528	204	324								1	1		4			318						
	營口																								
	安東																								
	山海關	69513	5954	5	5949	189	166	61	31	1	806	3	35	332	14	134	30	679	2273	1170	10		14	1	
	古北口	477	18		18																18				
濟	計	34440	611	19	592	33	32	20	10		106	4	8	[illegible]	[illegible]		2	14	304	1	1		4	3	3
	大連	3625	179	19	160	1			2										143						

人、發、經、行別

寧	營口																								
	安東																								
	山海關	30811	431		431	34	32	20	8		106	4	3	27	4		2	14	161	1			4	3	3
	古北口	4	1		1																1				
徐州	計	7925	153	3	150															149	1				
	大連	206	18	3	15															15					
	營口																								
	安東																								
	山海關	6918	135		135															134	1				
	古北口	201																							
青島	計	138,992	12769	2934	9835	1248	892	47	113	28	299	89	313	1041	259	894	335	407	3110	723	3		13	10	1
	大連	138,292	12765	2934	9832	1247	892	47	113	28	299	89	312	1041	259	894	335	407	3109	723	3		13	10	1
	營口																								
	安東																								
	山海關	680	4	1	3	1							1						1						
	古北口																								
威海衛	計	14319	1693	1028	665	48	29		1		22	11	10	59	14	15	112		339	3			2		
	大連	14319	1693	1028	665	48	29		1		22	11	10	59	14	15	112		339	3			2		
	營口																								
	安東																								
	山海關																								
	古北口																								
芝罘	計	83471	9846	6037	3809	343	86	82	49	4	64	62	136	572	72	194	481	135	1490	17	5		[illegible]	[illegible]	2
	大連	83471	9846	6037	3,809	343	86	82	47	4	64	62	136	572	72	194	481	135	1490	17	5		[illegible]	[illegible]	2
	營口																								
	安東																								
	山海關																								
	古北口																								
龍江	計	35716	5299	711	4588	312	185	133	88	17	375	50	309	1,653	21	134	170	63	1037	10			1	4	[illegible]
	大連	35715	5299	711	4,588	312	185	133	88	17	375	50	309	1,653	21	134	170	63	1037	10			1	4	[illegible]
	營口																								
	安東																								
	山海關	1																							
	古北口																								
新鄉	計	2850																							
	大連																								
	營口																								
	安東																								
	山海關	2850																							
	古北口																								
開封	計	4078	555		555														252	303					
	大連	908	117		117														117						
	營口																								
	安東																								
	山海關	3170	438		438														195	303					
	古北口																								
南口	計	6444	1904	10	1894	31	2				2			14			4	46	1,168	627					
	大連	36	22	8	14									1			1		12						
	營口																								
	安東																								
	山海關	6408	1882	2	1880	31	2				2			13				10	1,156	627					
	古北口																								

入伪满劳工籍贯省份、目的地省份、从事产业（大分类）调查表（时间不详）

入滿勞働者郷關省別、行先省別、產業(大分類)別調

康德　　年　　月分

7-58-11

郷關地	行先地／產業別	本年累計	合計	關東州	計	新京	吉林	龍江	北安	黑河	三江	東安	牡丹江	濱江	間島	通化	安東	四平	奉天	錦州	熱河	興西	興南	興東	興北
本年累計			656321	97791	558530	30783	29477	10474	6031	12012	20442	20136	24747	60655	5078	14837	11358	15896	236887	46806	4183	442	907	1421	6008
合計	計	656321	58527	12073	46454	3120	1942	575	429	61	1738	230	830	4412	427	1561	1178	2698	20926	5870	406	34	100	33	64
	農牧業	51066	6930	453	6277	538	301	144	92	20	86	18	105	610	59	541	142	277	2565	190	35	9	36	9	4
	林業	1358	142		142		10	1	4	1	26	4	4	11	5	11	2	1	48	5	2			3	4
	漁業	790	42	9	33	2		1						4					11	15					
	鑛業	93926	13534	40	13494	3	37	2			1095	58	59	10	200	647	2	1897	5498	3983	2				1
	工業	159861	15133	3353	11780	1008	401	178	150	7	257	28	225	1933	46	79	484	185	5794	784	168	5	19	6	23
	土木業	126545	1393	452	941	135	47	12	15	3	16	12	43	66	4	28	16	11	450	64	14		4	1	
	建築業	79053	5810	1634	4176	589	167	61	39	6	97	44	185	648	49	80	162	40	1825	173	37	3	3	1	7
	商業	16573	2536	203	2333	140	98	48	33	5	19	7	21	168	8	27	32	75	1271	249	98	15	17		4
	運輸業	51661	4795	2849	1946	209	82	29	25	2	32	8	60	293	20	38	123	25	929	56	16		1	12	6
	雜業	75488	8412	3080	5332	496	299	199	71	17	110	51	148	729	40	110	215	187	2335	353	34	2	20	1	15
河北	計	216028	17898	880	17018	834	403	165	79	11	39	8	30	561	36	165	41	1082	10083	3061	290	31	54	4	20
	農牧業	10901	1025	35	990	60	48	50	17	2	5		3	74	6	5	5	39	529	101	20	9	14	2	1
	林業	743	57		57		3			1				2				1	43	5	2				
	漁業	552	30	8	22	2		1						1					3	15					
	鑛業	31291	4990	9	4981	1	8				9	1		2	1	139	1	1758	2487	1603					1
	工業	66468	4991	331	4660	282	108	29	37		9	1	4	198	12	6	5	70	3227	574	98	4	10	1	5
	土木業	27055	413	51	362	25	7	6	3	3	5	3	6	15		1	2	3	213	54	12		3	1	
	建築業	27071	1607	88	1519	141	39	16	5	1	1	1	5	62	2	2	14	31	1823	135	32	3	2		4
	商業	10682	1688	36	1652	102	69	30	23	1	2		3	68	4	7	3	49	964	219	80	13	11		4
	運輸業	12430	758	119	639	74	27	12	2		1		3	48	5	1	8	15	378	46	16		1		2
	雜業	28835	2359	203	2156	147	94	21	12	3	7	2	6	111	6	4	3	117	1266	309	30	12	13		3
山東	計	417615	39188	11179	28009	2266	1525	400	325	50	1692	220	819	3826	390	1383	1134	1535	9931	2320	79	1	40	29	44
	農牧業	39790	5671	418	5253	476	753	94	75	18	80	18	102	534	49	536	134	237	2015	85	12		22	7	3
	林業	602	84		84		7	1	4		26	4	4	9	5	11	2		4					3	4
	漁業	238	12	1	11									3					8						
	鑛業	54852	7692	31	7661	2	29	2			1086	56	59	6	199	501	1	1035	2714	1920	1				
	工業	91562	9954	3009	6945	717	291	147	113	7	246	27	221	1743	33	73	477	111	2445	205	56	1	9	5	18
	土木業	30546	972	401	571	109	40	6	12		10	8	37	51	4	27	14	8	233	9	2		1		
	建築業	51690	4189	1546	2643	446	128	45	34	5	96	43	180	545	47	78	148	8	794	38	3		1	1	3
	商業	4313	583	166	417	34	18	12	6	4	14	7	18	92	4	14	28	3	143	12	1		2		
	運輸業	37798	4026	2730	1296	135	55	16	23	2	31	8	59	225	15	37	115	10	541	10				12	4
	雜業	46224	6005	2877	3128	347	204	77	58	14	103	49	141	618	34	106	212	68	1034	41	4		5	1	12
山	計	3792	232	2	230	2	6	2	2		2	1		5		3	1	13	169	14	9	1			
	農牧業	108	11		11						1								6	1	3				
	林業	1																							
	漁業																								
	鑛業	1630	46		46							1				3		9	25	7	1				
	工業	714	75	2	73		2							3			1		64	3					
	土木業	430	5		5						1								4						
	建築業	173	18		10	2								1				1	6						

入、郷、行、産、別 (1)

西	商業	560	71		71		4	2	1					1				3	52	3	5	1			
	運輸業	66	2		2														2						
	雜業	110	12		12				1										10	1					
河南	計	10,036	911	2	909	5	8	6	3		3			7		7	1	44	444	348	28	1	4		
	農牧業	179	19		19									1				1	14	3					
	林業	11	1		1														1						
	漁業																								
	鑛業	3203	627		627											1		24	275	327					
	工業	614	52	2	50	2								1				4	27	2	14				
	土木業	4739	1		1															1					
	建築業	61	4		4														2		2				
	商業	1,040	178		178		7	4	3		3			5		6	1	15	102	13	12	1	4		
	運輸業	71	6		6			1											5						
	雜業	138	23		23	1	1	1											18	2					
江蘇	計	5149	155	5	150	5		1				1		3		3		12	42	83					
	農牧業	64	3		3	2													1						
	林業	1																							
	漁業																								
	鑛業	2008	121		121									2		3		12	22	82					
	工業	145	17	4	13	1		1						1					10						
	土木業	2,075	2		2	1																			
	建築業	43																							
	商業	28	7	1	6														5	1					
	運輸業	695	3		3														3						
	雜業	90	2		2	1													1						
安徽	計	2248	61		61													7	14	40					
	農牧業	40																							
	林業																								
	漁業																								
	鑛業	470	58		58													7	11	40					
	工業	14	2		2														12						
	土木業	1664																							
	建築業	10																							
	商業	2																							
	運輸業	42																							
	雜業	6	1		1														1						
其他	計	1453	82	5	77	8		1			2		1	10	1		1	4	44	3			2		
	農牧業	3	1		1									1											
	林業																								
	漁業	1																							
	鑛業	412	20		20														17	3					
	工業	304	42	5	37	6		1			2			7	1		1	2	17						
	土木業	36																							
	建築業	4																							
	商業	53	9		9	2								2					5						
	運輸業	558																							
	雜業	82	10		10								1					2	5				2		

7-59-12

出伪满劳工滞留伪满省份、籍贯省份、从事产业（大分类）调查表（时间不详）

離滿勞働者滯滿省別、鄉關省別、產業（大分類）別調

康德　　年　　月分

鄉關地＼滯滿地／產業大分類		本年累計	合計	關東州	計	新京	吉林	龍江	北安	黑河	三江	東安	牡丹江	濱江	間島	通化	安東	四平	奉天	錦州	熱河	興西	興南	興東	興北
本年累計			367485	81762	2857[illegible]	20882	16837	6825	4593	1706	8159	8469	9809	25947	2543	3663	5916	3142	143056	18695	2198	362	1102	810	1513
合計	計	367485	30505	10540	19965	994	1055	406	315	129	774	259	623	2291	212	415	496	232	10146	1231	139	22	67	83	76
	農牧業	22908	1735	64	1671	81	150	76	37	6	31	11	18	235	25	23	13	21	811	97	18	1	11		6
	林業	4510	367		367		66	3	8	8	66	4	31	80	4	11		1	23	5	1		1	49	6
	漁業	321	15	6	9						1	1							2	5					
	鑛業	22868	2312	41	2271	23	58	6	13	18	112	80	18	48	40	159	16	42	1298	300	10	3	2	2	21
	工業	122445	10379	1670	7709	446	314	155	79	17	178	48	173	1053	51	77	297	93	4206	427	52	11	24	12	16
	土木業	33734	1995	366	1629	69	74	32	41	35	143	51	141	240	24	42	30	8	618	66	3	1		4	7
	建築業	43567	3307	1181	2126	150	145	45	59	18	81	29	93	184	25	39	40	17	1066	105	10		2	9	9
	商業	4715	504	161	343	15	10	4	4	1	5	2	5	37	3	3	6	2	199	23	22	1	1		
	運輸業	24213	2614	1376	1238	72	59	20	22	14	42	9	30	141	16	34	35	15	637	60	7		9	2	4
	雜業	78604	7277	4675	2602	138	169	65	52	12	115	22	114	273	24	27	79	33	1286	143	16	5	17	5	7
河北	計	156101	9964	778	9186	484	427	149	119	58	153	83	133	718	77	136	69	138	5410	775	106	17	54	48	32
	農牧業	8689	602	8	594	28	39	26	12	2	6	5	8	68	8	10	6	8	293	50	15	1	6		3
	林業	1632	133		133		31	2	1	5	8	3	7	16		1		1	18	4	1		1	30	4
	漁業	241	7		7														2	5					
	鑛業	9635	833	7	826	9	32	4	4	8	13	19	4	22	7	36	5	26	457	170	6	1	2	1	10
	工業	64005	3949	235	3714	235	112	52	30	9	48	22	38	305	23	33	19	59	2408	255	31	8	19	4	4
	土木業	11773	500	19	481	13	40	9	10	12	22	9	14	44	7	17	6	3	221	46	3	1		1	3
	建築業	20921	1169	53	1116	69	62	15	19	6	19	12	23	75	11	15	6	13	682	70	9		2	5	3
	商業	2522	236	9	227	11	8	2	4	1	2	1	4	19	1	1	2	2	128	19	20	1	1		
	運輸業	10291	782	78	704	43	34	10	11	10	15	6	12	60	8	14	9	11	396	45	7		9	2	2
	雜業	26392	1753	369	1384	76	79	29	28	5	20	6	23	109	12	9	16	15	805	111	14	5	14	5	3
山東	計	205026	13979	9733	10246	493	595	242	184	55	587	159	479	1528	132	271	422	92	4447	439	29	5	13	35	39
	農牧業	13463	1108	56	1052	53	110	47	23	2	25	5	10	163	17	13	6	43	570	45	3		5		2
	林業	2799	227		227		33	1	7	3	57	1	22	63	4	9			5	1				19	2
	漁業	79	8	6	2						1	1													
	鑛業	12440	1377	34	1343	14	33	2	9	9	99	53	14	24	31	120	11	15	767	124	4	2		1	11
	工業	63735	6219	2432	3787	199	181	93	44	8	127	25	133	720	27	41	257	33	1682	170	19	3	5	8	12
	土木業	20716	1432	344	1088	55	34	23	31	10	94	41	123	194	17	25	23	5	386	20				3	4
	建築業	22267	2114	1128	986	80	83	30	38	12	62	16	70	107	16	25	33	4	371	34	1			4	3
	商業	1393	249	152	97	4	2	2			2	1	1	16	2	2	4		57	3	1				
	運輸業	16700	1811	1291	520	29	34	10	11	4	25	3	18	81	8	19	26	4	231	15					2
	雜業	51334	5434	4290	1144	59	85	34	21	7	95	13	88	160	12	18	62	18	438	27	1		3		3
山西	計	2276	211	2	209	7	17	2	5		2	4	4	24		1	2		136	2	1				2
	農牧業	126	10		10		1		2					2			1		4						
	林業	21	3		3						1		2												
	漁業	1																							
	鑛業	253	28		28		2					8							22	1					
	工業	1067	112		112	4	11	2	2					19		1	1		72						
	土木業	154	5		5								1						4						
	建築業	145	12		12	1			1					1					[illegible]						2

離滿、鄉產別(1)

西	商業	[illegible]	[illegible]																						
	運輸業	54	8								1								7						
	雜業	277	24	2	22	2	3					1	1	2					12	1					
河南	計	2513	246	5	241	8	14	10	7	12	30	5	4	17	2	4	1	1	106	12	2				1
	農牧業	164	10		10			2		2				1					3	1					
	林業	43	2		2									1		1									
	漁業																								
	鑛業	230	39		39		1					1		1	2	1			29	4					
	工業	919	74		74	6	10	6	3		3	1	2	8		1	1	1	30	1	1				
	土木業	578	50		50	1				10	27	1	3	1					7						
	建築業	162	7		7				1			1		1					3	1					
	商業	79	10		10						1			2					6	1					
	運輸業	64	8	3	5		1				1					1			2						
	雜業	468	46	2	44	1	2	2	3			1	2	2					26	4	1				1
江蘇	計	1051	63	13	50	1	2	2		3		5		4					30	2					
	農牧業	62	4		4							1		1					1	1					
	林業	7	2		2		2																		
	漁業																								
	鑛業	240	1		21							4		1					16						
	工業	122	10		10	1		2						1					5	1					
	土木業	427	8	3	5					3				1					1						1
	建築業	50	4		4														3						
	商業	2																							
	運輸業	52	3	2	1														1						
	雜業	89	11	8	3														3						
安徽	計	236	19		19			1		1		3			1	1	2	1	8		1				
	農牧業	4	1		1			1																	
	林業	2																							
	漁業																								
	鑛業	61	9		9					1		2						1	5						
	工業	50	5		5										1	1			2		1				
	土木業	77																							
	建築業	21	1		1												1								
	商業	1																							
	運輸業	7																							
	雜業	13	3		3							1					1		1						1
其他	計	82	23	9	14	1										2			9	1					
	農牧業																								
	林業																								
	漁業																								
	鑛業	9	5		5											2			2	1					
	工業	47	10	3	7	1													6						
	土木業	[illegible]																							
	建築業	1																							
	商業	2																							
	運輸業	5	[illegible]	2																					1
	雜業	[illegible]																							

三、劳工反抗与日伪镇压

齐齐哈尔宪兵队长饭岛满治、日本关东宪兵队司令官岩佐禄郎关于扎兰屯日本工业会社雇佣苦力逃跑的报告（通牒）（一九三五年五月）

齐齐哈尔宪兵队长饭岛满治致日本关东宪兵队司令官岩佐禄郎的报告（通牒）（一九三五年五月十六日）

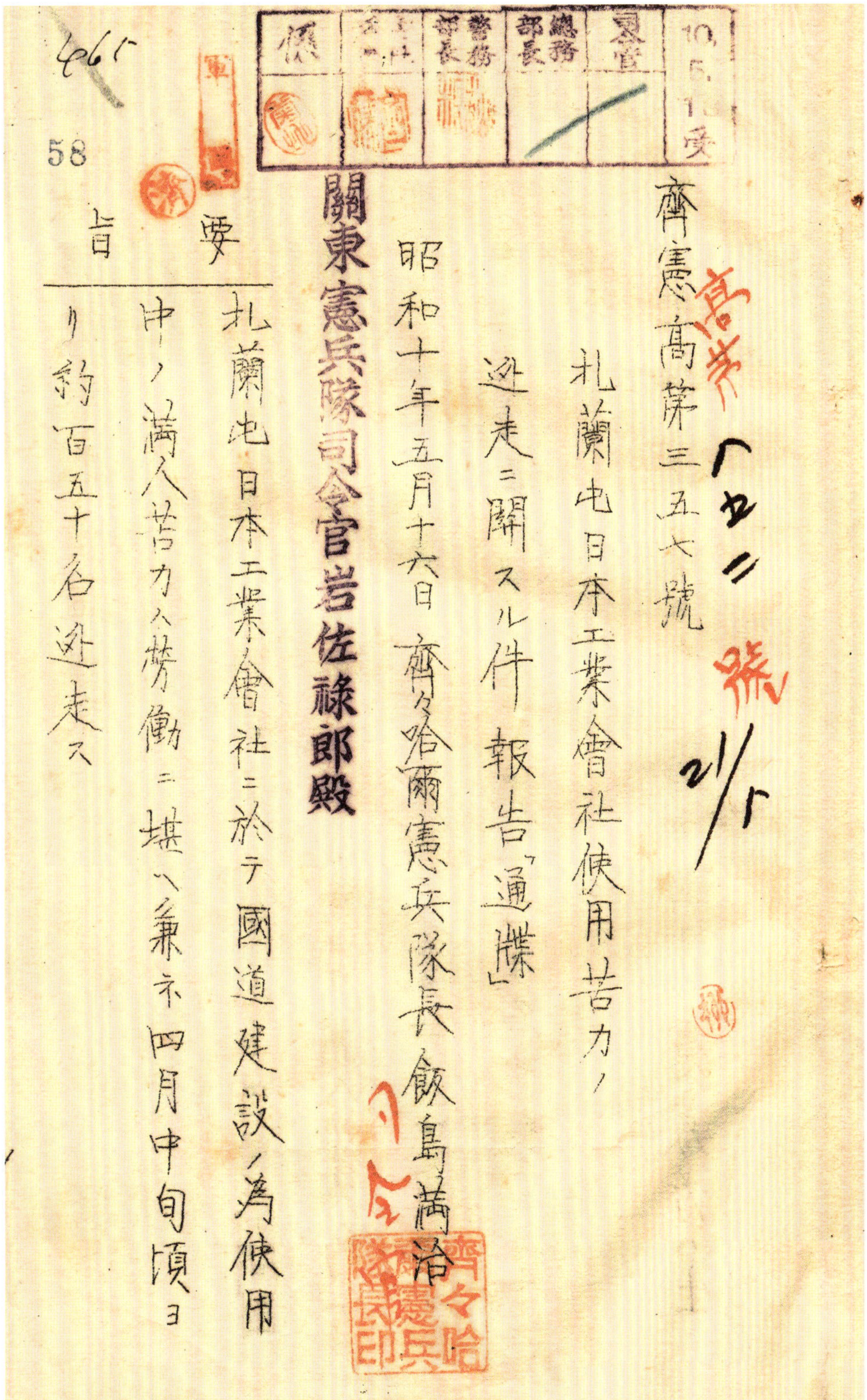

10.5.1?受

齊憲高第三五七號

高秀八五二號 21/5

扎蘭屯日本工業會社使用苦力ノ逃走ニ關スル件報告「通牒」

昭和十年五月十六日　齊々哈爾憲兵隊長　飯島満治

關東憲兵隊司令官岩佐祿郎殿

要旨

扎蘭屯日本工業會社ニ於テ國道建設ノ為使用中ノ満人苦力ハ勞働ニ堪ヘ兼ネ四月中旬頃ヨリ約百五十名逃走ス

状況左記報告「通牒」ス

左記

扎蘭屯日本工業會社ニ於テハ扎蘭屯ー巴里木間國道建設ノ為メ天津及龍江省方面ヨリ満人苦力約一千名ヲ募集之カ建設ニ從事中ナルカ四月中旬頃ヨリ龍江省方面ヨリノ應募者三百五十名中約百五十名逃亡セリ

其原因詳カナラサルモ龍江省方面ヨリノ應募者ハ生

466

59

活程度高ク且ツ苦力ニ經驗ナク勞働ニ堪ヘサル
ニヨルモノヽ如シ
從來日本人請負業者中使用苦力ニ對スル賃金不
拂ノモノ多キ狀況ニ鑑ミ前記苦力ノ逃亡カ賃金不
拂ニ基因スルカ如キコトアラハ日滿親善上悪影響ヲ
及ホシ將又北鉄接收直後ナル關係上蘇聯側ニ
乘セラルヽ恐ナシトセス嚴重原因調査中（了）
發送先 隊司、一六師參、齊特機、三独司、隊下丙

齐齐哈尔宪兵队长饭岛满治致日本关东宪兵队司令官岩佐禄郎的报告（通牒）（一九三五年五月三十日）

10.6.1受	司令官	總務部長	警務部長	主任將校	係

齊憲高第四〇八號

札蘭屯日本工業會社使用苦力逃走ニ關スル件報告「通牒」

（五月十六日齊憲高第三五七號參照）

昭和十年五月三十日

齊々哈爾憲兵隊長 飯島満治

關東憲兵隊司令官岩佐祿郎殿

要旨

當邇會社ニ於テ札蘭屯—巴里木間ノ國道建設ニ使用中ノ満人（天津ヨリ募集セルモノ）苦力三十六名ハ五月二十七日午後一時苦力小屋ヲ燒却

ノ上逃走セリ

其ノ状況左記報告ニ通牒ス

左記

札蘭屯日本工業會社ニ於テハ札蘭屯－巴里木間ノ國道建設ノ為メ天津及龍江方面ヨリ満人苦力約千名ヲ募集是カ建設ニ從事中四月中旬頃ヨリ龍江方面ヨリ應募者三百五十名中約百五十名逃走シタル件既報ノ處更ニ五月二十七日午前一時頃天津方面ヨリ募集セル苦力三十六名ハ

464

57

苦力小屋ヲ燒却ノ上逃走シ匪賊ト合流スルヤモ計リ難キ旨工事現場監督ヨリ會社札蘭屯出張所宛通報シ來リタルヲ以テ是カ逃走ノ原因及逃走先等ニ付キ各關係機關ト連絡嚴重調查中ナリ

（了）

發送先

隊司、哈憲、寫隊下西

之

新京宪兵队长马场龟格关于索温线铁路工程苦力逃跑致日本关东宪兵队司令官岩佐禄郎的报告

（一九三五年六月二十六日）

136

新憲警第四二一號

索温線鐵道工事從業苦力ノ逃走

ニ關スル件報告

昭和十年六月二十六日

新京憲兵隊長馬場亀格

關東憲兵隊司令官岩佐祿郎殿

要旨

六月十四日未明索温線牛分台鉄道建設工事請負吉川組使用苦力九十一名ハ現場警備用洋砲三ヲ窃取附近山中ニ逃走シ党共匪化スル虞アルヲ以テ日滿憲警協力搜查並ニ匪行警防中ナリ

状況左記報告ス

左記

一、逃走ノ日時場所

昭和十年六月十四日午前三時頃
索温線鉄道建設工事請負吉川組牛分台現
場

二、逃走人員
九十一名

三、逃走ニ至リタル経緯
吉川組苦力ハ本年四月白城子附近ニ於テ當初四百名募集シタルモノナルカ一般ニ素質悪ク募集地ヨリ工事現場ヘノ輸送途中既ニ二十三名逃走シ爾後更ニ相次テ逃走者續出セル為メ残存苦力ノ労役従テ過重トナリタルト加之労銀ハ立替旅費トシテ差引カレ而モ未タ一人平均約五円ノ負債アルタメ現業ヲ嫌忌シ逃走シタルモノ

昭和八・二京都KK納

653

ト認メラル

四、逃走後ノ狀況

逃走ニ當リ現場警備用洋砲三及寢具等ヲ窃取携帶シ而モ多人数ナルタメ党共匪化スル虞アリ

尚残存者約四十名ナルモ逃走ノ氣配アルヲ窺知セラル、ヲ以テ嚴ニ監視警戒中ナリ

五、憲兵ノ處置

届出ニ依リ索倫憲兵分駐所ハ日満警務機関ヲ區署指導シ逃走者ノ手配匪行防止ノ處置ヲ講スルト共ニ索倫地方臨時警務連絡会議ヲ開催吉川組其他工事請負責任者ヲシテ使役苦力ノ動靜ヲ内查監視セシメ且

主要箇所ニ監視員ヲ立哨セシメテ逃走者ノ
發見ト逦行警戒ニ努メツヽアリ

（了）

發送先
隊司

昭和八・二京都KK納

山海关宪兵分队长岸武夫关于秦皇岛东矿务局因解雇高龄工人引起大罢工致日本关东宪兵队司令官的报告（通牒）

（一九三六年一月三十日）

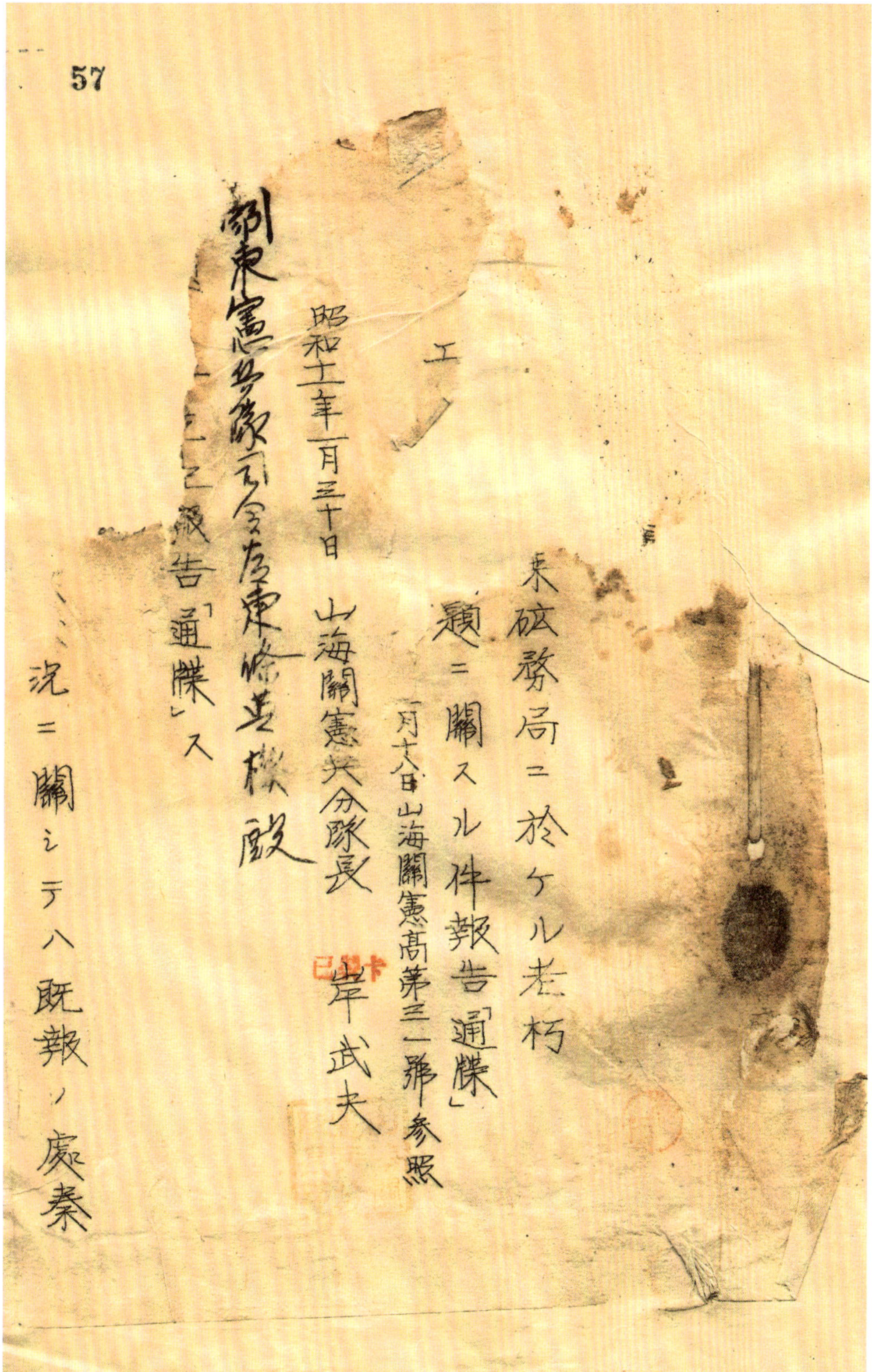

57

…東砿務局ニ於ケル老朽工人…

…ニ關スル件報告「通牒」

一月十八日山海關憲高第三一號參照

昭和十一年一月三十日　山海關憲兵分隊長　岸武夫

關東憲兵隊司令官　東條英機殿

…ニ…ニ[illegible]報告「通牒」ス

…況ニ關シテハ既報ノ處秦…

砿務局ニ於テハ経費節減ノ為メ
馘首ヲ企圖シ近ク實行ノ豫定
[illegible]
職手當等要求スヘク一月二十
ハ同砿務局経理ナルトント會
日砿務局側ハ退職手當一ヶ月
シ工人側ハ六ヶ月分ヲ要求シ
見ス結局砿務側ハ天達總局
ルコト、セリ

[illegible]トセルモ要求額ノ獲得ヲ
區工人ト提携シ團結ヲ強化
主ガス
準備中ナリ
尚亦交渉ノ如何ニヨリテハ總罷業ニ移行
スヘク企圖シアリ

一　砿務局側

砿務局ニ於テハ經費節減ノ爲
首[illegible]人ノ件既報ノ處二月一日
實行スルコト、シ目職首工人ニ

58

[illegible]ルニ其旨達シテアルモノヽ如ク
關シテハ給料ノ二ケ月分支給
[illegible]スルニ及ハストノ両説アリテ未
タ決定スルニ至ラス

2、砿務局経理チルトンハ一月二十七日開灤秦皇島工人會
幹部劉擇[illegible]張春和ノ両名ト会見シ工人
シ次ノ如ク回答セリ
ケ月分支給
ヽ今回ノミ支給シ今後ハ絶

二月一日實施ス

コノ[illegible]強硬ナル要求ニ接シタルト

ソハ自己一存ニテハ決定シ難キヲ以テ天

津總局ニ申請ノ上善處スル旨回答シ一先

交渉ヲ中止セリ

二二八幹部集合協議ノ結果左

項ヲ決議シ礦務局ニ交渉スル豫

59

、月給ノ六ケ月分支給スルコト
依テ右要求ヲ容認セサル場合
ハ罷業決行シ礦務局ニ挑戦スルコト
商工会ニ於テハ同日林西、唐山、趙各荘、唐各
荘、各礦區工[illegible]部ニ對シ
ル六十才以上ノ老朽工人職
無
セハ如何ナル方法手段ヲ

採

トノ　　發セリ

乙、一月二十　開灤秦皇島工会幹部劉靜波

同張春和ノ両人ハチルトント会見席上砿

務局側ノ回答ヲ一蹴シ

(八)退職當ハ六ケ月分支給ヲ強調シ尚本

スル場合ト雖モ此ノ例ニ準ス

ノ子弟ニシテ就職可能ナルモ

用スルコト
處チルトン側天津總局ニ申請
旨ノ言質ヲ取リ一先交渉ヲ中
止セリ

3、罷業計畫

工人側ハ所期ノ目的ヲ達スル為メ砿務局
ノ出様ニ依リテハ他砿區工人ト提携シ且
必要ニ應シ同盟罷業ヲ敢行セントト企畫シ
居リ

十一月二十八日秦皇島工会秘書于澤

61

唐各莊、唐山等ニ派シ潜行的

工人側ニ於テハ日満國ノ北支進出ニ依リ開

灤ハ必スヤ悪影響ヲ受ケ将来共ニ工人ノ馘

首續出スルモノト想察シ此際馘首工人ノ為

ル可ク飽迄對抗スル決意ヲ有

如ク今後砿務局側ノ出様如何

13

ハ總罷業ニ進展スルニ非ラス
ル、ヲ以テ嚴ニ注意中

発送先 隊司[illegible]達 隊長、川岸、

孙吴宪兵队长和田昌雄关于军队雇用的满人苦力逃入苏联领地致日本关东宪兵队司令官田中静一的报告（通牒）

（一九三八年五月二日）

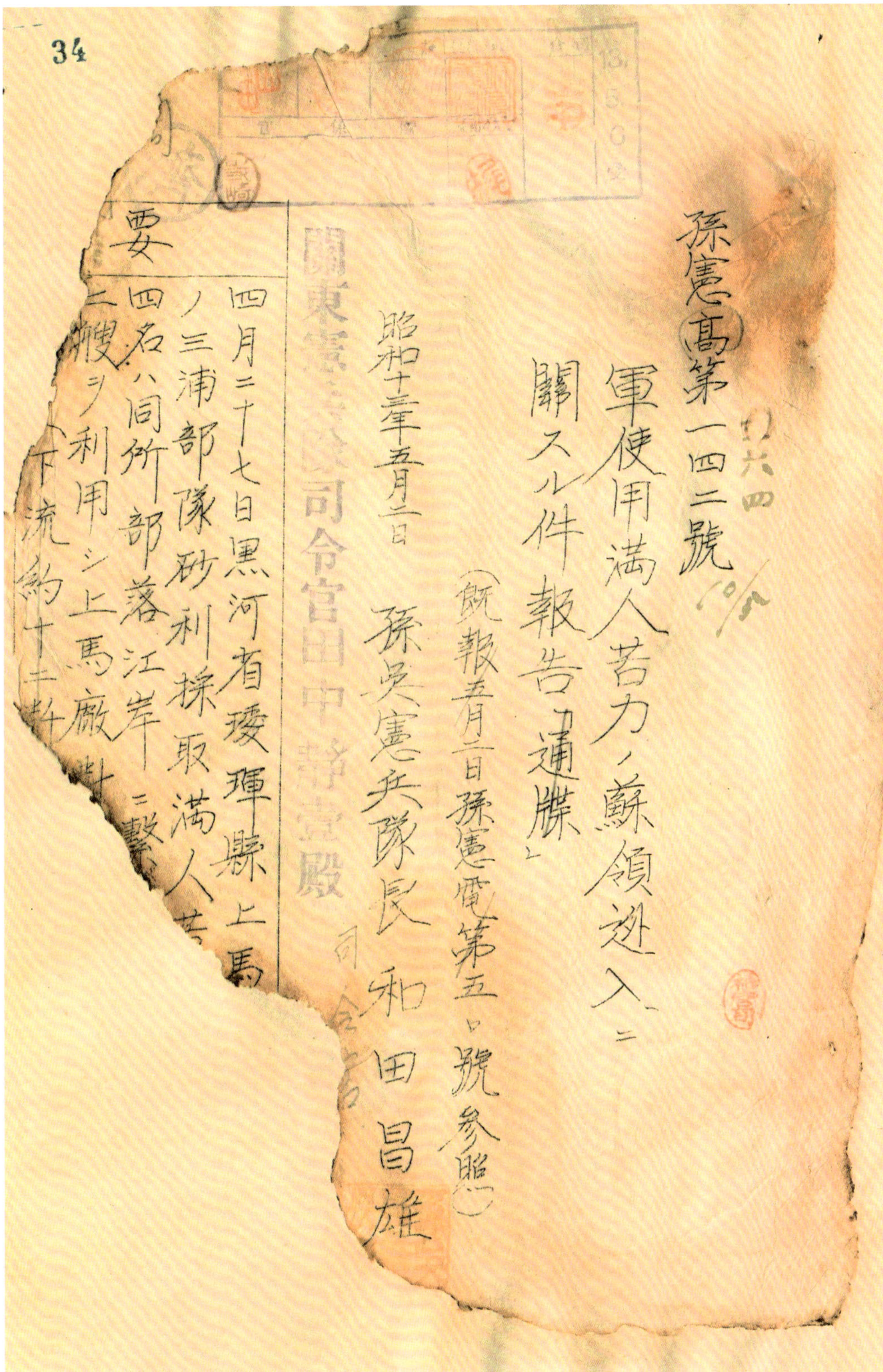
34

13.5.6 受

孫憲高第一四二號

軍使用満人苦力ノ蘇領逃入ニ
關スル件報告（通牒）

（既報五月一日孫憲電第五〇號參照）

昭和十三年五月二日 孫呉憲兵隊長 和田昌雄

關東憲兵隊司令官田中静壹殿

要旨

四月二十七日黒河省瑷琿縣上馬

ノ三浦部隊砂利採取満人苦

四名ハ同所部落江岸ニ繋

二艘ヲ利用シ上馬廠ヨ

（下流約十二粁

……隊ニ於テハ四日
……ノ憲兵ハ通報ニ依リ背カ
疑者及参考人五名ヲ留置シ
状況左記報告「通牒」ス

左記

一、逃走ノ日時場所

1、日時
昭和十三年四月二十七日午後十時頃

2、場所
於黒河省璦琿縣上馬廠部落ヨリ對岸

35

34

無住地帯（「イグナチエフスキー」下流約十二
粁ノ地点）

二、逃走者ノ本籍所属職業氏名年齢

本籍 河北省塩山縣山庄
住所 黒河省璦琿縣上馬廠義合祥内
大工 劉

本籍 河北省塩山縣
住所 右仝

苦力頭

本籍河北省塩山縣大庄
住所右仝
大工　胡國田
當二十二年

本籍河北省塩山縣董家庄
住所右仝
苦力　董長庚

本籍　河北省塩山縣大庄　當二十年

住所　右仝

苦力　胡鳳起　當二十二年

三、逃走ノ原因動機

關係者ト推定セラルル容疑者

ニシテ詳細判明セサルモ

[illegible]部隊馬夫王連存

ス絡アリト認メ
民ニ對シ蘇領ニ於ケル工作
價ニシテ一日三圓餘リ支拂ア
倚シ多数同志ヲ獲得蘇聯ニ逃
中偶々劉寶順及張福民ハ之ニ乘セラレ前
記逃走者及劉占元ヲ蘇聯ニ逃走セシメント
使嗾シ逃走當日ハ午後八時頃ヨリ劉寶順
及張福民ハ既逃走者ト共ニ上馬廠砂利採
取現場ニ於テ劉占元ニ逃走方ヲ慫慂セシニ

劉ハ反對意見ヲ表示スルニ至リタル爲逃走者
前記五名ハ之カ發覺ヲ虞レ同日午後十時現
場附近ニアリタル小船二艘ヲ利用對岸蘇領
ニ逃入セリ

四、逃走前ノ状況

逃走者劉寶順外四名ハ何レモ本
部隊工事開始ト共ニ天津ニ於テ
力募集ニ應シ渡滿來黒星河ニ來リ
[illegible]係取現場ニ於テ

此ヨリ部隊工事ニ従事シアリタル黒河市内ニヨリ蘇聯逃走ノ使嗾ヲ受ケ劉ト明ノ贊同ヲ得以来之等二名主体トノ獲得工作ヲ進捗セシメ（ニ狂奔中）逃走者劉寶順等ヲ懐柔シ引續キ四月二十四日劉占元ニ對シ砂利採取現場及宿舎等ニ於テ蘇領ヘ逃走ヲ慫慂シ居タルモノナリ

五、蘇聯逃入當時ノ状況

人逃走者劉寶順及逃走未遂者劉占元等
ハ四月二十七日通常ノ裝ヒ早朝ヨリ上馬廠
江岸三浦部隊砂利採取現場及工事場ニ
於テ稼働シアリタル處同日午後八時頃大
工劉寶順外一名ハ工事現場ヨリ引揚砂利採
取現場ニ到リ逃走未遂者劉
ヲ使嗾シタルモ劉ハ反對意見
場ヨリ上馬廠部落ニ
(衣)所ニ同事務所ニ

[illegible]劉寶順外四
場ニ於テ何レカニ逃走セ
云々ノ旨ヲ傳ヘシカ日人亀井
走ニ關シテハ豫想セス彼等五々
策スルモ身分證明書等携行シアラサリシ
ヲ以テ逃走不能ナリト思料シ其儘何等
意ニ止メス放置シアリタリ
2 而シテ小苦力頭王麟閣ハ午後十時頃夜
食事ニ至ルモ前記逃走者五名ハ飯完セ

サルヲ以テ棧査ノ爲砂利採取現場ニ赴キ
タル處同採取現場ヨリ約二百米上流（逃
走現場ト認メラルル地点）ニ張福明一名
アリテ他ノ四名ハ目認セサリシカ王麟閣ハ
彼ニ對シ飯完セサリシ理由ヲ詰問セルニ
張福民ハ手斧ヲ所持シ「汝
等ノ逃走ヲ報告スルトセハ殺
セルニ依リ王麟閣ハ砂利
後無断就寢シ

至リ大苦力頭ニ

七、捜査状況

カ逃走セル事實ヲ告ケシ
力頭張某ハ直チニ三浦部隊西
命スルト同時ニ上馬廠警察
ニ届出タル後引續キ部落附近ヲ捜査中
部落民中ヨリ自己所有ノ小舟紛失セ
リト申告セルモノ二名アリタルヲ以テ直チニ
江岸ヲ捜索シタルモ發見スルニ至ラス

八、関係者本籍住所職業氏名年令

九、逃走者背後關係ノ状況

40

背後關係者ハ目下取調中ニシテ詳細判
明セサルモ馬夫王連奇ハ露西亜革命當時
在露シ其後末黒荷馬車業ニ從事今回三
浦部隊苦力供給者義合祥ニ雇傭セラ
レタルモノニシテ之カ背後ニハ蘇聯側諜報網
密偵トシテ何等カノ關係アリト
（工作系統別紙參

七 其他參考事項
關係容疑者又

一、[illegible]名、年齡等次ノ如

1、容疑者

住所　黑河省黑河市八道[illegible]

馬夫　王　當五十年

本籍　河北省倉縣馬連庄

小苦力頭　劉占元　當三十年

2、參考人

本籍 河北省塩山縣秦化

帳場 王 麟閣

當二十二年

本籍 河北省倉縣朶児匡

苦力 王 玉山

當三

本籍 河北省倉縣鄗村

馬車夫

後ノ狀況
四月二十八日黒河省上馬
部隊成瀬中尉ノ提報ニ依
於テ認メサリシ小舟二艘ハ上馬向
ト思料セラルル地点ヨリ下流約二千米ノ對
岸ニ繋留セラレアルヲ現認セリト

八、憲兵ノ處置處見
狀況次上ノ如ク背後關係容疑者ハ黒河分
隊ニ於テ取調中ニシテ目下ノ處詳細判

明セサルモ本件取調ノ如何ニ依リテハ或ハ他ニモ相當背後關係者アリト思料セラルルヲ以テ三浦部隊配屬憲兵ト協力引續キ之カ背後關係ノ究明ニ努メアリ

發送先

關司、關各隊、独立分隊

河村部隊参謀長

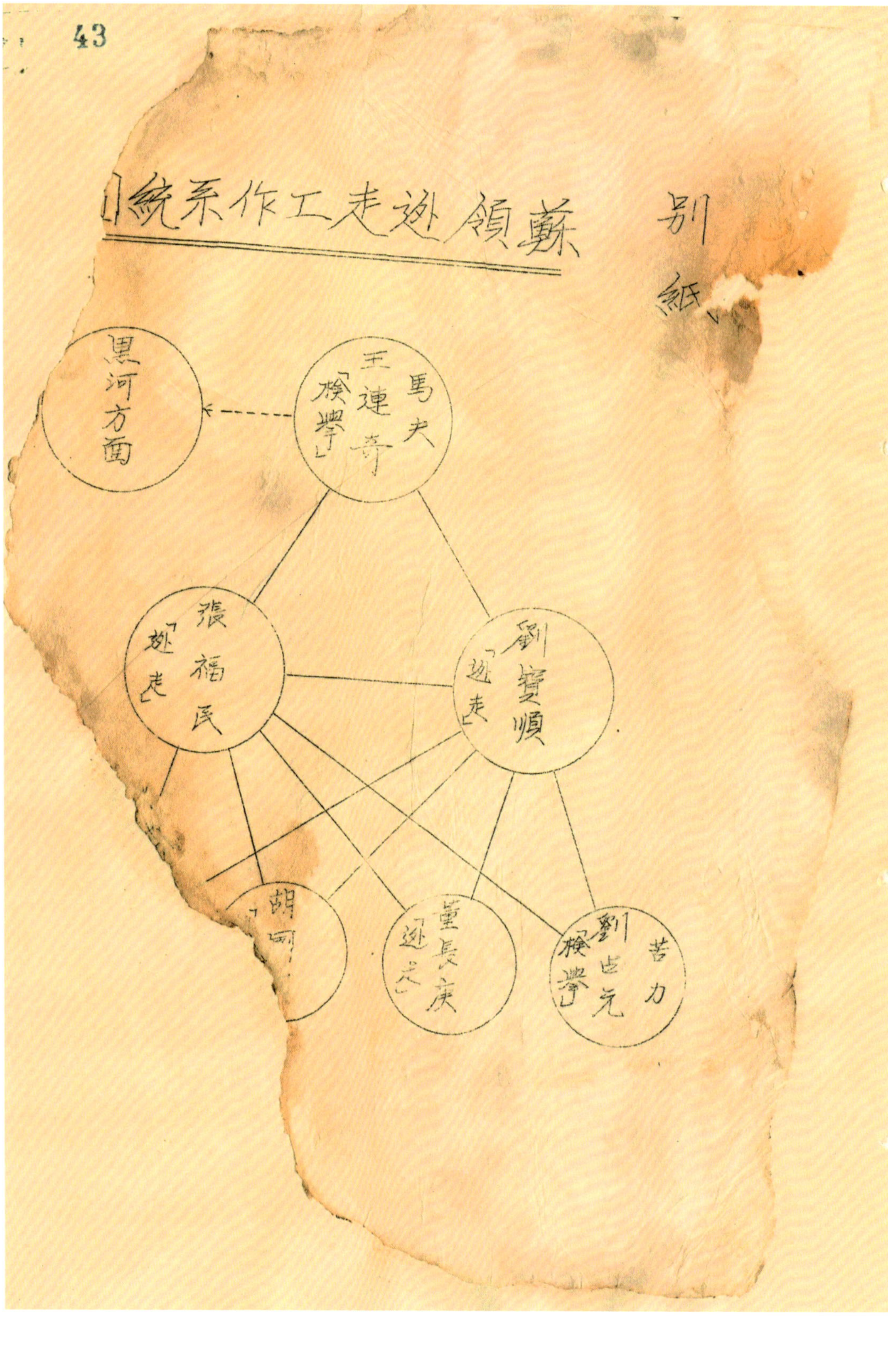

附：逃往苏联领地的人物关系图

伪满采金株式会社理事长草间秀雄关于伪黑河省瑷珲县达音河采金苦力「叛乱」事件致宪兵队长的报告

（一九三八年六月十一日）

88

滿洲採金株式會社

[illegible]年六月十一日

滿洲採金株式[illegible]

理事長　草間秀雄

憲兵隊長殿

達音河採金苦力叛亂事件報告

黑河省瑷琿縣達音河叛亂事件ニ關シ別紙[illegible]ノ通報告ス

89

滿洲採金株式會社

一、 康德五年六月八日午前九時三十分

一、 黑河省璦琿縣達音河

一、 者 採金苦力鮮人五名、滿人拾名計拾五名

一、 物資 小銃三挺、拳銃二挺、彈藥百五拾發其ノ他現金物資若干

一、處置 事件發生ト同時ニ弊社日人職員他數名現場ニ急行現地警官ト協力追擊セシモ既ニ該叛亂部隊ハ蘇聯ヘ逃亡シタル爲空シクモ一應遺骸護衛ノ上[illegible]集ス

尚目下現場ノ治安維持ニ任ズ

電報寫シ

一、六月八日入電（黑河發）

達音河採金苦力約一五名永江屬員ヲ射殺逃亡ス數名現場ヘ急行セシ

日

事件情報」一、反亂逃亡セル者採金苦力滿人一

大

」

奪セル物小銃三、拳銃二、彈藥百五拾發現金物資若干ナリ

機（一）ヲ有スル縣公署ヨリノ討伐隊八日午前十一時モータ

ボートニテ中村職員ト同道セルモ既ニ反亂苦力ハ張地營子上

流約四五支里ノ地點ヨリ帆船（船員十三名セ）ヲ掠奪蘇聯ヘ逃

亡セシ後ニテ空シク黑河ニ引上ゲリ

以　上

齐齐哈尔宪兵队长星实敏关于缉捕逃跑苦力致日本关东宪兵队司令官城仓义卫的报告（通牒）（一九三九年七月十七日）

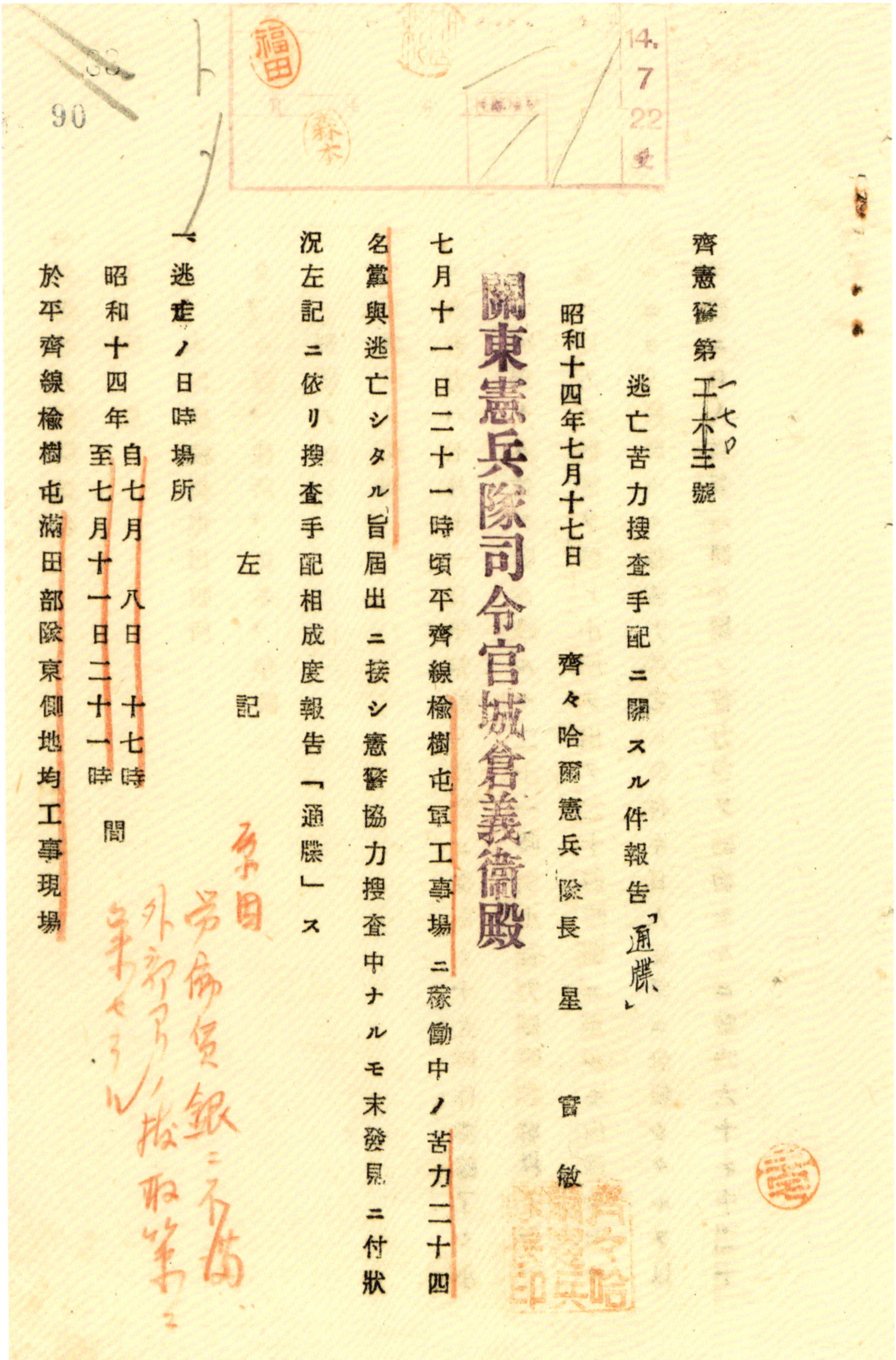

齊憲警第一七〇號

逃亡苦力捜査手配ニ關スル件報告「通牒」

昭和十四年七月十七日

齊々哈爾憲兵隊長　星　實敏

關東憲兵隊司令官城倉義衛殿

七月十一日二十一時頃平齊線楡樹屯軍工事場ニ稼働中ノ苦力二十四名黨與逃亡シタル旨届出ニ接シ憲警協力捜査中ナルモ未發見ニ付狀況左記ニ依リ捜査手配相成度報告「通牒」ス

左記

一、逃走ノ日時場所

昭和十四年自七月八日十七時至七月十一日二十一時間

於平齊線楡樹屯滿田部隊京側地均工事現場

二、逃走者ノ所屬氏名

1、所屬

大同組楡樹屯出張所

2、本籍、住所、氏名、年齢

別紙ノ如シ

三、逃走當時ノ狀況

逃走苦力ハ七月十一日平常通リ作業ニ從事シ十九時作業終了シ小屋ニ引揚ケ夕食ヲ喫シ終ルヤ二十一時頃小苦力頭關德祥以下十二名ハ附近ノ散策ヲ裝ヒ小屋ヲ出テ二十四時頃ニ至ルモ尙歸舍セサルニヨリ同居セル他苦力等之ニ氣付キ日人監督ニ急報シタルヲ以テ直ニ日人監督ハ同小屋ノ苦力數ヲ點檢セルニ當時六十名中二十

91

四名不在シアルヲ發見調査ノ結果其半數ハ八日以來逃走シタルコト判明セリ依ツテ大同組ニ於テハ附近一帶ヲ限ナク搜査セルモ遂ニ發見シ得サリシニ依リ七月十二日憲兵ニ屆出タルモノナリ

四、逃走ノ原因

該苦力ハ何レモ奉天市内ニ於テ募集セラレ七月七日楡樹屯ニ到着セルモノナルカ賃金ノ不滿ヨリ七月八日以來二名乃至三名宛逃走シアリ十一日二十時頃氏名不明ノ滿人一來リ四拾圓ヲ持參シ小苦力頭闞德祥ニ前渡セルヤ其夜ヲ期シ小苦力頭以下十二名ハ計畫的ニ逃走シタルモノナリ

五、其他參考事項

1、逃走セル苦力ハ左腕ニ大同組ト靑印セル白布ヲ附シ何レモ身

分證明書並ニ勞工協會發行ノ勞働票ヲ所持シアラス

六、憲兵ノ處置

憲兵ハ現場員ヨリノ屆出ニ接スルヤ之カ原因ヲ究明シ大同組責任者ヲ出頭セシメ日人監督大苦力頭等ノ監視不充分ナリシ結果ヲ說示シ苦力引拔ノ策動分子並ニ同業者ノ不良日人苦力供給者ノ仕業ニ非スヤトノ見地ヨリ內査スルト共ニ在昂警務機關ニ手配搜查中ナルモ未發見ナリ

（了）

發送先

關司、關各隊、警務廳、警護本隊

隊下乙

附：逃跑苦力名簿

92

逃走苦力連名簿

氏名	年齢	原籍亦ハ住所
○關德祥	二八	奉天省遼陽縣黃堡
李潤書	二八	錦洲省錦西縣本市
吳鳳山	二五	河北省大成縣本國莊
王秀九	二五	蓋平縣二台子
武林華	二四	山西省開區縣保莊
品長清	二四	河北省欒縣品家屯
干　良	二六	熱河省永德縣刘限子
徐王積	二六	河北省欒雷莊
夏德臣	三一	河北省青縣石各莊
李海喜	二六	奉天省本溪縣大胡台
龐樹生	二五	河北省東光縣泰村街
王恩陰	二五	奉天省蓋平縣進池
關安祿	二八	山西省　縣五家莊

張餘良	二一	山東省義洲縣東市莊
張冠榮	三一	河北青縣架記鎮
王玉桐	三一	河京縣市
莊守貴	三九	奉天省遼中縣莊泉堂楓
何國參	五三	奉天省新民縣大民屯
吳古良	二八	河北省青龍縣燒鍋張
吳雲昌	三五	熱河省見昌縣黃張子
張敬泉	二三	奉天省瀋陽縣本市
張萃昌	二四	山東省彊清洲市
納穆易	二五	登洲府遼陽縣良莊
刘亞宜	一九	錦洲省義縣本街

備考

○印ハ小苦力頭ナリ

海拉尔宪兵队长安藤次郎关于通缉从特设军事工地逃跑转佣苦力致日本关东宪兵队司令官城仓义卫的报告（通牒）（一九三九年八月十二日）

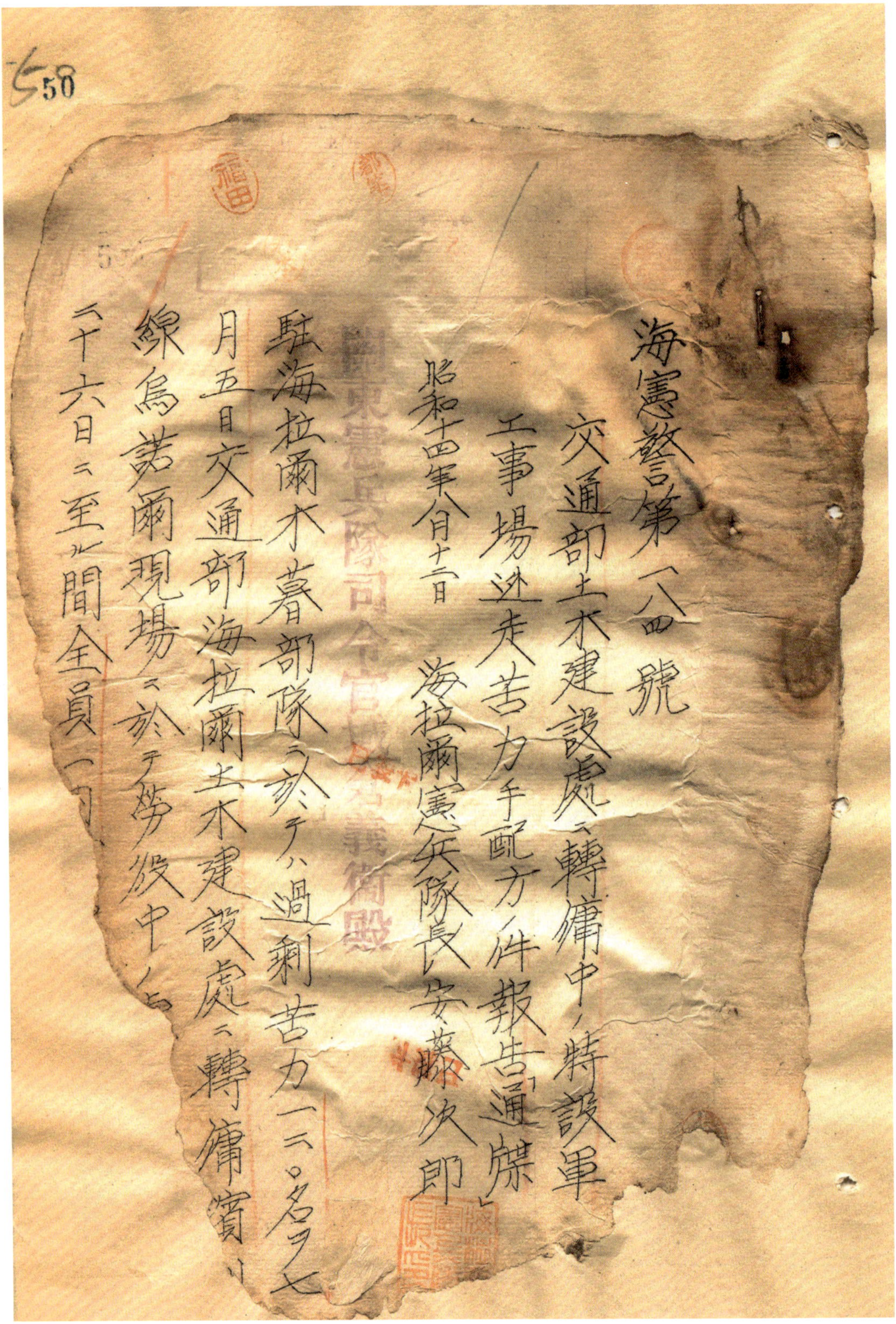
58

海憲警第一八四號

交通部土木建設處ニ轉傭中ノ特設軍
工事場逃走苦力手配方ノ件報告（通牒）

昭和十四年八月十二日　海拉爾憲兵隊長　安藤次郎

關東憲兵隊司令官　城倉義衛殿

駐海拉爾木暮部隊ニ於テハ過剰苦力一一〇名ヲ七
月五日交通部海拉爾土木建設處ニ轉傭濱
線烏諾爾現場ニ於テ勞役中ノ處
二十六日ニ至ル間全員一〇

首部隊[illegible]

就捕ニ付左記ニ依リ捜査手配ナ[illegible]

牒ス

左　記

一、逃走ノ日時場所

自昭和十四年七月八日
至同　七月廿六日　間

於濱洲線烏諾爾驛南方一二粁作業場

二、逃走者ノ本籍、現住所、職業、氏名、年令

別紙ノ通リ

三、逃走ノ原因動機

逃走者ノ言ニ依レハ交通部ノ工事ハ請負仕ニナル關係上相當劇働ナル反面給養不良或ハ日用必需品ノ不足等ニテ軍工事場ニ比シ著シク遜色アルニ不滿ヲ抱キタルニ因ル

四、逃走前後ノ状況

前記苦力等ハ本年四月本暮部隊ニ於テ熱河省勞工協會支部ノ[illegible]ニ[illegible]集シタルモノニシテ軍工事[illegible]

好ニシテ一名ハ
ノ竣工ニ伴ヒ苦力ノ過剰ニ
他面海拉爾地方ハ苦力著シク不ノ
海拉爾土木建設處ノ豫定工事着工出來
サル現況ナリシヲ以テ交通部ヨリ之カ轉傭方
願出アリタル結果關係機關ト協議ノ上七月
五日轉傭シタルモノナリ
而シテ之等苦力ハ現地工事現場ニ到着
ルヤ七月八日四名同十一日五名同二十日二名等

52

次逃走シタル後残餘九十八名ハ二十六日夜
体ニテ逃走スルニ至レリ
五、交通部並木暮部隊ノ處置
交通部ニ於テハ逃走ヲ發見スルヤ直チニ轉
傭セラレタル木暮部隊ニ電報通報スル一方
現場附近ノ捜査ニ着手セリ又木暮部隊
ニ於テモ交通部ノ通牒ニ基キ直チニ濱州線
沿線各警務機關ニ手配スル
中ノ處八月十日烏若

名逮捕セル身ヲ

六、其他参考事項

1、逃走苦力ハ軍工事場ヨリ轉傭ノ際

着タル竹中組ハ集團旅行證明書ヲ以テ

現地ニ赴カシメタル關係上各人ハ何等證明

書ヲ所持シアラス

2、興安北省管内ハ目下苦力拂底シアル

之等逃走苦力ハ他ノ現場ニ勞働シノツ

アルヤモ計リ知レスト思料セラル

七、憲兵ノ処置

憲兵ハ木暮部隊配属憲兵及各警務関ト協力捜査ニ努ムル一方時局柄或ハ工聯工作員等ノ煽動アルニアラサルヤトモ思料セラルルヲ以テ之カ原因究明中ナリ

八、所見

本件逃走苦力ハ三ケ月間特殊軍工事場ニ労働セシメタルモノニシテ防諜上注

勿論斯種軍工事ニ在ハ

其儘放置

以テ逮捕セハ軍ノ威ヲ失ス

ヲ要スルモノト信ス

發送先

關司、関憲隊、寫隊、隊下乙

附：逃跑苦力名簿

54

518

別紙

本籍地現住所	職業	氏名	年令	備考
熱河省青龍縣八道河村 烏奴耳交通部作業現場	苦力	陳宝田	三〇	逃七月日十[illegible] 手十六日覚[illegible]
″ ″	″	張閣悦	二九	
″ ″	″	朱萬福	四一	七月八日逃亡
″ ″	″	高宗益	二七	
″ ″	″	趙秉政	三六	
″ ″	″	李占	四〇	七月八日逃亡
″ ″	″	董云芝	三四	
″ ″	″	張海富	四七	七月八日逃亡
″ ″	″	杜鄉	三七	
″ ″	″	周景青		
″ ″	″	耿宝		
″ ″	″	[illegible]		

〃	〃				
〃	〃				
〃	〃	〃	赵延		
〃	〃	〃	宗有	三	
〃 青龙村	〃	〃	萧忠林	二九	七月十二日逃亡
〃	〃	〃	萧庆存	二五	
〃	〃	〃	李春青	二四	
〃	〃	〃	刘水发	二四	
〃	〃	〃	邵印	二二	七月十二日逃亡
〃	〃	〃	邵弘	三〇	
〃	〃	〃	袁珍	五二	
〃	〃	〃	赵永棠	三二	
〃 [illegible]	〃	〃	袁瑞生	三八	
〃	〃	〃	袁国辉	一六	

55

〃	〃	〃	禇恩	二[illegible]	
热河省青龙县板城村	〃	〃	刘成	一六	
	〃	〃	張福	五二	
		〃	何樹存	一六	
八道河子村	〃	〃	邵占忠	二〇	
〃	〃	〃	寧魁	二四	七月十一日逃亡
〃	〃	〃	王明	三三	
〃	〃	〃	杜成怀	四〇	
〃	〃	〃	姚起	三二	
板道营子村	〃	苦力頭	王樹林	四〇	
〃	〃	苦力	張永存	二七	
〃	〃	〃	王[illegible]		
〃	〃	〃	刘[illegible]		
〃	〃				

〃	〃				
〃	〃				
〃	〃	〃	張俊		
〃	〃	〃	陳景滿		
〃	〃	〃	宗祥	一八	
〃	〃	〃	張德	三六	
〃	〃	〃	李國才	二七	
〃	〃	〃	李占存	三九	七月二十日逃亡
〃	〃	〃	蘇景斌	三三	
〃 八道河子村	〃	〃	蘭周洞	三四	
〃	〃	〃	陳福良	三一	
〃	〃	〃	劉玉清	三七	
〃	〃	〃	蔣春	二六	
〃	〃	〃	胡永存	二〇	

56

56

〃 涼水河村	〃	〃	王守林	二七
〃	〃	〃	郭明海	二二
〃	〃	〃	趙連春	二六
〃	〃	〃	李平	三八
〃	〃	〃	唐傑	三四
〃	〃	〃	張玉珍	二一
〃	〃	〃	王印福	二四
〃	〃	〃	裴景春	二九
〃	〃	〃	張文學	二〇
〃	〃	〃	侯貴	二三
〃	〃	〃	張品	[illegible]
〃	〃	〃	張成	
〃	〃			
〃	〃			

〃	〃	〃	李蕙	[illegible]	
〃	〃	〃	晏宝珠	三[illegible]	
〃	〃	〃	李萬生	三口	
〃	〃	〃	段永	三三	
〃	〃	〃	周尚文	四口	
〃	〃	〃	候德山	四四	肯言日处之
〃	〃	〃	王沢	一八	
〃	〃	〃	郭凤林	三三	
〃	〃	〃	李成	二二	
〃	〃	〃	楊林	二六	
〃	〃	〃	邢合	一七	
〃	〃	〃	[illegible]連增	二五	

57

57

青龍村	〃	〃	尉青海	二[illegible]
〃	〃	〃	張輝海	五三
〃	〃	〃	刘俊和	二〇
〃	〃	〃	趙生	五一
〃	〃	〃	王樹閣	四六
〃	〃	苦力頭	王盛	五〇
〃	〃	苦力	丁祥	三三
〃	〃	〃	張益凌	五三
〃	〃	〃	宋彬	二一
〃	〃	〃	崇賢	三九
〃	〃	〃	白玉崑	三[illegible]
〃	〃	〃	王[illegible]	[illegible]
〃	〃		[illegible]	

〃					
〃	〃				
〃	〃	〃	馬盛		
〃	〃	〃	馬盛永		
〃	〃	〃	刘慶祥	二四	
〃 八道河子村	〃	苦力頭	杜鎮卿	三二	
〃	〃	苦力	山景祥	二八	八月十日畢逃捕入
〃	〃	〃	張成文	三一	
〃	〃	〃	趙來春	三七	
〃	〃	〃	刘存陽	二四	七月八日逃亡
〃	〃	〃	朱萬臨	三二	
〃 涼水河村	〃	苦力頭	王准	二九	
〃	〃	苦力	王殿貴	二九	
〃	〃	〃	韓风岐	三三	

日本关东宪兵队司令官原守关于德苏开战后军事工程等劳工逃跑及罢工状况致日本关东军司令部的报告（一九四一年八月十六日）

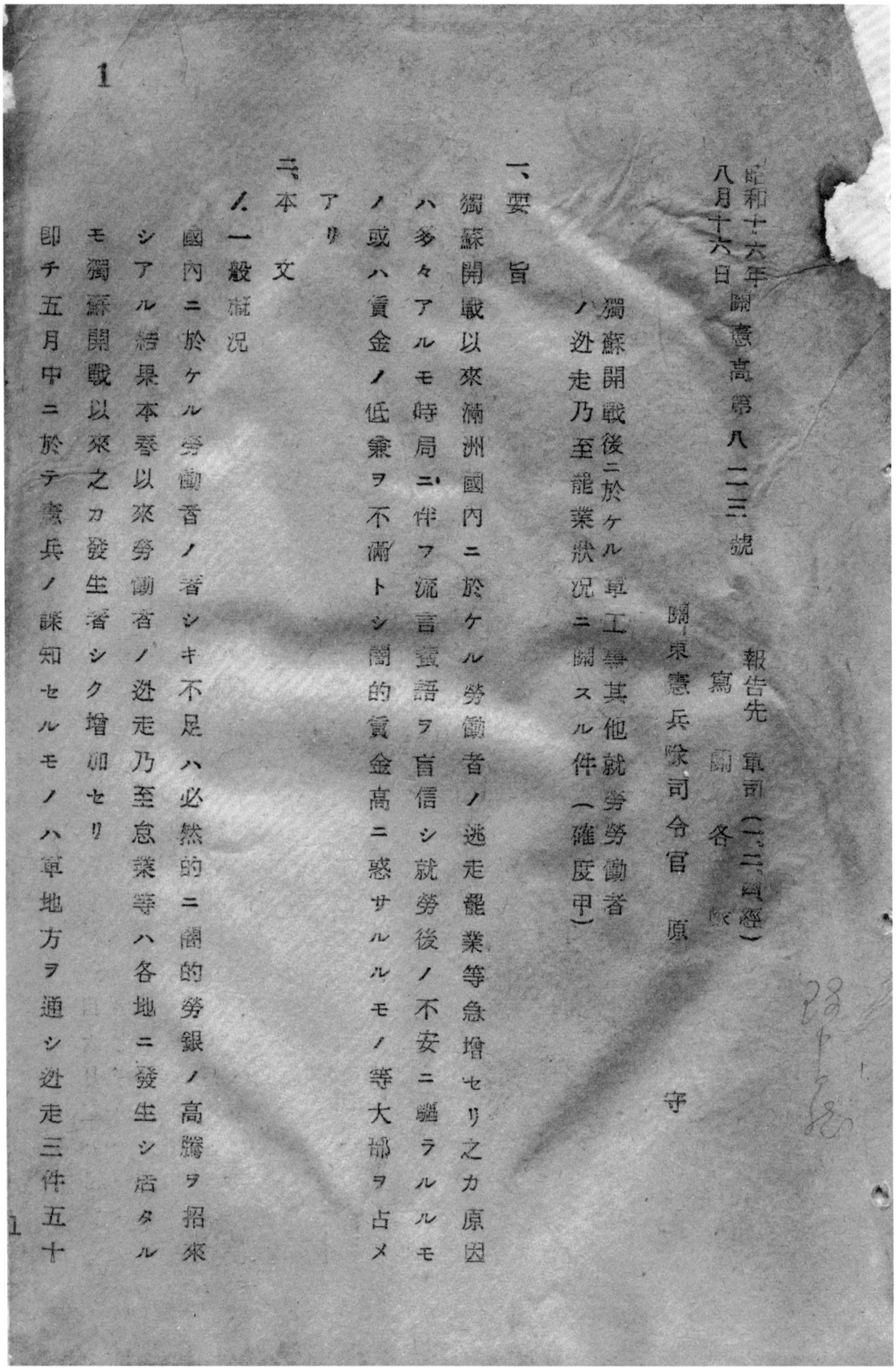

昭和十六年八月十六日 關憲高第八二三號

報告先 軍司（一、二、四經）

寫 關 各隊

關東憲兵隊司令官 原 守

獨蘇開戰後ニ於ケル軍工事其他就勞勞働者ノ逃走乃至罷業狀況ニ關スル件（確度甲）

一、要旨

獨蘇開戰以來滿洲國内ニ於ケル勞働者ノ逃走罷業等急增セリ之カ原因ハ多々アルモ時局ニ伴フ流言蜚語ヲ盲信シ就勞後ノ不安ニ驅ラルルモノ或ハ賃金ノ低廉ヲ不滿トシ闇的賃金高ニ惑サルルモノ等大部ヲ占メアリ

二、本文

1、一般概況

國内ニ於ケル勞働者ノ著シキ不足ハ必然的ニ闇的勞銀ノ高騰ヲ招來シアル結果本春以來勞働者ノ逃走乃至怠業等ハ各地ニ發生シ居タルモ獨蘇開戰以來之カ發生著シク增加セリ

即チ五月中ニ於テ憲兵ノ諜知セルモノハ軍地方ヲ通シ逃走三件五十

七名罷業二件一二七名ニ過キサリシカ獨蘇開戰後自六月二十二日至七月三十一日間ニ於テ發生セルモノ左表ノ如ク急増セリ

種別／區分	現地逃走 件數	現地逃走 人員	輸送中逃走 件數	輸送中逃走 人員	罷業 件數	罷業 人員	計 件數	計 人員
軍關係	二四	七五〇	八	一二一四	四	九二五	三六	二八八九
地方關係	八	一五四九			一〇	一六九四	一八	三二三九
計	三二	二二九九	八	一二一四	一四	二六一五	五四	六一二八

2. 原因

而シテ之カ原因ヲ檢討スルニ概ネ別紙第一ノ如クニシテ主ナルモノヲ擧クレハ左ノ如シ

軍關係

(1) 時局ニ伴ヒ多數ノ勞働者ヲ必要トスル爲一部ニ於テ半強制的募集アリタル結果前途不安ト軍關係就勞ヲ忌避ス

2

(2) 軍工事ノ中止ニ伴フ轉業ノ爲行先不明竝不安ニ驅ラル
(3) 時局ニ伴フ流言蜚語ヲ盲信前途不安ニ驅ラル
(4) 地方ノ闇勞銀ノ高騰ニ眩惑セラレ
(5) 募集條件ノ相違ニ對スル不滿

地方關係

(1) 募集條件ノ相違
(2) 賃金ノ値上要求
(3) 物資ノ配給不圓滑
(4) 軍苦力ニ募集セラルルヲ憂慮

3. 逃走罷業月日人員其他

別紙第二ノ如シ

三、所見

時局ノ進展ト共ニ益々多量ノ勞働力ヲ必要トスル時如斯勞働者ノ逃走乃至罷業ノ如キハ諸計畫ノ遂行ニ甚大ナル支障ヲ生スルノミナラス人心ニ動搖ヲ與ヘ社會不安ヲ助長シ且敵性第三國ニ乘セラルル虞アルヲ

2

以テ労働者募集並使用管理ニ適切ナル指導ト注意ヲ加ヘ以テ之カ警防ニ遺憾ナキヲ期スル要アリ

（了）

附一：劳工逃跑及罢工原因调查表（一九四一年六月二十二日至七月三十一日）

3

別紙第一

労働者ノ逃走罷業原因調

自六月二十二日
至七月三十一日

區分	原因別	現地逃走	輸送中逃走	罷業	計
軍關係	前借踏倒	六			六
	軍工事中止行先不明 軍工事就勞、時局 }不安	六	四		一〇
	强制募集强制就勞	三	四		七
	賃金安	九			九
	物資配給不良賃金未（不）拂	二	一		三
	感情問題（暴行ヲ受クル等）			二	二
	其他（疾病續發）	二			二

地方關係

募集條件ノ相違	四		三	七
賃金値上	二		五	七
物資配給不良賃金未（不）拂	二		一	三
華苦力募集ヲ憂慮	二			二
監督ニ不滿又ハ暴行ヲ受ク、			二	二
不安	一			一

備考　原因二以上アルモノハ各々原因別ニ計上セルヲ以テ發生件數トハ相違スルモノトス

附二：军用苦力逃跑及罢工调查表（一九四一年六月二十二日至七月三十一日）

4

別紙第二ノ一

軍關係苦力逃走罷業調

自 六月二十二日
至 七月三十一日

逃走區分	逃走月日 場所	數	募集地 就勞地	逃走概況	處置
現地	六、二四 穆稜	五	不明 穆稜	前借踏倒ヲ目的ニ逃走ス	
	六、二七 阿件線 伊爾瀬	三	北支 伊爾瀬	詳細不明ナルモ策動者アルモノゝ如シ（時局不安）	
	自六、二二 至七、二 富錦	三六	佳木斯 富錦	前借踏倒物資配給不良一般勞働者ノ賃銀高ニヨル	内六名發見責任者ニ引渡ス
	七、二 北安	一一	安東 北安	前借踏倒ノ目的ニテ逃走セルヲ七月十日哈爾濱ニテ逮捕ス	
	七、二 孫呉	二三	新京 孫呉	從前逃走者前借金ノ負擔ニ不滿ヲ招キ逃走ス	

七、一四 北安	八五	安東 北安	賃銀カ募集當時ノ條件ト相異アリトシ逃走ス
七、一〇 龍鎮	五八	齊々哈爾 龍鎮	疾病續發セルト收入過少ノタメ逃走ス
七、一〇 富錦	一〇	不明 富錦	前借踏倒ヲ目的ニ逃走ス
七、一三 穆稜	[illegible]九	牡丹江 穆稜	食糧被服ノ配給不良ニ不滿ヲ抱キ逃走ス
七、一四 山神府	七二	不明 山神府	賃金問題、募集條件不履行、疾病續發等ニ原因逃走ス
七、一五 神武屯	五	不明 神武屯	前借踏倒ヲ目的トス
七、一五 嫩江軍工事	五四	不明 神武屯	飛行場工事就勞苦力勞働ノ強制、流言等ニ原因逃走ス

3

現地

自七、九 至七、一六 平陽鎮	五七	鷄西附近平陽鎮	時局ニ伴フ工事ノ中止並收入減ヲ憂慮逃走ス	内一九名發見責任者ニ引渡ス
七、一七 佳木斯	九	不明 佳木斯	軍工事ノ中止ニヨル不安並收入減少セルタメ逃走ス	
七、一八 杏樹	三八	不明 杏樹	軍工事中止ニヨリ募集時ノ條件ヲ無視大工ヲ土工ニ使用セルタメ之ニ不滿逃走ス	
七、二〇 勃利縣青山堡	六〇	不明 青山堡	募集時ニ於ケル條件ト相違アリトシ逃走ス	
七、二一 龍鎮	五三	牡丹江 龍鎮	時局不安、強制募集、收入過少ヲ憂慮逃走	
七、二二 嫩江前官	七〇	不明 齋々哈爾	賃金問題流言等ニ原因逃走ス	
七、二四 山神府	一四	不明 奉天	賃金清算無キタメ不安ヲ抱キ逃走ス	

逃走			
七、二四 勃利	二一	不明 勃利	賃金ニ不滿ヲ持チ逃走ス
七、二七 適道	一六	不明 適道	工事材料ノ搬入杜絶シ工事ノ中止ト時局ニ伴フ不安ニ驅ラレ黨與逃走ス
七、三〇 哈爾濱	四〇	不明 哈爾濱	就勞忌避逃走ス
不明 兎渡河	五	不明 兎渡河	第一線ニ移送セラル云々ノ流言ニヨリ恐怖ヲ抱キ逃走ス

輸送途中逃走

六、二三 奉天 四平街	一〇六	不明 烏奴耳	强制募集ニ不満不安ヲ抱キ逃走ス	
六、二七 四平街	一〇	不明 阿爾山	行先不明ナルタメ之ヲ憂慮日人引率者ニ暴行逃走ス	背後關係取調中
六、二七 海拉爾	二一	吉林 不明	軍工事就勞ニ不安ヲ抱キ逃走ス	
七、一四 四平街	五八	奉天 阿爾山	浮浪者ヲ强制募集シタルタメ就勞ヲ嫌忌監視人ノ金品等ヲ窃取ノ上逃走ス	
七、一三 四平街	一八〇	昌圖 北滿	北滿行キヲ恐怖逃走ス	
七、一四 北安	七二	白城子 山神府	行先地不安賃銀不拂ヨリ逃走ス	
七、二八 錦州	七〇〇	錦州 不明	勞工協會ヨリ軍ニ引渡ス苦力ヲ募集中軍工事就勞ヲ忌避逃走ス	

七、二九 錦州	六七	錦州（不明）	募集中軍工事就勞ヲ忌避シ逃走ス	
罷業				
七、一〇 海拉爾	二五	現地	部隊滿露人馬車夫ハ一部ノ者カ部隊日人ヨリ毆打セラレタルニ憤慨罷業セルモ自ラ非ヲ悔ヒ陳謝ノ上翌日ヨリ就勞ス	部隊ニ於テ嚴重訓戒
七、一四 綏化	一五六	現地	飛行場苦力トシテ就勞中賃銀支拂條件相違アリトシ罷業スモ翌日ヨリ就勞ス	部隊ノ善處ニヨリ解決
七、一五 一六 龍江省鎭東	七〇〇	現地	組員ノ感情問題ヨリ不滿ヲ抱キ怠業ス	憲兵介在解決
七、一六 琿春縣春化村	四四	新京	應募當時ノ條件ト就勞後ノ賃金支拂不一致ニ原因罷業ス	

計　現地逃走　二四件　七五〇名

輸送中逃走　八件　一二一四名

罷業　四件　九二五名

附三：地方苦力逃跑调查表（一九四一年六月二十二日至七月三十一日）

別紙ノ第二ノ二

地方側苦力逃走調

自六月二十二日
至七月三十一日

逃走區分	逃走月日場所	數	募集地就勞地	概況	處置
現地逃走	七、三 瑷琿	七	不明 瑷琿	貸金低廉、募集條件ノ不履行ヨリ逃走ス	
	七、一〇 孫呉	一〇	不明 孫呉	右同	
	七、一一 瑷琿縣三吉屯	二四	不明	鐵道工事ニ就勞中募集條件相違ヨリ逃走ス	
	七、一九 黑嫩線依致哈	五七	白城子 依致哈	鐵道工事ニ就勞中募集條件ノ相違ト食糧不足ニ不滿ヲ抱キ逃走ス	
	七、二一 山神府附近	五四	不明	軍工事就勞中ヲ急激ニ鐵道工事ニ使用サレ不安ヲ抱キタルニヨリ逃走ス	

逃走			
七二八 錦州	六〇〇	不明 錦州	軍工事苦力ニ募集セラルルヲ憂慮逃走ス
〃	五九〇	〃	軍工事苦力ニ募集セラルルヲ嫌忌逃走ス
七三〇 右同	二〇七	敦化 山神府附近	給與關係ニ不滿ヲ抱キ逃走ス

8

罷

自六、二三 至六、二四 阜新	一四〇	現地	滿人經營窯業ニ就勞中雇主ノ口約不履行ナリトシ罷業スルモ業者ノ鎮撫ニヨリ二十五日ヨリ就勞ス
六、二四 阜新	三九	〃	右罷業ニ刺戟セラレ前記利由ヲ貫徹セントシ罷業ス
六、二四 齊々哈爾	八八	不明	驛積卸ニ就勞中賃金安シトシ之ニ不滿罷業セルカ其ノ後遂次歸來七月一日迄十九名ヲ除キ全員就勞ス
自六、二七 至六、二九 阜新	七一	現地	滿人經營窯業ニ就勞中工賃ノ決定並國外送金ニ對スル盡力ヲ爲サントシ罷業ス
六、二五 濱綏線牙不刀	三〇	現地 牙不力	物價高ヲ理由ニ賃金値上ヲ要求一日罷業ス
自七、二	六三	不明	日系洋服店ニ就勞中賃金値上ノ

至七、七			タメ罷業ス
業			
七、七二 新京	一〇〇〇	不明	賃金値上ヲ要求セルモ拒絶セラレ罷業セルカ首督ニ於テ就業スヘキ旨嚴達セル為目下遂次就業シツツアリ
七、一六 琿春縣	三〇	現地	賃金低廉ト日人監督ノ態度ニ不滿ヲ抱キ罷業シ他ニ轉職セリ
七、一七 公主嶺	一〇〇	不明 公主嶺	賃金不拂ノ遲延セルニ對シ即時支拂フヘシト半日罷業ス
不明	一三〇	不明 鞍山	一部勞働者カ同社守衛ニ毆打セラレ憤慨罷業スルモ會社側ノ善處ニヨリ就勞ス

計 現地逃走 八件 一五四九名
罷業 一〇件 一六九〇名

日本关东宪兵队司令官原守关于军队及地方劳工逃跑、罢工等状况及对策致日本关东军司令部的报告（一九四一年八月二十六日）

報告先　軍司（第一、二、四課）、關防司
寫發送先　關憲各隊

昭和十六年　關憲高第八五二號　關東憲兵隊司令官　原　守
八月二十六日

軍及地方關係勞働者逃走罷業等發生狀況並之カ對策ニ關スル件

一、一般概況

最近國內ニ於ケル勞働者ノ逃走乃至罷業等ハ各地ニ多發シ而モ漸增ノ傾向ニアリ

之カ原因ハ多々アルモ時局ニ伴フ流言、生必品配給ノ不良及賃銀ノ低廉軍工事就勞忌避不安或ハ日人ノ取扱乃至待遇不満強制就業嫌忌等ニ因ルモノ大部ヲ占メアリ

即チ自七月一日至八月二十日迄ノ間ニ於テ憲兵ノ諜知セルモノ左表ノ如ク其ノ內容別紙第一、二ノ如シ

區分　種別	逃走		罷業	
	件數	人員	件數	人員
賃金問題	一五	五三八		

軍關係	軍工事就勞忌避不安竝時局不安	一一	一、五八七		[illegible]
	流言生必品配給不良	二	六三		
	日人ノ取扱不良	八		三	八八一
計		二八	二、一八八	三	八八一
地方關係	賃銀低廉	四	九八		
	苦力徵發[illegible]忌強制就業[illegible]忌	四	一、四五一		
	時局不安	一	八〇〇		
	待遇不安	三	三八三		
	賃銀値上勞主日人態度不滿			五	二七二
	賃銀不拂			一	一〇〇
	暴行			一	一三〇

68

計	一二	二七三二	七	五〇二
總計	三一	三〇六九	一〇	一三八三

尚軍使用苦力供出ノ好事例別紙第三輸送途中警乗兵逃走苦力ヲ射殺傷セル爲不安ヲ濃化シタル事例別紙第四ノ如シ

二、對　策

各機關ノ行フ對策多々アルヘキモ其ノ參考一例別紙第五、第六ノ如シ

69

別紙第一

軍關係勞働者逃走罷業調查

自七月一日
至八月二十日

一、逃走 二八件 二一八八名

主要原因 賃

月日 場所	人員	募集地 就勞地	摘要
七、二 北安	一一	安東 北安	前借踏倒
七、二 富錦	三六	佳木斯 富錦	前借踏倒 地方賃金高
七、一〇 富錦	一〇	富錦	前借踏倒
七、一五 神武屯	一五	神武屯	同
八、二 哈爾賓	三二	東安	同

金　問　題

七、二 孫吳	二三	新京 孫吳	逃走者前借負擔
七、一四 北安	八五	安東 北安	賃金支拂カ募集時契約ト不一致
七、一〇 龍鎮	五八	齊々哈爾 龍鎮	賃金低廉（疾病續出）
七、一八 杏樹	三八	杏樹	賃金低廉（大工ヲ土工ニ使用）
七、二〇 勒利	六〇	勒利	賃金募集時ト相違
七、二一 龍鎮	五三	牡丹江 龍鎮	時局不安賃金安ヲ憂慮
七、二四 山神屯	一四	奉天 山神屯	賃金清算ナキ爲
七、二四 勒利	一二	勒利	賃金安ニ不滿
七、一四 山神府	七二	山神府	賃金支拂契約ト異ル

70

軍工事就勞忌避不安

月日	地名	人員	出身地	理由
八、七	勃利	九	勃利	不急工事中止ニ依ル收入減
七、一六	佳木斯	九	勃利	不急工事中止ニヨル不安
七、一七	平陽鎭	五七	平陽鎭	同
七、一三	四平街	一八〇	昌圖 北滿	北滿軍工事就勞不安
七、二八	錦州	七〇〇	錦州 北滿	同 忌避
七、二八	東安	五	東安	時局不安給養不滿
七、二九	錦州	六七	錦州 北滿	北滿軍工事就勞忌避不安
七、三一—八、一		七〇	阜新 北滿	同
八、一	呼蘭	三〇六	呼蘭	時局不安

分類	月日	場所	人数	所属	原因
時局不安	八、一	嫩江	九〇	嫩江	鐵道工事轉用不安
	八、六	東安	三	東安	時局不安
	八、六	哈爾賓	一〇〇	北滿	北滿軍工事就勞忌避不安
流言 生必品配給不良	七、一三	穆稜	九	牡丹江 穆稜	糧食被服ノ配給不良ニ不滿
	七、一五	嫩江	五四	嫩江	時局關係流言
三、罷業	三件		八八一名		
日人ノ取扱不良	七、一〇	海拉爾	二三	海拉爾 海拉爾	日人ノ毆打
	七、一四	綏稜	一五六	綏化	賃金支拂契約ト相違ス
	七、一五	鎮東	七〇〇	鎮東	日人組員ト感情對立

附二：地方劳工逃跑罢工调查表（一九四一年七月一日至八月二十日）

別紙第二

地方關係勞働者逃走罷業調査

自七月一日
至八月二十日

一、逃走 一二件 二七三二名

月日 場所	人員	募集地 就勞地	摘要	主要原因
七、三 黒河省 璦琿	七	不明 璦琿	募集條件ノ不履行	賃銀低廉
七、一〇 黒河省 遜呉	一〇	〃 遜呉	〃	〃
七、二一 黒河省 三吉地	二四	不明	〃	〃

〃	七、一九 北安省伊拉哈	五七	白城子 伊拉哈	〃
強制就勞ヲ嫌忌	七、二一 黑河省山神府	五四	不明	軍工事就勞中ヲ急激ニ鐵道工事ニ使用セラル
苦力徵發嫌忌	七、二八 錦州	六〇〇	〃 錦州	軍工事苦力募集セラレタルヲ杞憂
〃	〃	五九〇	〃 〃	〃
〃	七、三〇 黑河省山神府	二〇七	敦化 山神府	給與關係ニ不滿ヲ抱ク

72

主要原因	月日場所	人員	募集地就勞地	摘要
時局不安	七、一九 齊々哈爾	八〇〇	不明 齊々哈爾	部隊ヨリ練瓦納入中止方ヲ言渡サレ日「ソ」開戰準備ナラント徵發ヲ憂慮ス
待遇不滿	七、三〇 北安省霍黑沿線	二〇七	不明 霍黑沿線	就勞待遇ヲ不滿トス
	自七、三一至八、三 虎都沿線	四	不明 虎都沿線	給養不滿勞役忌避ス
待遇不滿	八、一〇 錦州	一七二	不明 錦州	待遇ヲ不滿トス

二、龍菜　七件　五〇二名

賃銀値上	七、五 濱綏線牙不力	三〇	不明 牙不力	物價ノ高騰ヲ理由ニ賃銀値上ヲ要求
・	自七、五 至七、七 北安	六二	不明 北安	日人洋服店ニ就勞中賃銀値上ヲ要求ス
・	七、七 新京	一〇〇	不明 新京	賃銀値上ヲ要求セルモ拒絶セラル
賃金値上ト勞主日人態度ノ不滿	七、一六 間島省琿春	三〇	不明 琿春	賃銀低廉ト日人監督ノ態度ニ不滿
賃金不拂	七、一七 公主嶺	一〇〇	不明 公主嶺	賃銀不拂並支拂ノ遲延

73

毆打	鞍山 八、一	一三〇	鞍山 不明	一部カ日人守衛ニ毆打セラレタルニ憤慨ス
賃銀値上	北安 八、三	五〇	北安 不明	物價高騰ニ因ル賃銀ノ値上

附三：军用苦力供出的良好事例

別紙第三

軍苦力供出ノ好事例

哈爾賓ニ於テハ連續的ニ三千名ノ軍工人徵傭ヲ行ヒ悪偵流言流布セラルルニ至レル折柄更ニ中央ヨリ一千名ノ供出方下命ヲ受ケタル省、市當局ニ於テハ關係機關タル土建支部勞務統制會等協議ノ上供出人員ヲ定メ更ニ各組等苦力保有者ニ割當七五〇名ヲ供出シ軍ニ協力セリ

75

別紙第四

輸送途中逃走苦力ヲ警乘兵射殺若ハ傷害ヲ與ヘ不安ヲ濃化セシメタル事例

一、八月五日十一時三十分滿洲第六六一部隊カ熱河ニテ募集シタル苦力一四七四名ヲ東安ニ輸送途中奉山線ニ於テ貨車ヨリ逃走セントシタル苦力一ヲ警乘兵威嚇ノ目的ヲ以テ小銃四發ヲ發射全治三ケ月ノ銃創ヲ負ハセリ

二、更ニ同列車進行中同日十二時十分頃並十二時五十分頃二回ニ亘リ奉山線ニ於テ苦力二逃走セントシタルヲ警乘兵發射一名ハ射殺一名ハ全治一ケ月ノ銃創ヲ負ハシム

三、八月十七日八時二十分頃公主嶺ヨリ發車シタル列車ニテ輸送苦力二名逃走シタルヲ警乘兵射撃一名ハ射殺一名ニ重傷ヲ負ハシメタリ

附五：确保劳动力的根本对策

76

紙第五

勞働力確保ノ根本對策

對策項目	具体的手段方法	摘要
國內ニ於ケル勞働者ノ自給自足	一、國內ニ於ケル原始的農法ヲ機械化、高度化シ其ノ餘力ヲ他ノ勞働方面ニ指向ス（國家ニ於テ補助ス） 二、國內婦人ノ勞働方面進出策ヲ講ス	北、中支ニ於ケル開發ト共ニ山東苦力依存ハ之ヲ是正スルヲ要ス
建國思想（精神）ノ認識ヲ强固ニス（宣傳宣撫）	王道樂土、民族協和ノ建國精神ヲ體得セシメ上下ノ精神的結合ヲ圖リ國家發展ノ爲挺身スル如ク指導ス之カ爲宣傳宣撫工作監督者ノ講話會等ヲ實施ス	精神的結合ハ總テノ根本ヲ爲ス情義ニ基ク指導ハ現在及將來共必要不可決ナリ
勞働者保護ノ法令制定	勞働者ノ災害、疾病等ニヨル治療並生活不安ヲ除去スル爲保護、救濟等ニ關スル法令ヲ制定シ衛生設備、醫療機關等ヲ整備ス	安全ヲ與フル場合ニ於テハ逃走ノ豫防ヲ爲シ得

労働統制法ノ強化

賃金ヲ統制シ闇賃金、引抜等ノ不法行為ヲ断乎弾圧スルト共ニ賃金支拂等ヲ確實ニシ労働者ノ安全感ヲ深クス

統制協定ノ確實ナル履行ハ確保上必要ナリ

通化宪兵队长石原健一、日本关东宪兵队司令部等关于调查及处理开发会社铁厂子采煤所辅导工人向日本人结伙「施暴」事件的报告（通报）（一九四二年三月）

石原健一致日本关东宪兵队司令部等的报告（通报）（一九四二年三月十六日）

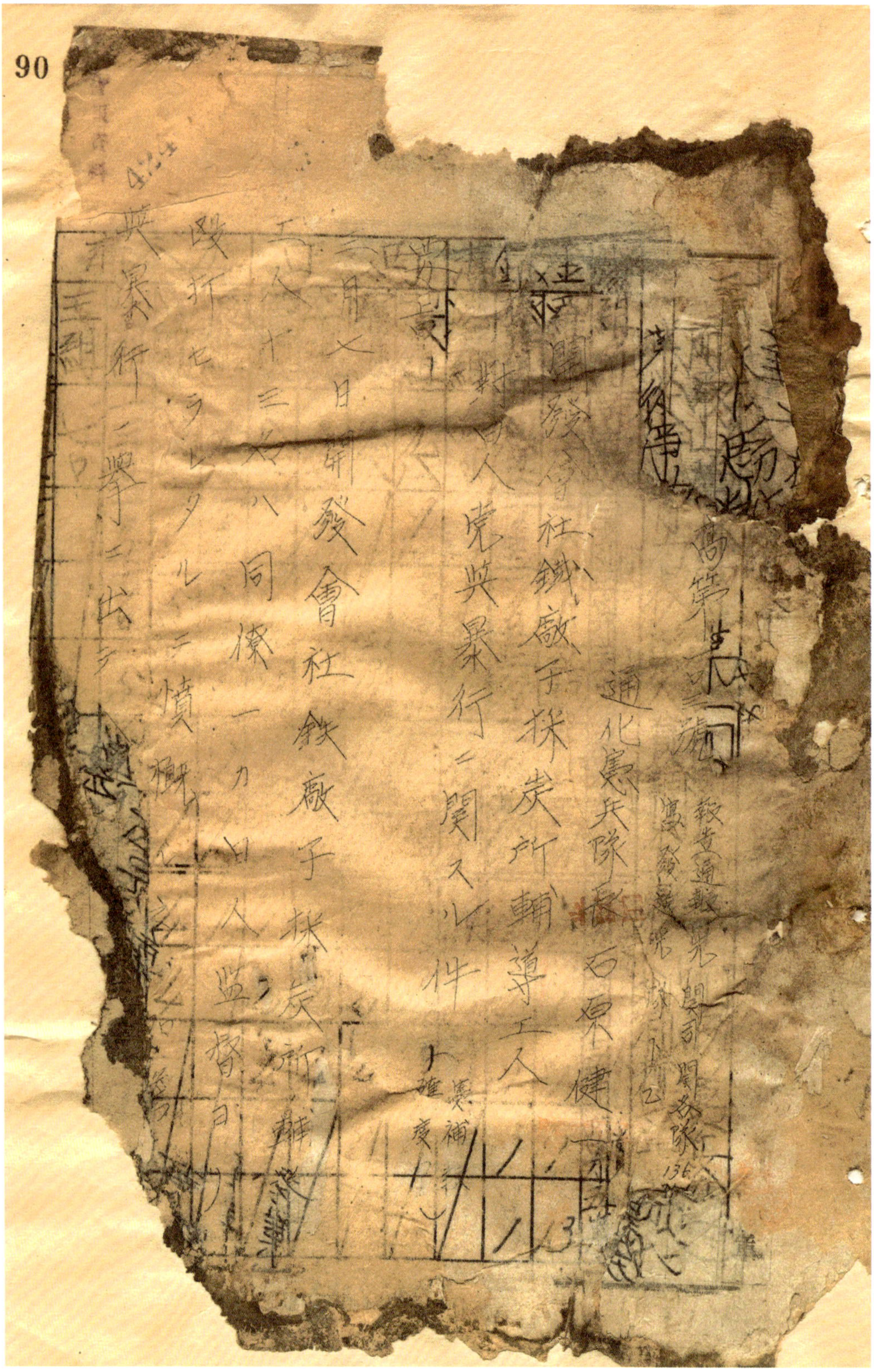
90

通化憲兵隊長石原健一

開發會社鐵廠子採炭所輔導工人

三月七日開發會社鐵廠子採炭所

員ハシメ剰ヘ電話線ヲ切断罷業ヲ企
テタルモ會社側ノ宣撫ニ依リ大事ニ
至ラサリキ現地警察署ニ於テハ目下関
係者ヲ取調中

本文

一、事件發生日時場所
昭和十七年三月七日十一時頃
於開發會社鉄廠子採炭所第一坑採炭現場

二、事件関係者

92

被害者

住所 通化縣鉄廠子採炭所社宅

苦力監督 石川某

加害者

主謀者

本籍 河北省興台縣北王莊

住所 通化縣鉄廠子採炭所苦力宿舍二十一

輔導工人（元一等兵） 申春富

外十二名

三 事件發生原因

平素白人監督ノ嚴格ナル態度ニ不滿
ヲ抱キ居リタル處三月個々工人
カ殴打セラレタルニ憤慨シタルニ因ル
四 當時ノ状况
三月×日[illegible]一時頃輔導工人李樹亭ハ
發掘セラレタル石炭ヲ坑外ニ搬出ス
ヘク運搬車ニ積載中ナリシカ積載少
量ナルヲ以テ白人監督カ之ニ對シ注意
ヲ加ヘタルモ注意ヲ無視セルヲ以テ談

監督ハ平手ヲ以テ本名ノ頭部ヲ数回殴打セリ而シテ現場ニアリテ之ヲ目撃セル工人申春富ハ日人監督ノ態度ニ憤慨シ同僚十二名ト相謀リ該監督ニ對シ虎共暴行ヲ加フヘク棍棒ヲ以テ石川監督ノ頭部ヲ殴打シ左眼上ニ全治一週間ノ打撲傷ヲ負ハシメ尚外部トノ連絡ヲ絶ツタメ事務所内ニ備付アル電話線ヲ切断罷業ヲ敢行セリ

ル等ノ擧ニ出デタリ
會社側ニ於テハ工人ヲ慰撫スルト共ニ目
下現地警察署ニ於テ関係者ヲ取調中
ナリ

五、反響

會社日人側
此種事件ヲ其儘放置セハ苦力ハ益々増
長シ故ナク日人ニ暴行ヲ加ヘルニ至ルヘ
シト内心恐怖シアリテ嚴重処罰ヲ希

96

望シアリ

工人側

工人ハ該事件関係者ノ処置ヲ憂慮シ今后ニ於ケル会社側ノ態度如何ニ関心ヲ有シアリ

六、会社側ノ処置

開発会社ニ於テハ暴行者ニ対シ其ノ非ヲ諭スト共ニ一般輔導工人ヲ慰撫シ当件関係者ヲ現地警察署ニ移送セリ

七、其他參考事項

白人監督ニ毆打セラレタル李樹亭ハ會社警備隊員満系ニ対シテ我々ノ同胞ハ日本人ノ為ニ殺サレタ此ノ仇ハ必ズ討ツデヤルト等ノ如キ不穏言動ツ洩シタリ

ト

八、處置所見

本件ハ白人ニ依ル遺憾ノ点アルモ毆打暴行ノ挙ニ出ルカ如キハ白人蔑視観念ノ至

98

428

民族意識ヲ基調トスル思想的事象
ト認メラレ、憲兵ハ背後関係ノ有無ニ
付所轄署ト連繋内査中ナリ

（了）

石原健一致日本关东宪兵队司令部等的报告（通报）（一九四二年三月二十六日）

24

昭和十七年三月二十六日 通憲高第一二九號

報告「通報」先 関司、関各隊、136 136部隊
写発送先 隊下 乙

通化憲兵隊長 石原健一

開發會社鉄廠子採炭所輔導工人ノ對日人党與暴行事件處置狀況ニ関スル件（憲兵捜査 確度 甲）

（昭一七、三、一六 通憲高第一一三號参照）

要旨

三月七日開發會社鉄廠子採炭所ニ於ケル首題暴行事件ノ一部既報ノ處其後関係者ヲ現地警察署ニ引致憲警協力嚴重取調タル結果 背

後関係トシテ認ムヘキモノナク且日系側ノ非ニ發端セルコト判明セルヲ以テ両者ヲ厳重説諭ノ上始末書ヲ徴シ一先解決シ工人ノ動静ニ関シテハ引續キ警視中

本文

一、事件関係者

(1) 被害者

住所 通化縣鉄廠子採炭所社宅

石川勇

二十四年

25

40

（ロ）加害者

本籍　河北省興台縣北王莊

住所　通化縣鉄廠子採炭所苦力宿舍二十一

輔導工人（元一等兵）、申春富

外十二名

二、取調狀況

本件ノ發生ト同時ニ現地警察署ニ關係者ヲ引致セルカ憲兵ハ日人ニ對スル党與暴行ナルト電話線ヲ切断セラレアル点ヲ重視シ之カ背後關係ノ究

明ニ努力ムヘク憲警協力ノ上厳重取調ヘタル処

(1) 日系監督ハ年少ニシテ工人ヨリ軽視セラレ且監督ノ無分別ニシテ粗暴ナル事實

(2) 輔導工人ハ団結心旺盛ニシテ且幾分ノ僻ミヲ有ス

等ノ点アリテ偶々三月七日二十三時頃日系監督カ工人李樹廷ノ就労態度良好ナラスト私刑ヲ加ヘタルニ端ヲ發シ且電話線ハ加害者ニ於テ切断セルモノニ非スシテ折悪ク電線接續個所ヨリ離

26

4

脫セラレアリタルコト判明セリ

三、處置

取調ノ結果以上ノ如ク判明セルヲ以テ會社側ノ意見ヲ徵スルト共ニ工人ニ及ホス影響ノ大ナルヲ考慮シ兩者共ニ嚴重訓戒ノ上始末書ヲ徵シ本件ヲ一先解決セリ

四、反響

會社側並工人共ニ取締當局ノ訓戒ヲ諒トシ且被害者加害者共ニ從前通リ就勞シアリテ

目下ノ處特ニ憂慮スヘキ事象ヲ認メ

五 所見

本件ハ斯種工人ノ民族意識ハ相當深キモノアリテ加之「捕虜」タルノ一種ノ「僻ミ」ハ容易ニ拂拭シ得サルモノアリテ此空氣ヨリシテ屢々面白カラサル事例ノ發生ヲ見ツヽアリ指導管理ノ上ニ特ニ注意ヲ加フヘキ点ナリトス

了

通化宪兵队长石原健一关于五道江采煤所「勤劳奉仕」队员逃跑致日本关东宪兵队司令部等的报告（通报）（一九四二年四月三日）

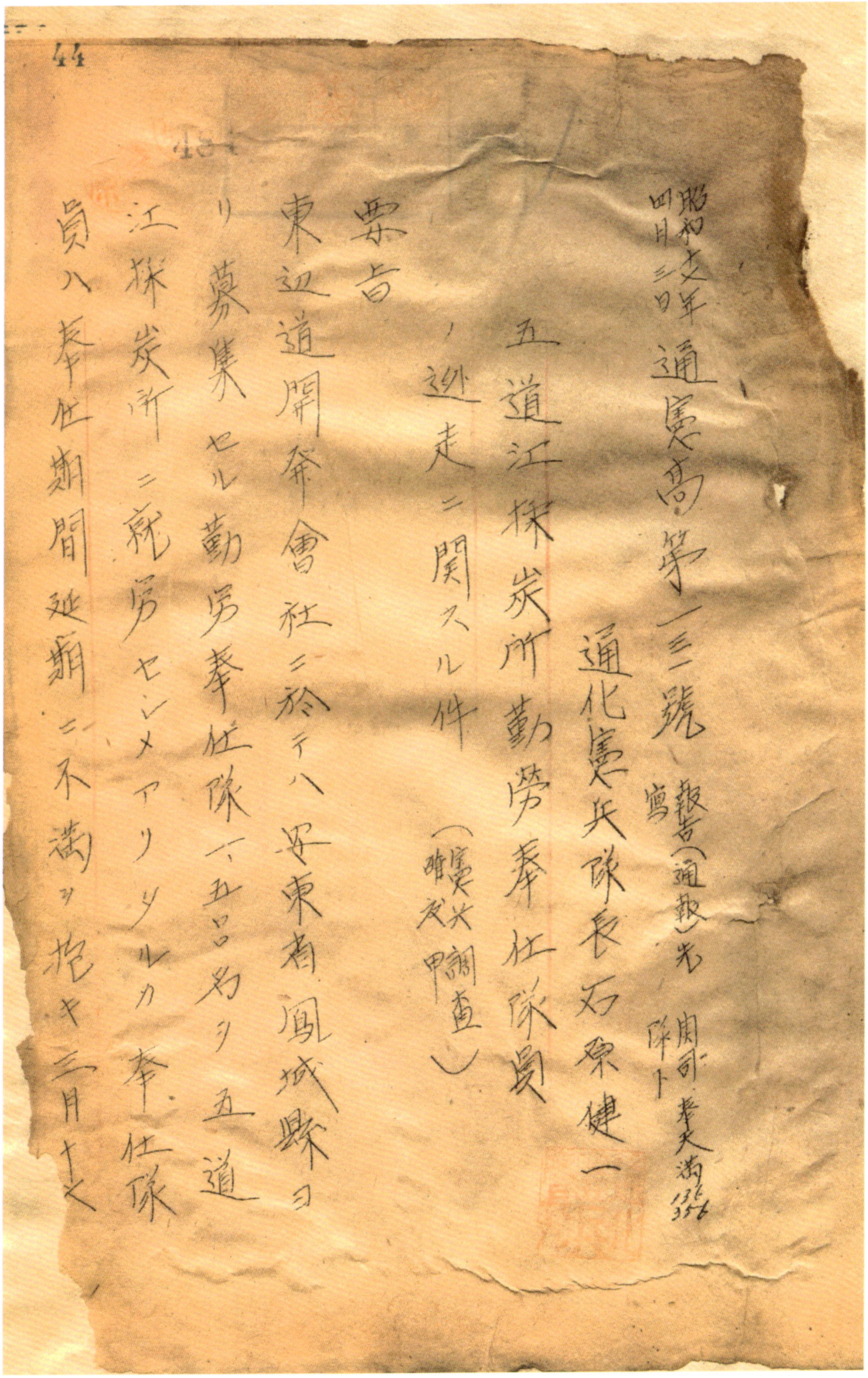

昭和十七年四月三日 通憲高第一三一號 報告（通報）先 関司 奉天 満1356 寫 隊下

通化憲兵隊長 石原健一

五道江採炭所勤勞奉仕隊員ノ逃走ニ関スル件（憲兵調査 唯夜甲）

要旨

東辺道開発會社ニ於テハ安東省鳳城縣ヨリ募集セル勤労奉仕隊一、五〇〇名ヲ五道江採炭所ニ就労セシメアリタルカ奉仕隊員ハ奉仕期間延期ニ不満ヲ抱キ三月十七

十七ノ両日ニ亘リ許四十七名逃走セリ
憲兵ハ會社側並関係機関ト緊密ナル
連絡ヲ保持シ残余工人ノ動揺防止ニ努
メアリ

本文

一 逃走ノ日時場所並人員

昭和十七年 三月十六日 四十名

同 十七日 七名

於五道江採炭所工人宿舎

451

455

二、逃走者

安東勤労奉仕隊員一、五百名中四十七名

三、逃走ノ原因

安東奉仕隊ノ奉仕期間ハ自昭和十八年九月至〃十九年二月ノ予定ニシテ之カ期間満了シタルモ會社トシテハ人的資源ノ不足ニ伴ヒ安東省鳳城縣公署ト連絡ノ上之等工人ニ對シ帰還期日ヲ明瞭ナラシムルコトナク依然就労セシメアルヲ以テ之ニ對シ不満ノ

念ヲ抱キアツツアルト且（農）耕季節ニ到来
セルヲ以テ家族ノ状況等ヲ憂慮シタル
結果ニシテ悪質宣伝背後策動ニ乗セ
ラレタルカ如キ点ナシ

四、逃走者ノ状況

逃走者ハ何レモ平隊員ニシテ而モ若年
（二十五才前后）ノ者多ク之等ハ二、三日前
ヨリ通謀シ居タル如ク十六日作業終了后
就宿スルモ平常ノ如ク雑談等スルコト

ナリ疲レタリト稱シ其侭就寝シ二十
三時三十分頃四十名逃走シ又十七日七名
ハ作業終了後後始末ト稱シ居残リ其
ノ侭逃走セルモノ、如シ

五、會社側ノ處置、

會社側ニ於テハ直ニ關係機關ニ通報
スルト共ニ鳳城縣當局ニ對シ逮捕方
依頼シ逮捕シタル工人ハ派出署員ヲ
以テ復皈セシムヘク手配セリ

尚残余工人ノ帰還ニ関シテハ本年度
募集セル勤労奉仕隊ハ四月中旬ニ
来通スル予定ナルヲ以テ之ト交代セシム
ヘキ方針ナリ

又、盗炭ノ処置
盗炭ハ会社側及現地機関ト協力シ残
余奉仕隊員ノ盗採防止ニ努力ハルト共ニ背
後関係有無ニ関シ其動向内査中ナリ

（了）

伪满治安部警务司长谷口明三关于特殊劳工逃跑致日本关东宪兵队司令官的报告（一九四二年四月十六日）

59

發送先　民生部勞務司長、關東軍第四課長、憲兵隊司令官、
防衛軍參謀長、勞務興國會理事長、鐵道警護隊總監

治警特秘發第三一二號
康德九年四月十六日

治安部警務司長　谷口明三

憲兵隊司令官　殿

特殊勞働者逃走ニ關スル件

首題ノ件ニ關シ錦州省警務廳長ヨリ左記要旨ノ報告アリタルニ
考迄ニ申（通）報ス

記

一、就勞場所及逃走年月日竝人員
滿炭阜新礦業所　新邱採炭所　太平採炭所

60

330

康德九年三月七日　三七名　三

八日——三五名　一[illegible]

計　七六名

右ノ外ニ特殊地區特別募集工作ニ依ル逃走勞働者四名アリ

二、逃走原因

目下原因詳ナラサルモ逃走勞働者ハ殆ント本年一月以降ノ着滿ニシテ三月六日着滿特殊勞働者一九三名ニツキ調査シタル所ニ依レバ

(イ)滿洲國ノ農産物増産計畫遂行ノ爲作業ニ從事スルモノナリト言[illegible]カカサレ來リタルニ予期ニ反シ採炭勞働ナルヲ以テ就勞反對ノ意[illegible]ヲ有セリ

(ロ)滿岸側輸送責任者カ訓練所ヨル引繼キヲ受ケタル勞働者ノ内五百七十圓及山海關ニ於テ飯代ト稱シ各人ヨリ集メタル[illegible]詳）ヲ未タ支給サレス今後ノ就勞賃銀ノ支給ヲ疑フニ致[illegible]

尚就勞年限ノ不明抗内勞働ノ不安等前途ヲ悲觀セ[illegible]ルモ

569

ザル

三、之ニ對スル措置

所轄阜新市警務處新邱分駐所ハ三月七日午前十一時三十分

リノ屆出ニ接シ附近一帶ノ捜査ヲ開始スルト共ニ市ニ於テ

警察警備隊ヲ出動セシメ現地守備隊長ノ區處下ニ入リ協力ヲ

始ス即チ警備隊ヲ基幹トシテ警戒隊ヲ四ケ小隊ニ編成シ外ニ

名ヲ以テ管内全般ニ亘ル捜査ヲ實施ス特ニ本件ノ中心地區タル

分駐所管内ニ於ケル遊動警戒ヲ爲シ監視警戒ヲ強化スルト共ニ新邱

採炭所構内外ノ勞働者ノ動向査察茲ニ宣傳宣撫ヲ實施シツツアリ

四、逃走容疑勞働者ノ逮捕人員竝ニ措置

三月八日逮捕人員二十三名（内八名ハ身元確實ナルコト判明シタル一

側ニ引渡シ外十五名ハ翌九日守備隊ニ引渡シタリ）

三月九日逮捕人員二十一名

五、反響

62

今次ノ労働者ニ對スル軍事行動ハ内外ニ及ボシタル影響モノアリ就労労働者ハ平常ヨリモ高率ノ就労振リヲ見セ居ル如キモ内心ハ恐怖ノ爲極メテ不安定ナル状況ニアリ

會社側ハ軍事行動ヲ煩ハシタル事ニ恐縮シ今後労務管理ヲ徹底スル如ク意圖シ居ルモ向軍事行動解除後ノ逃走ヲ予想シ警戒ノ態ナリ

（以　上）

延吉宪兵队长阿部起吉关于珲春煤矿庙岭矿业所劳工罢工致日本关东宪兵队司令部等的报告（通报）

（一九四二年四月二十四日）

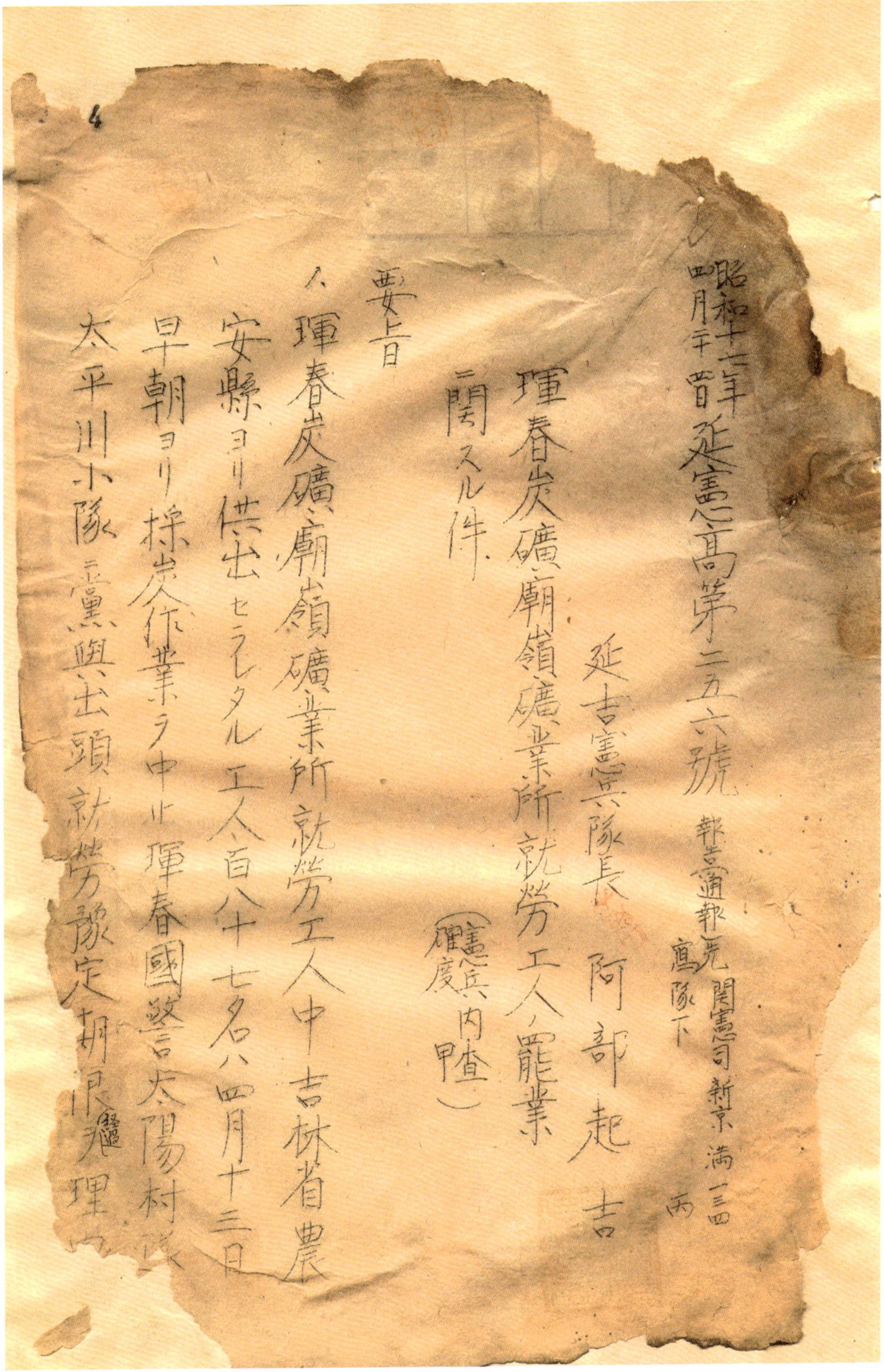

4

昭和十七年四月二十四日 延憲高第二五六號 報告（通報）先 関憲司 新京 満一三四 憲隊下 丙

延吉憲兵隊長 阿部起吉

琿春炭礦廟嶺礦業所就労工人ノ罷業ニ関スル件

（憲兵内査 確度 甲）

要旨

一、琿春炭礦廟嶺礦業所就労工人中吉林省農安縣ヨリ供出セラレタル工人百八十七名ハ四月十三日早朝ヨリ採炭作業ヲ中止琿春國警太陽村派太平川小隊ニ黨與出頭就労方懇定人胡限經過處理中

ニ既省幹旋方要望セルカ警察隊及炭礦側ノ
宣撫ニ依リ既金シタルモ引續キ同盟罷業ヲ敢
行當局ノ指示ヲ待機中ナリ

2、憲兵ハ事件發生ト同時ニ直ニ現場ニ出向煽動
者策謀者ノ内査續行中ナルモ目下ノ處思想
的背後関係ナキモノヽ如シ

本文

一、同盟罷業發生ノ日時場所
イ、四月十三日

5

2. 琿春縣崇禮村廟嶺屯
琿春炭礦株式會社廟嶺礦業所

二、一般狀況

琿春炭礦廟嶺礦業所ニ就勞中ノ吉林省農安縣供出工人ハ昨年十二月二回ニ亘リ來琿セルモノナルカ當時二百三名中身體虛弱ニヨル皈鄉者九名病死六名逃亡一名計十六名ヲ除キ百八十七名ハ何レモ作業能率並就勞狀況良好ニシテ一般工人ノ範トセラレアリタルモ四月十三日早朝ヨリ採炭

作業ヲ中止シ琿春國警[illegible]林[illegible]平川小隊
ニ薫興出頭ノ上「我等ハ吉林省農安縣ヨリ供出
セラレタル朝岑炭礦ノ工人ナルカ募集当時縣長並勞
務課長ヨリ今次ノ供出期間ハ概ネ三ケ月間ノ
豫定ニシテ解氷期ニ至ラハ皈郷セシメラルヘシ故ニ採
炭報國ニ邁進セヨト訓示ヲ受ケ就勞セルカ既
ニ期間経過セルヲ以テ速ニ皈省方斡旋セラレ度
シ然ラスハ現場ヲ退出セスト强硬ニ申出テタリ
依テ同警察小隊ニ於テハ炭礦側トノ契約期間

ヲ調査ノ結果六ケ月ノ契約ヲナシアリシコト判明セルヲ以テ引續キ就労方説得セルモ之ニ應セサルヲ以テ農安縣公署ヨリ責任者ノ來廳ヲ求メ善處スヘシト説得シ漸ク諒解セシメタルモ引續キ同盟罷業ヲナシ無為徒食シアリ

三、同盟罷業ニ至リタル原因動機

リ供出労働者一同ハ農安縣公署ヨリ世話人トシテ派遣セラレタル隨王山ニ對シ屢々會社側ニ飯省方提言ノ依頼ヲ為シタルモ本名ハ今回輌山領

礦業所把頭トシテ採用セラルルコト、ナリタルコトヲ以テ之カ提言ヲ回避シアリタルコト

(2) 供出労働者間ニ給與不良配給品ノ不足及手取金ノ僅少ニ不平不満瀰漫シアリシコト

(3) 耕作期ニ入リ営農ヲ憂慮シ望郷ノ念ニ馳ラレアリシコト

(4) 就労契約期間ヲ周知シ非ラサリシコト

等ニ因ルモノニシテ思想的背後関係ナキモノ、如シ

四、反郷音

7

一般ニ特異ノ反郷旨ヲ認メサルモ工人間ニハ相當ノ関心ヲ有シアリテ主ナル言動ヲ擧クレハ左ノ如シ

(ハ) 言動

⑴今度農安カラ来タ工人カ全部休業シタノハ表面單ニ飯郷旨シ度キタメト稱シアルモ彼等ノ把頭ニ對スル面ヲ當ニシテノ無言ノ反抗ナリ

（一般工人ニテノ言）

⑵大勢カ正シイコトヲ主張シハ仕事ヲ休ンデモ別ニ警察隊カラニハ[illegible]

◎我々ハ縣長ノ言ヲ信シテ来運セルモノニシテ解氷期ニハ必ス皈郷セシムルトノコトナルヲ以テ一時帰郷シ来年収穫ノ終了ヲ待ッテ再ヒ来運セハ可ナリシ

（一般工人ノ言）

（同盟罷業工人数十名ノ言）

◎我等ハ採炭報國ノタメ来運セルモノニシテ何レモ生業ヲ他ニ有シ義勇奉公隊ノ如キ意味ニシテ就労セルタメ賃銀ノ如キ云々スルニアラサルモ腐敗シタ様ナ高粱ヲ喰ハセラレタノハ不満アリ

（右同）

8

◎縣長ヨリ再ビ強壓的ニ就勞ヲ下命セラル、ハ已ムヲ得ザルモ會社側ヤ把頭ノ言葉ニハモウ信用スルコトハ出來ナイ

（右　同　）

◎給與ノ不良宿舍設備ノ悪イモノヲ補フニハ温キ責任者ノ指導ト愛ナルモ最近之等人情味ノアル社員ヤ把頭ノナイノハ残念ナリ

（右　同　）

五、憲兵ノ處置

憲兵ハ事件發生ノ報ニ接[illegible]
地ニ出向原因究明ニ努メタル結果前記ノ如ク思
想的背後関係ナキモノト思料セラルヽヲ以テ所
轄滿警ト協力一應飯礦就勞方説得スルト
共ニ尚一般ノ動向背後関係ノ有無ニ付究明ニ
努メアリ

六 其他参考事項

現地炭礦側ニ於テハ工人ヲ一先落着セシムヘク説
得セルモ肯セサルヲ以テ本社ニ報告ノ上吉林省曲

安縣公署宛電報ヲ以テ責任者ノ未到ヲ求
處考究中ナルモ概ネ取消セムヘキ意嚮ヲ有
シアリ

七、所見

狀況叙上ノ如ク滿人労働者ノ斯種團體的行動
ハ他工人ニ及ス影響大ナルモノアルト共ニ特ニ國境地
帶タル関係上不逞分子ノ加働ナキヲ保シ難ノ時局
柄嚴重警視ノ要アリ

日本关东宪兵队司令官原守关于在鞍山昭和制钢所劳动的投降士兵结伙对日本警备员「施暴」致日本关东军司令部的报告（一九四二年五月七日）

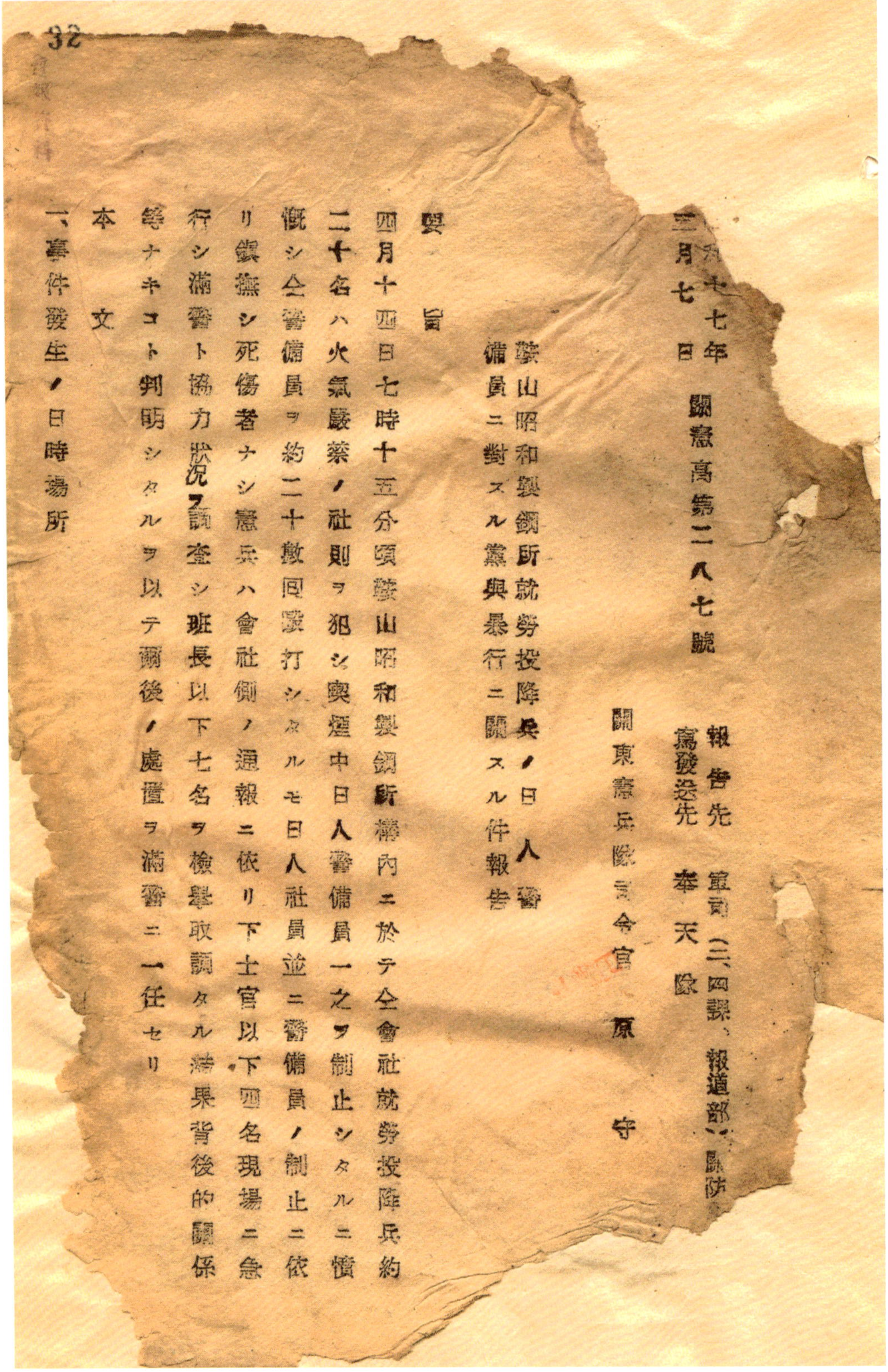
32

……十七年
五月七日　關憲高第二八七號

報告先　軍司（二、四課、報道部）、關防……
寫發送先　奉天隊

關東憲兵隊司令官　原　守

鞍山昭和製鋼所就勞投降兵ノ日人警備員ニ對スル黨與暴行ニ關スル件報告

要　旨

四月十四日七時十五分頃鞍山昭和製鋼所構内ニ於テ全會社就勞投降兵約二十名ハ火氣嚴禁ノ社則ヲ犯シ喫煙中日人警備員一之ヲ制止シタルニ憤慨シ全警備員ヲ約二十數回毆打シタルモ日人社員竝ニ警備員ノ制止ニ依リ鎭撫シ死傷者ナシ憲兵ハ會社側ノ通報ニ依リ下士官以下四名現場ニ急行シ滿警ト協力狀況ヲ調査シ班長以下七名ヲ檢擧取調タル結果背後的關係等ナキコト判明シタルヲ以テ爾後ノ處置ヲ滿警ニ一任セリ

本　文

一、事件發生ノ日時場所

昭和十七年四月十四日七時十五分頃
鞍山昭和製鋼所構内本通「ガード」附近

二、關係者

1. 加害者

昭和製鋼所構内就勞投降兵第四班

班長　張　元　昌

當三十六年

外約二十名

2. 被害者

昭和製鋼所警備課

監督守衛　矢　野　陽　一

當三十三年

三、事件發生前後ノ狀況

四月十四日七時十五分頃被害者タル矢野ハ前記箇所ニ於テ交通整

務中就勞投降兵第四班々長以下四十二名カ作業現場ニ赴ク爲ニ

33

通過シタルカ内十二、三名ノ者カ「構内火氣嚴禁」ノ社則ヲ犯シ喫煙シアルヲ發見滿語ニテ「煙草ヲ止メヨ」ト制止シタルモ（矢野、語ヲ解シ概ネ滿華人ニ通ス）投降兵ハ之ニ肯セサル爲矢野ハ班長昌ニ對シ班員ノ喫煙ヲ制止スル如ク命シタルモ班長亦之ニ從ハサルノミナラス却ツテ反抗スルカ如キ態度ヲ示シタルヲ以テ矢野ハ憤激シ[illegible]長ノ胸元ヲ拳ニテ一回突キタル處班員ハ之ヲ目擊憤激シ組長丁鎭ヲ先ツ矢野ヲ後方ヨリ突飛シ他ノ者ハ矢野ヲ包圍シ「毆レ毆レ」ト口々ニ叫ヒ班長以下約二十名ノ者カ矢野ヲ拳ヲ以テ毆打或ハ蹴リタルモ矢野ハ抵抗セハ却ツテ事件ノ擴大スルヲ恐レ無抵抗ノ儘ニ居リタル處へ他ノ警備員三名並ニ日滿社員多數來リ投降兵ノ暴行ヲ鎭撫シ警備員ニ於テ班長張元昌並ニ組長丁鎭ヲ警備隊ニ同行シ官憲ニ屆出タルモノナリ

尚被害者矢野ハ負傷ナシ

四、會社側ノ處置

會社側ニ於テハ事件發生スルヤ事態ヲ重視シ現地

大ヲ防止スルト共ニ警務機關ノ行フ調査及宣撫[illegible]

五、滿警ノ處置

滿警ハ會社側ノ報ニ依リ現場ニ急行憲兵ト協力狀況調査並ニ取調及當日十六時ヨリ二時間ニ亘リ就勞投降兵全員約七百名ニ對スル宣撫工作ヲ實施セリ

六、憲兵ノ處置

憲兵ハ會社側ノ報ニ依リ下士官以下四名ヲ現場ニ急派シ滿警ト協力狀況調査ノ上班長張元昌以下七名ヲ檢擧取調並ニ宣撫工作ヲ實施シ鎭撫ニ努メタリ

七、其他參考事項

最近就勞投降兵ノ日人警備員或ハ現場監督等ニ對スル反抗的態度ハ漸次惡化シ來リ將來ヲ憂慮セラルルモノアルヲ以テ今次事件ヲ機ヲ肅正スヘク當警ニ於テハ本件關係投降兵ヲ匪援罪ニ依リ事件送致豫定ナリ

見

34

本件發生ノ原因ヲ探究スルニ日系警備員カ投降兵ノ特性ニ對スル
ヲ缺キ其ノ班長ヲ拳ヲ以テ突キタル爲班員タル投降兵ノ憤激ヲ誘
シメタルニ基因スルモノト雖モ投降兵ノ民族的怨恨乃至日人輕
念ノ底流ヲ想案スルニ足ルヘク現地警務機關ニ於テハ投降兵ノ斯
念ヲ改善スヘク會社側ト連絡ヲ密ニシ種々ノ施策ヲ爲シアルモ投降
管理ニ關スル根本的指針ナキ爲之カ管理ノ萬全ヲ期シ得サルモノア
ヲ以テ中央部ニ於テ就勞投降兵管理ノ準繩ヲ早急樹立明示スルノ要
リト認ム